KB260051

토요일에는 통일을 이야기합시다

토요일에는 통일을 이야기합시다

이일하, 신석호 지음

필맥

토요일에는 통일을 이야기합시다

ⓒ 이일하, 신석호

1판 1쇄 펴낸날 | 2003년 11월 1일
1판 2쇄 펴낸날 | 2004년 4월 1일

펴낸이 | 이주명
편집 | 문나영
디자인 | 이현주
출력실 | 문형사
종이 | 화인페이퍼
인쇄 | 한영문화사
제본 | 영신사

펴낸곳 | 필맥
출판등록 제2003-63호
주소 | 서울시 종로구 송월동 99-2 송월빌딩 401호
이메일 | philmac@philmac.co.kr
전화 | 02-3210-4421
팩스 | 02-3210-4431

ISBN 89-954116-5-1 03300

* 잘못된 책은 바꾸어 드립니다.
* 값은 뒤표지에 있습니다.
* 이 책은 관훈클럽 신영연구기금의 지원으로 저술 출판되었습니다.

하나님, 이제 당신의 뜻대로 한 권의 책을 세상에 내보냅니다.
이 책을 통해 당신이 뜻하신 바를 모두 이루소서.
많은 이들이 민족문제에 대한 관심과 이해심을 갖게 하시고,
화해와 협력을 통한 통일의 비전을 보게 하소서.
그리하여 남과 북이 서로의 원수진 마음을 버리고 손을 맞잡으며,
이 땅에 더 이상 전쟁의 비극이 발붙일 수 없게 하소서.
이 책을 읽는 모든 이들의 가슴에 꺼지지 않을 사랑과 평화의 불씨를 지펴주소서.

남과 북, 굿네이버스

이 책은 우리 두 사람이 함께 썼다. 목사 이일하는 사회복지법인 굿네이버스(옛 한국이웃사랑회)의 회장으로 1995년부터 북한을 인도적으로 돕고 있다. 2003년 말까지 20여 차례 북한에 다녀왔다. 기자 신석호는 굿네이버스의 후원자 자격으로 2002년 7월부터 북한을 3차례 방문해 굿네이버스의 지원 사업장을 둘러보고 북한 경제의 변화상을 지켜봤다.

그러는 과정에 우리 둘은 경제적으로 어려운 처지에 있는 그들을 어떻게 더 도울 수 있는지에 대한 고민과 토론을 거듭했다. 특히 2003년 1월부터 6개월 이상 매주 토요일 오전에는 만사를 제쳐놓고 서로 만나 남북분단의 현실과 바람직한 통일을 위해 우리가 해야 할 일 등에 대해 진지한 논의를 계속했다. 이 책은 그 결과로 정리된 것이다.

그래서 이 책에는 두 사람의 '나'가 등장한다. 1장 '토요일에는 통일을 이야기합시다'의 화자는 이 목사이고, 2장 '북한 경제개혁의 현장을 가다'의 화자는 신 기자다. 1장에서 이 목사는 굿네이버스가 1995년부터 펼쳐온 대북 지원사업들의 내용과 우여곡절, 그리고 그 과정에서 보고 느낀 북한을 이야기한다. 나아가 잘사는 남한과 순수를 간직한 북한이 서로 통합되고 평화로운 한반도를 만들 구체적인 방법론을 이야기한다. 2장에서는 2002년 7.1 경제관리 개선조치 이후 북한 경제가 변화하는 모습을 중심으로 새롭게 전개되고 있는 남북관계의 현장을 살펴보고, 통일로 가는 길을 찾아본다.

우리는 오늘날 북측의 어려운 경제 현실은 오히려 남과 북이 서로 화해할 기회를 제공하고 있다고 생각한다. 민족의 화해와 협력을 위해서는 무엇보다 북측 동포들을 도와야겠다는 남측 사람들의 감동이 필요하다. 아울러 정치적인 통일보다 우선 사회경제적인 통합을 위한 노력이 필요하다고 본다.

사회 각 분야가 서로의 상대방과 교류하고 남북의 많은 사람들이 만나 접촉면을 확대하는 구체적인 프로그램이 필요하다. 티끌이 모여 태산이 되듯 그렇게 조금씩 신뢰를 쌓아가는 과정에서 통일도 평화도 우리 곁에 조금씩 다가올 수 있을 것이다. 이런 측면에서 정부도 기업도 아닌 시민단체(NGO)들이 비정치성, 비영리성, 투명성을 바탕으로 민족화해를 촉진하는 많은 일을 할 수 있다고 본다.

우리는 이 책의 판매로 얻게 되는 저자 인세 수입금 전액을 굿네이버스의 북한어린이 돕기 사업에 기부하기로 했다. 우리는 이 책을 쓰는 과정에서 민족문제를 더욱 깊이 고민할 기회를 가질 수 있었을 뿐 아니라 이 책을 발간함으로써 우리의 생각과 경험을 많은 독자들과 나눌 수 있게 된 것을 행운으로 생각한다. 게다가 이 책을 구입한 독자들의 뜻을 모아 북한어린이 돕기에 필요한 자금을 조금이나마 보탬으로써 북측 사람들에게 남측 동포들의 애정을 전할 수 있게 됐으니 저자로서는 더 이상 바랄 게 없다.

2003년 11월 이일하, 신석호

감사의 말

나로 하여금 민족의 미래를 바라보는 눈을 뜨게 하고 이 책을 함께 쓰도록 허락해 주신 이 목사님께 감사드린다. 금기의 땅을 넘나들며 민족문제에 빠져드는 아들을 조심스레 지켜봐 주신 아버님과 어머님께 감사드린다. 1년이 넘도록 남편과 같이 토요일 보내기를 포기하고 묵묵히 뒷바라지 한 아내 김희연이 없었다면 이 책은 나오지 못했을 것이다.

지성의 눈을 뜨도록 도와주신 고려대 정치외교학과 강성학 교수님, 뒤늦게 북한 경제를 배우겠다고 뛰어든 한 직장인 학생을 따뜻하게 인도해주신 양문수 북한대학원 교수님께도 머리 숙여 인사드린다.

북한 취재를 허락하신 김학준 〈동아일보〉 사장님, 김용정·어경택 전 편집국장님, 기자로서의 본업 외에 북한을 공부할 수 있도록 배려해 주신 고승철 부국장님, 박영균 경제부장님, 김상영 국제부장님을 비롯한 〈동아일보〉의 동료 선후배들께 감사드린다.

또 이 책이 세상에 나오도록 힘써 준 필맥 출판사의 이주명 사장님과 문나영 편집팀장, 그들과 나를 연결해준 전 〈동아일보〉 기자 이명재 선배의 건승을 빈다.

신석호

차 례

2장 북한 경제개혁 현장을 가다

1장

토요일에는 통일을 이야기합시다

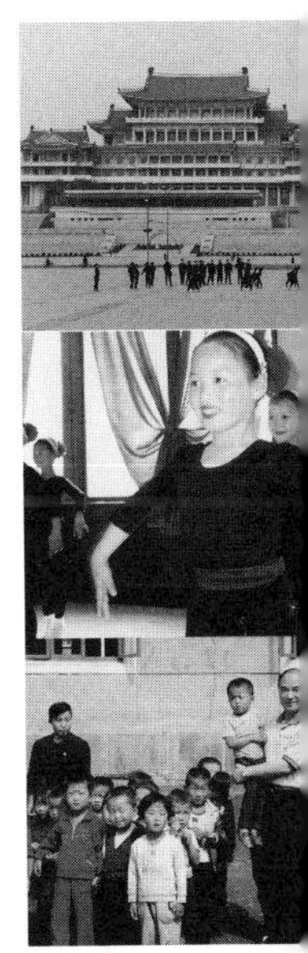

단둥에서 신의주로

1995년 5월. 바로 전해 7월 북한의 김일성 주석이 사망한 뒤 1년이 채 지나지 않았을 때였다. 김 주석이 사망한 뒤 북한은 완전한 혼돈과 혼란에 빠져 있었다. 남측 사람들은 북측에 갈 엄두조차 내지 못하고 있었다.

당시 나는 사단법인 한국이웃사랑회(이하 굿네이버스)의 사무총장으로 일하고 있었다. 그러던 중 북측 사람들을 돕는 일을 하는 호주 교포 김씨를 중국 단둥에서 우연히 만났다. 그는 내게 북측 사람을 만나도록 주선해 주었다.

5월 15일 밤. 압록강 호텔 객실에 홀로 앉아 얼굴도 모르는 북측 사람을 기다리는 내 마음속으로 갖은 상념이 스쳐갔다.

'과연 앞으로 내가 무엇을 할 수 있을까. 일은 어떻게 진행될까. 당장 북측 사람을 만나면 무슨 일이 벌어질까. 압록강만 건너면 신의주다. 그가 같이 가자고 하면 어떻게 처신해야 하나. 내 비록 미국 영주권자이긴 하나, 한국 정부의 방북 승인을 받고 온 것도 아닌데

괜찮을까.'

어릴 때부터 나는 스스로를 용사라고 생각했다. 베트남전에 참전했을 때도 그랬다. 베트남전 당시 나는 해병대로 참전해 날아오는 총알을 피해가며 6개월 동안 전투에 임했다. 1993년 소말리아 전쟁에서는 총을 든 경호원 두 사람을 차에 태우고 돌아다니며 구호활동을 벌였다. 르완다 난민 사태 때는 난민 300만 명이 방황하고 시체 수백여 구가 즐비한 피비린내 나는 현장을 돌아다니기도 했다.

그러나 나이 오십 줄을 넘긴 지금 아무 대책도 없이 무작정 북측 사람을 만나겠다며 국경 앞에 앉아있는 나를 발견하고는 문득 두려운 마음이 들었다.

'그가 동행하자고 해 북한에 들어가게 된다고 한들 그곳도 사람 사는 곳이고 말이 통하는 조선 땅이 아니겠나. 내 가족에게는 미안한 일이 되겠지만, 민족의 문제를 해결하기 위해 그리 됐다면 이해하지 않겠나.'

북한 남자를 만나다

이런저런 복잡한 생각을 하다보니 금방 두 시간이 흘렀다. 밖에서 문을 두드리는 소리가 났다. 문을 여니, 나보다 서너 살 아래쯤으로 보이는 얼굴이 시커먼 시골 아저씨 같은 사람이 고개를 꾸벅 숙이며 투박한 평양 말씨로 인사를 했다.

"안녕하십니까. 만나서 반갑습니다."

그는 자기 이름을 밝히며 환하게 웃었다. 그 순간 머릿속을 떠돌던 어두운 걱정들이 말끔하게 사라져 버렸다. 그가 내 동생 같다는 느낌도 들었다. 북측 사람들은 아무 불편함 없이 말이 통하고 눈빛만 봐도 생각을 짐작할 수 있는 한 민족임을 확인할 수 있었다.

거의 대부분의 남측 사람들이 북측 사람을 처음 만날 때 이런 두려움을 경험한다. 무지함이 낳는 두려움이다. 어쨌든 나는 이렇게 북측과 첫 접촉을 시작했다.

그와 나는 식사를 함께 했다. 우선 "수령님이 돌아가셔서 얼마나 애통하느냐"고 위로의 인사부터 건넸다. 그는 "수령님을 잃은 온 인민은 슬픔과 고통을 인내하면서 3년 상을 치르고 있다"고 대답했다. 나는 그 말을 이해할 수 없었다. 현대 국가에서 도무지 상상할 수 없는 일이 아닌가! 그저 예의상 하는 말인 것처럼 받아들이자, 그는 서운하다는 투로 이렇게 말했다.

"남측의 김영삼 대통령은 우리 수령님이 돌아가셨을 때 조문도 오지 않고 비상계엄을 선포했습니다. 남측이 그의 치하에 있는 한 우리는 절대로 남측과 대화하지 않을 것입니다."

나는 이와 비슷한 말을 그 후에도 여러 차례 귀에 못이 박히도록 들었다. 어쨌든 나는 그의 말에 대꾸를 할 만한 정보도 없었을 뿐더러 그럴 생각도 없었다. 단지 무엇을 도와주면 좋겠는지, 빵이 필요한지 옥수수가 필요한지만을 물었다. 당시의 나는 남과 북의 화해와 협력에 대한 어떠한 구상도 갖고 있지 못했다.

그는 자신은 무역일꾼이며, 이쪽에서 물건을 주면 북측에 가지고 가서 필요한 사람들에게 전달하는 일을 할 뿐이라고 했다. 또 일은 다리를 놓아준 김씨를 통해서 했으면 좋겠다는 말도 했다.

다음날 그는 나에게 압록강 구경을 가자고 했다. 우리는 작은 배 한 척을 빌려 타고, 압록강 위에서 북측 땅을 바라보았다. 그 유명한 위화도가 눈에 들어왔고, 그 바로 옆에는 전쟁 중에 끊어진 철길이 그대로 방치돼 있었다. 새로 놓은 다리 덕분에 단둥과 신의주는 육로로 연결돼 있었다. 마음만 먹으면 배 위에서 신의주 땅에 발을 내려놓을 수도 있었다.

압록강에서 바라본 신의주 땅은 내 마음을 아프게 했다. 집들은 페인트칠이 벗겨지고 색이 바랬다. 사람들의 옷은 남루했다. 정박한 배들도 낡았다. 반면 압록강을 사이에 두고 신의주와 마주보고 있는 단둥은 개발 초기의 활기찬 모습이었다. 초라한 북측의 모습과 발전하는 단둥의 모습을 비교하면서 나는 언제쯤에나 북쪽에 들어가 그들의 아픔을 어루만지고 서로 만나 대화하고 이해할 기회를 가질 수 있을지를 한참 동안 생각했다.

사랑의 빵, 국경을 넘다

그와 헤어진 뒤 나는 곧바로 굿네이버스의 단둥지부 사무소를 만들고, 김씨를 지부장으로 임명했다. 그에게 활동비와 함께 빵 만드는 기계 설치비로 2만 달러, 빵 원료 구입비로 월 1만 달러를 지급했다. 당시 1만 달러는 우리 돈으로 대략 900만 원 정도였다. 빵 한 개 만드는 데 원료비가 60원씩 든다면, 단둥에서 매달 15만 개 정도의 빵을 구워 신의주로 보낼 수 있다는 계산이 나왔다. 우리는 매주 빵을 구워서, 신의주에서 나오는 차에 실어주기로 했다.

8월부터는 빵이 신의주로 들어가기 시작했다. 이왕이면 남측 사람들이 단둥에 와서 직접 빵을 구워 주면 좋겠다는 생각이 들었다. 생각은 바로 실천으로 옮겨졌다. 후원자들을 한 번에 7~10명씩 단둥으로 초청하기 시작한 것이다. 그들은 단둥까지 비행기나 배를 타고 와서 북측에 보낼 빵을 굽고 포장하는 일을 했다.

초청돼 온 후원자들은 빵을 가지러 나온 북측 사람과 저녁 식사와 여흥을 함께 할 기회도 가질 수 있었다. 그들은 평북 번호판을 단

북한 차량을 옆에 세워두고 북한 운전사와 함께 밥을 먹었다. 단둥은 감격스런 만남의 장소가 됐다. 그렇게 그들은 그동안 민족의 다른 반쪽에 대해 갖고 있던 막연한 두려움을 없애는 소중한 경험을 했다.

대략 8개월 동안 10여 개의 팀이 단둥에서 이런 특별한 만남을 가졌다. 남측 사람들과의 만남이 이루어질 때마다 북측 사람들은 '우리의 소원은 통일'을 노래하고 눈물까지 흘리는 등 극적인 분위기를 연출했다. 그리고 감격한 남측 후원자들은 그들을 얼싸안고 울거나, 시계를 풀어 주거나, 갖고 있던 달러를 그들의 주머니에 찔러 넣어 주었다.

북측에서 온 사람들 중에 덩치가 크고 몸이 돌덩이처럼 단단한 남자가 한 명 있었다. 특수훈련을 받은 게 틀림없어 보였다. 그는 우리로 치면 육군 소령 정도에 해당하는 군인으로, 북한에 대한 긍지로 가득 차있어 당당하면서도 외교적인 겸손함까지 겸비한 사람이었다. 남측 사람들은 모두 그를 좋아했고, 그를 통해 북한 사람들에 대한 두려움을 없앴다. 역시 한 사람의 역할이 중요하다는 것을 그를 보며 다시 한번 느꼈다.

모든 일이 순풍에 돛을 단 듯 평화롭게 진행되던 중, 1996년 3월 28일 굿네이버스가 서울에서 창립 5주년 기념행사를 가졌다. 이 행사에서 북한 트럭이 빵을 싣고 압록강 다리를 건너는 모습을 담은 비디오가 공개됐다. 500여 명의 굿네이버스 회원들은 믿을 수 없는 광경에 모두가 감동한 눈치였다. 그러나 너무 감동하고 놀란 것이 화근이었다.

행사에 참석한 회원들 가운데 검찰청 고위 인사가 한 사람 있었다. 그는 비디오를 보았을 때의 감동을 한 신문사 기자에게 말했다.

이튿날 그 기자가 내 사무실로 찾아왔다. 그는 "이야기 다 들었다. 비디오와 사진도 있다고 하니 1면 톱기사로 내자"고 말했다. 그러나 굿네이버스가 북한에 빵을 공급하는 것은 비공식 사업이었다. 나는 전후 사정을 설명하며 보도를 거절했지만 기자는 막무가내였다. 그는 사진 한 장을 들고 갔고 굿네이버스의 북한 지원사업은 다음날 아침 사회면의 톱을 장식했다.

기사가 난 바로 다음날 나는 단둥으로부터 한 통의 전화를 받았다. 언론 보도가 북한의 심기를 건드린 것이었다. 김씨가 전해온 북측의 항의는 이랬다.

"당신들이 얼마나 대단한 일을 했다고 신문에까지 냈느냐. 이것으로 모든 것이 끝났다. 비공식으로 하는 사업은 언론에 알리면 안 된다는 것을 몰랐단 말이냐."

결국 그 일로 인해 신의주로 빵을 공급하는 사업은 중단되고 말았다. 김씨와 나도 작별을 했다. 1995년 5월에 처음 북측과 접촉을 했으니, 1년도 안 돼 모든 일이 끝장난 셈이다.

유엔 공인기구가 되다

1996년 8월 굿네이버스에 유엔의 공인기구 자격이 부여됐다. 이로써 굿네이버스는 유엔 경제사회이사회(ECOSOC)가 비정부기구(NGO)에 주는 최상위 자격인 '포괄적 협의 지위'를 받은 국내 최초의 NGO가 된 것이다.

그 전에도 굿네이버스는 소말리아나 르완다 등지에서 유엔난민고등판무관실(UNHCR)과 함께 난민 구호활동을 벌였다. 세계 5개국 이상에서 활동하는 국제 NGO이기도 했다. 그러나 굿네이버스가 유엔의 공인기구가 된 데는 당시 외교통상부 관계자들의 도움이 컸다.

1995년 국제사회에서는 북한이 곧 무너질 것이라는 말이 무성했다. 북한 체제가 무너져서 굶주린 난민들이 인근 국가로 넘어올 경우 어떻게 대처할 것인지에 대한 논의가 이어졌다. 유엔난민고등판무관실은 한국의 외교통상부 유엔국장에게 난민 사태에 대비할 것을 당부했다. 이에 따라 보건복지부와 법무부 등 난민 관련 부처들이 난민 업무에 밝은 NGO를 찾아 나섰다. 이 과정에서 굿네이버스가 유엔에 진출할 수 있는 유일한 단체로 결정된 것이다.

굿네이버스는 함명철 당시 유엔국장과 마영삼 과장의 도움을 받아, 1996년 1월에 서류를 제출하고 8개월 동안 실사를 받았다. 프리젠테이션과 심사위원 질의 등을 거쳐 유엔으로부터 공식 인정 통보를 받았다. 기대했던 바는 아니었지만, 유엔의 공인은 굿네이버스가 북한에 본격적으로 진출하는 결정적인 계기가 됐다.

그 해 말 나는 미국 동부지역 기독교 목사들에게 북한 관련 사업과 교회의 역할에 대해 강연해 달라는 요청을 받고 미국 버지니아를 방문했다. 그러나 주최측의 내부 문제로 행사가 취소되는 바람에 뜻하지 않게 3일간의 휴가를 갖게 됐다.

무엇을 할까 고민하는 내게 하나님께서 지혜를 주셨다. 유엔 공인기구에 제공되는 출입증을 갖고 있으니 외교관처럼 유엔 본부 안에 있는 어느 누구와도 접촉할 수 있었고, 유엔의 모든 정보를 열람할 수도 있었다. 게다가 거기에는 북한 대표부도 있지 않는가.

사실 단둥에서 빵을 만들어 공급했을 때는 물건이 북한 주민들에게 제대로 나눠지는지를 확인할 길이 없었다. 신의주로 가는 차에 빵을 싣기만 했을 뿐 누구도 직접 북한에 들어가 그 빵이 실수요자의 손에 전달되는 것을 볼 수 없었기 때문이었다. 앞으로 이루어질 지원은 그와 달라야 했다. 이를 위해 먼저 유엔 주재 북한 외교관을 만나보기로 했다. 나는 곧바로 짐을 싸들고 뉴욕으로 갔다.

뉴욕에 도착하자마자 처음으로 찾아간 사람은 구삼열씨였다. 그는 굿네이버스가 유엔 공인기구가 되는 데 도움을 준 사람으로 당시 유엔아동기금(UNICEF)의 고위 간부로 일하고 있었다. 그에게 북한 외교관을 만나려면 어떻게 해야 하는지를 물었다.

"한국 사람이 북한 사람을 접촉하기란 여간 어려운 일이 아닙니다. 그래서 저희도 접촉을 거의 시도하지 않는 실정입니다. 차라리 직접 연락해 보시는 게 어떨까 싶습니다."

그는 직접 연결 대신 북한 대사관 전화번호를 알려줬다. 나는 당장 북한 대사관에 전화를 걸어 부대사와 통화했다. 만나고 싶다는 내 말에 그는 일주일 뒤에 보자고 했다. 한국에서 온 사람에게 일주일을 기다리라니, 황당한 일이었다. 나는 떼를 써서 내일 당장 만나줄 것을 요청했고, 간신히 다음날 정오 유엔 본부 외교구락부에서 만나자는 약속을 받아냈다.

다음날 정오. 나는 다시 한번 낯모르는 북한 사람을 만나기 위한 기다림을 경험했다. 단둥에서의 첫 기다림 때와는 달리 마음이 무척 편했다. 지난 경험을 바탕으로 나는 무엇을 할 것인가에 대한 구상도 세워놓고 있었다.

약속 시간에 늦지 않게 부대사가 외교구락부에 들어섰다. 그는 단번에 나를 알아봤다. 우리는 반갑게 악수를 나눈 다음 차를 마시며 30분 동안 이야기를 나눴다.

"저는 굿네이버스라는 유엔 공인기구의 사무총장입니다. 저희에 대한 자료는 유엔에 등록해 놓았으니 언제라도 열람해 보십시오."

"그러겠습니다. 그런데 무슨 일로 저를 보자고 하셨습니까?"

"북측에 홍수가 나 식량사정이 어려운 것으로 압니다. 저희는 그동안 소말리아 등에서 어려운 이웃들을 도왔습니다. 지금 같은 민족이 고통을 겪고 있는데 가만히 앉아있을 수가 없었습니다. 동포를 도울 길을 열어 주십시오."

그는 생각 이상으로 흔쾌히 내 제외를 받아들였다. 그러고는 1994년부터 계속되고 있는 홍수 피해를 막기 위해 북측에 큰물 대책위원회가 설치돼 있으니 그곳으로 식량을 보내면 될 것이라며 구체적인 방법도 일러주었다. 중국에 있는 북한 대사관의 전화번호와 함께 상세한 절차를 설명해 주었음은 물론이다. 그는 지원물자가 들어가면 위원회에서 곧바로 초청장을 보내 줄 것이라는 귀띔도 해주었다.

돌이켜 보면 그날 만남이 결실을 맺은 것은 기적이었다. 내가 북측을 도운 일이라곤 빵을 구워 차에 실어준 것이 전부였다. 그날 내가 그에게 보여준 것도 최근 발행된 굿네이버스 회지와 단둥에서 빵을 싣고 신의주로 돌아가는 트럭의 사진이 다였다. 그런데도 그는 나를 믿었다.

나는 지금도 하나님이 그 일을 주관하셨고, 나는 심부름을 했을 뿐이라고 생각한다. 하나님이 나로 하여금 베트남, 소말리아, 르완다 등 분쟁지역을 돌아다니며 용맹을 다지고 담대함을 갖도록 한 뒤 새로운 활동의 장을 열어주신 것이다.

이렇게 해서 옥수수 300톤을 북측의 큰물 대책위원회를 통해 직접 지원하는 역사적인 일이 성사됐다. 중국에 사는 조카가 단둥에서 기차에 물건을 싣고 신의주에 들어가 건네준 뒤 돌아왔다. 옥수수 포대에는 굿네이버스의 영어 표기인 'GOOD NEIGHBORS'와 마크를 찍었다. 그때부터 나는 북측에서 초청장이 오기를 애타게 기다리기 시작했다.

1980년대 들어 북한의 김일성 주석은 해외동포들을 직접 만나겠다고 선언한다. 곧이어 미국 동포들이 평양을 방문해 이산가족 상봉이 이뤄졌다. 그 때 북한을 방문한 미국 동포들은 가족의 집에서 함께 생활하고 잠을 잤다. 당시만 해도 북한의 경제사정은 괜찮았고, 북한 정부도 자신감이 있었다.

그러나 1980년대 후반 소련이 개혁개방에 나서고 경제가 어려워지면서 그 영향이 북한에 미쳤다. 먼저 북한의 식량사정이 나빠졌다. 원유 공급을 충분히 받지 못하게 된 탓에 비료와 전력 생산도 점차로 어려워졌다. 이로 인해 농업과 공업 생산이 타격을 받았다. 뿐만 아니라 건설자재 부족으로 인해 병원 등을 짓기가 어려워졌다.

이때 박세록 장로가 돈을 모아 북한에 건물을 지어주고 의료 기자재를 지원했다. 박경서 박사는 스위스 제네바에 있는 세계교회협의회(WCC)의 아시아국장으로 일하면서 매년 600만 달러씩을 북측에 지원했다. 그는 1990년대 중반까지 20여 차례 북한을 방문했고, 김일성 주석과 만찬을 같이하는 등 특별한 대우를 받았다. 박경서 박사는 세계교회협의회를 은퇴한 뒤 한국에 돌아와 현재 인권위원장으로 활동하고 있다. 박세록 장로는 북측과 오해가 생겨, 현재 단둥에 병원을 세워 놓고 조선족들을 위해 봉사하고 있다.

한편, 김진경 연변 과학기술대학 총장은 1990년대에 학교를 짓는 과정에서 북한 동포의 어려운 실상을 알게 됐다. 그는 중국 정부의 소개로 평양에 들어가 지원활동을 폈고, 1990년대 초에 한국 교회의 헌금을 모아 전달하기도 했다. 또 황해도 해주에 한우 1000마리를 기르는 특별농장 건설을 추진했지만 마무리하지는 못했다. 김 총장은 한때 북측과 의견 차이가 나 한 달 동안 구금되기도 했다. 그는 한동안 북한에 들어가지 못하다가 최근에야 활동을 재개했다.

1994년 큰물이 터지자 북한은 국제사회에 지원을 요청했다. 다양한 국제단체 사람들이 북한에 들어갔다 나와서 북한의 참상을 세계에 알렸고 인도적 지원에 나섰다. 그러나 그들 가운데 일부는 북한 내부를 제멋대로 돌아다니는 등 북측이 보기에 사회를 교란하는 행동을 했다. 두려움을 느낀 북한은 받아들였던 국제단체들 가운데 일부를 다시 내보내기 시작했다. 이로 인해 오늘날 북한에는 한때 20여 개가 넘었던 단체들 중 단 몇 곳만이 남아있을 뿐이다.

굿네이버스와 같은 남측 NGO들이 북한을 지원하기 시작한 것은 1990년대 중반부터다. 북측은 민간의 인도적 지원에 관한 한 남측 사람들만 믿을 수 있다고 생각하게 된 것으로 보인다. 현재 북한 당국은 지속적이고 체계적인 남북교류 차원에서 남측 민간단체들과 경제, 사회, 문화 교류를 하고 있다. 아울러 남측 민간단체를 담당하는 부서를 만들고, 이 부서에 전문가와 당내 권력자를 다수 포진시켜 놓고 있다.

평양 땅을 밟다

1997년 3월, 드디어 북측에서 초청이 왔다. 나는 일행 두 명과 함께 중국 베이징에 있는 북한 대사관을 찾아갔다. 그동안 단둥을 여러 차례 다녔지만 북한 대사관이 어디 있는지는 알지 못했기에 조선족 가이드에게 길 안내를 부탁했다.

북한 대사관 앞에 도착해서는 선뜻 들어가지 못하고 잠시 머뭇거렸다. 들어가면 누굴 먼저 만나야 할지, 어떻게 해야 할지, 정말로 평양으로 가는 비행기를 탈 수 있을지…. 2년 전 단둥에서 처음 북한 사람을 만났을 때처럼 기대와 긴장이 뒤섞인 감정이 밀려왔다. 북한 대사로부터 정식 초청을 받긴 했지만 문서 같은 건 없었다. 모든 게 불확실했다.

대사관 안으로 들어서자마자 가장 먼저 눈에 띈 것은 입구에 크게 붙은 김일성 부자의 사진이었다. 그제야 내가 북한 땅에 들어간다는 실감이 났다. 실내에는 찬 기운이 감돌았다.

"이웃사랑회에서 왔습니다."

"기다리시라요."

퉁명스럽게 답하고 어디론가 사라졌던 남자가 이내 비자 신청 서류를 들고 다시 나타났다. 거기에는 조국 방문을 한 일이 있는가를 묻는 항목이 들어 있었다. 조국? 내가 조국에 가는 것인가, 적국에 협상을 하러 가는 것인가? 아니면 이 한 몸 던져 남북이 서로 화해하고 협력하는 길을 뚫으려고 가는 것인가? 나는 내 자신의 정체성에 혼란을 느끼면서 신청서를 작성했다.

로비에서 30분 정도 기다리니 비자가 나왔다. 그 다음은 어떻게 해야 하느냐고 물었다. 그는 고려항공 전화번호를 내밀었다. 비행기를 예약하라는 것이었다. 가이드에게 다시 고려항공을 찾아 달라고 부탁했다. 고려항공은 베이징 중심부의 한 호텔에 있었다. 고려항공 직원을 만나 조금 전 대사관에서 배운 대로 "조국에 들어간다"고 했더니 기뻐하면서 친절하게 표를 끊어주었다.

다음 날 아침 우리 일행은 비행기 이륙 3시간 전부터 베이징 공항에 도착해 있었다. 가슴이 벅차 밤새 잠을 설쳤기 때문이다. 특히 일행 가운데는 황해도 은율이 고향으로, 한국전쟁 때 북에서 내려와 형제가 모두 북한에 있는 사람이 있었다. 그는 설렘 때문에 밤을 새우다시피 했다. 한참을 기다려 비행기에 탄 뒤에야 비로소 평양에 들어가는 게 확실해졌다. 일행은 안도의 한숨을 내쉬었다.

북한 안내원과의 기 싸움

고려항공의 승조원(승무원) 동무들은 모두 순박해 보였다. 박띠(안전벨트)를 매라든가 뒷간(화장실)은 어디에 있다든가 하는 표현들은 생소했지만, 그들에게서 다른 문화를 접할 때의 낯선 느낌은 전혀 느껴지지 않았다.

"지금 이 비행기는 압록강을 건너가고 있습니다."

승조원의 말에 문득 단둥에서의 기억이 떠올랐다. 압록강만 건너면 북측 땅이었지만 갈 수 없었다. 연길에서도 두만강 다리 중간까지 갔다가 더 가지 못하고 멈추고야 말았다. 그저 먼발치에서 북측 땅을 바라보며 언제쯤 저 곳에 건너갈 수 있을까 하고 생각했다. 그토록 간절히 바라던 북한행이었기에 눈 아래 펼쳐지는 압록강의 광경에 이루 말할 수 없는 감격이 밀려왔다.

이륙한 지 1시간 30분이 지나자 비행기가 평양 순안공항에 도착했다. 비행기에서 내려서는 무작정 사람들이 가는 대로 따라 걸었다. 내가 보낸 사진을 미리 보아두었는지, 기다리던 한 안내원이 내게 눈을 맞추며 물었다.

"리일하 선생입니까?"

순간 나는 환대받는 느낌이 들어 마음이 편해졌다. 일행은 서로 역할을 분담해 일사불란하게 움직였다. 나는 안내원과 얘기를 나누고, 다른 이들은 비디오카메라로 공항에서부터 평양 모습을 찍기 시작했다. 신기한 일이었다. 당연히 촬영을 저지당할 것이라고 생각했건만 예상을 깨고 안내원은 그 어떤 제지도 하지 않았다.

평양으로 들어가는 입구에 '김일성 수령은 영원히 우리와 함께 계신다'는 간판이 서있는 게 보였다. 지금도 잊혀지지 않는 그 모습에서 '북한은 역시 김일성 주석의 나라'라는 느낌이 들었다. 이토록 김 주석을 어버이로 모시고 동상을 만들어 신주처럼 섬기는 나라에서 내가 어떻게 처신할지를 생각하니 불현듯 긴장감이 감돌기 시작했다.

아니나 다를까. 안내원이 우리를 제일 처음 데려가려 한 곳은 김일성 주석의 동상이 신전처럼 서있는 만수대였다. 순간 나는 김일성

만수대 김일성 동상

동상 앞에서 절을 해야 할지도 모른다는 불안감에 휩싸였다. 내가 누구인가? 나는 일제시대에 신사참배를 거부한 순교자의 자손으로 4대째 목사다. 그런 내가 적국 수령의 동상에 절을 할 수는 없지 않은가. 안내원에게 나는 그곳에 갈 수 없다고 단호하게 말했다.

몇 마디의 논쟁 끝에 안내원이 갑자기 차를 세우고는 이렇게 말했다.

"조국에서 예의를 갖추지 않으려면 돌아가시오."

그와 나의 기 싸움이 시작됐다. 그 싸움에서 결코 질 수 없었다.

"절 할 수 없는 사람에게 절을 강요하다니, 정 그렇다면 나는 돌아가겠소."

대화가 끊어지고 한동안 침묵이 흘렀다. 속으론 내심 겁이 났지만 당당하게 행동해야 했다. 함께 온 세 사람도 모두 기독교 목사들로 애초부터 지조를 지킬 것을 결의한 상태였다. 특히나 나는 나머지 두 사람에게 어떤 일이 생기더라도 내가 하는 대로 따라줄 것을 미리 약조 받아둔 터였다.

침묵이 흐르는 동안 안내원도 고민했음이 분명했다. 어쨌든 그는 나를 무사히 안내할 책임이 있었다. 잠시 후 그가 먼저 입을 열었다.

"누가 만수대 언덕에서 절하랍디까."

그는 타협안을 제시했다. 절은 하지 않아도 되고, 가서 화환만 놓고 오면 된다는 것이었다. 우리는 화환도 놓지 못한다고 했다. 그저 구경삼아 가는 것이라면 가겠노라는 것이 우리 측의 타협안이었다.

안내원은 아마도 우리 일행이 일단 만수대 동상 앞에 가면 감히 절을 하지 않을 수 없으리라고 생각했던 것 같다. 북측에 처음 온 사람들의 대부분이 그 생경한 분위기에 기가 눌리기 때문이리라. 안내원은 들어가면서 꽃을 샀고 곧이어 실랑이가 이어졌다.

"우리는 절대 꽃을 들 수 없습니다."

"그럼 줄이라도 섭시다."

"우린 줄도 설 수 없습니다."

우린 정말로 구경 온 관광객마냥 카메라 셔터만 열심히 눌러댔다. 안내원은 황당함에 빨개진 얼굴로 말했다.

"이렇게 배짱 좋은 사람들은 처음 봤습니다. 공화국에 와서 예의를 갖추는 일이 얼마나 중요한데, 줄도 안 서고 꽃도 안 바치고…. 아주 골치가 아픈 사람들이 왔구만요."

그리고 운전사와 함께 자기들끼리 꽃을 들고 가서 김일성 주석의 동상에 절을 했다.

새로운 역사의 출발점에 서서

그렇게 만수대에서 한바탕 신고식을 치

른 후 무사히 호텔에 도착했다. 안내원이 잠깐 이야기를 하자고 하더니 "어디를 가고 싶엇네까?"라고 물었다. 숨 돌릴 새도 없이 갑작스레 날아온 질문에 순간 당황했지만 곧 침착하게 대답했다.

"나는 수해 피해자들을 돕기 위해 여기에 왔습니다. 당연히 가장 어려운 사람들의 모습을 보고 싶습니다. 고아원이나 병원, 수해 현장에 데려다 주십시오."

나는 북에 대해서는 아무것도 아는 게 없었지만 그동안 국제무대에서 어려운 사람들을 도왔던 경험은 나름대로 풍부했다. 우선 내 목적이 무엇인지를 분명히 밝힌 다음 서로 대등한 입장에서 일을 진행해야 한다. 머뭇거리거나 상대방의 보폭에 맞추다 보면 내 뜻과는 무관하게 이리저리 끌려 다니기 십상이다. 더군다나 목사인 내 입장에서 북한은 기독교를 인정하지 않는 이단의 나라이자 사탄의 나라가 아닌가. 한 치의 약점도 보이지 않겠다는 결심을 했다. 이 정도의 긴장 유지는 북측을 대하는 데 좋은 기술이자 기본자세라고 스스로 되뇌며.

그들은 나를 농촌, 고아원, 수해 현장으로 데리고 다니면서 어려운 모습들을 속속들이 보여줬다. 옥수수 300톤을 지원해줘 얼마나 고마운지 모른다는 말도 잊지 않았다. 그들은 우리의 요청대로 기차를 통해 넘겨받은 옥수수의 봉인을 뜯지 않고 그대로 놔두고 있었다. 우리는 그것을 직접 뜯고 확인했다. 우리가 보낸 물자가 잘 쓰이는지를 확인하기 위한 것이었다.

그때까지의 상황을 정리하면 이렇다. 나는 사탄에 점령당한 북한 동포를 구원하는 하나님의 사자라는 어리석은 착각에 빠져 있었다. 허리를 뻣뻣하게 세우고 한 치의 틈도 보이지 않기 위해 노력했다. 얼마나 긴장했으면 저녁에 호텔에 돌아왔을 때는 허리가 다 아플 지경이었다.

　평양은 겉으로 보기에는 깨끗하게 정비된 평범한 도시였다. 그러나 병원에 발을 들여놓았을 때 우리는 놀라움을 금치 못했다. 의료기들은 대부분 망가진 상태였고 난방도 전혀 안 됐다. 미국 동포들이 돈을 모아서 새로 지어 주었다는 제3인민병원이 그 정도니 다른 곳들은 안 봐도 뻔했다. 병실에 들어가 보니 링거액은 제 병이 아닌 맥주병에 담겨 환자에게 투여되고 있었다. 병을 거꾸로 매달지도 못하니, 호스를 입으로 빨아 주사를 놓는 게 분명했다.

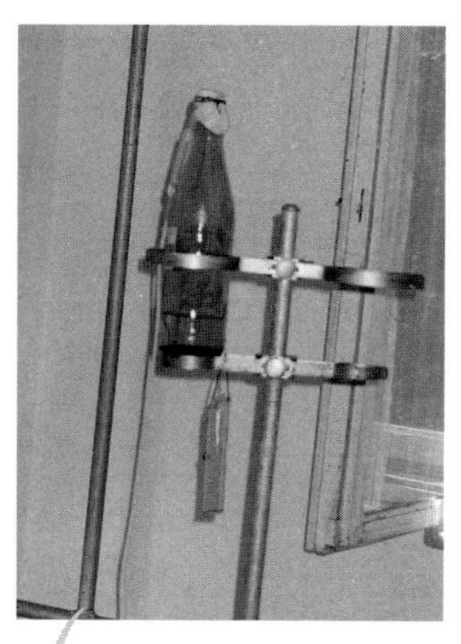

맥주병에 담긴 링거액

　눈물이 앞을 가렸다. '주님, 도대체 어찌 하오리까! 어찌 이리도 참혹하단 말입니까! 이 참상 앞에 도대체 제가 무엇을 할 수 있단 말입니까!' 기껏 옥수수 몇 포대를 보내놓고는 대단한 구원의 손길을 편 양 착각에 빠져 있던 자신이 부끄러워졌다. 또 한편으로 우리가 무슨 재주로 그 큰 어려움들을 해결해줄 수 있을까 하는 생각에 가슴이 무거워졌다. 남측에서 얼마나 많은 사람들의 도움을 끌어 모을 수 있을지도 자신이 없었다.

　세 사람은 눈물을 흘리며 북측 여기저기를 돌아다녔다. 에너지가 모자라 고려호텔의 전등은 낮 동안은 죄다 꺼져 있었고, 밤에도 100여 개 가운데 단 서너 개에만 불이 들어왔다. 난방도 제대로 이루어지지 않았기 때문에 호텔 방에는 전기난로나 풍로가 하나씩 놓여 있었다. 상상을 초월하는 비극의 현장이었다.

　나는 하나님의 뜻을 생각했다. 남측은 그동안 군사독재 속에 있기는 했으나 그 속에서 경제 부흥을 일으켰다. 이제 민주화까지 진행돼 군사독재에서도 벗어났다. 반면 북측은 경제가 무너지고 여전

32

히 완고한 체제 속에 갇혀 있다. 그들은 지금 절실한 도움을 필요로 하고 있다. 하나님은 지금 양쪽이 서로 화해할 수 있는 기회의 장을 만드신 것이다. 도움을 필요로 하는 쪽에 도움을 줌으로써 서로 경쟁관계가 아니라 보완관계로 자연스럽게 엮일 수 있는 새로운 시대를 열어주신 것이다. 이것은 새로운 통일의 비전이다. 하나님이 준비한 역사의 출발점이다. 그곳에 내가 서있다는 생각을 하니 사명감이 솟구쳤다.

나는 북한을 방문하기 전에 김진경, 박세록, 박경서 등 앞서 북한 지원활동을 벌여온 세 분의 과거 자료들을 살펴보았다. 그들은 민족을 위해 참으로 큰일을 하신 훌륭한 분들이다. 그러나 그분들이 활동했던 시절과 내가 북한에 첫발을 디딘 1997년은 차이가 있었다. 그분들은 해외 교포 자격으로 해외 기관 또는 중국을 통해 활동했다. 따라서 남과 북이 민족문제를 직접 토론하는 장을 만들지는 못했다.

그러나 나는 남한 국민의 한 사람으로 남쪽 단체의 이름으로는 처음으로 북한에 들어간 경우였다. 본의 아니게 민족 문제의 한가운데로 내던져진 것이다. 두렵고 혼란스럽기도 했지만, 평생 꿈꾸어왔던 위대한 일을 하게 됐다는 긍지로 가슴이 벅찼다.

나는 안내원들에게 내가 왜 여기에 왔는지, 어떤 일을 하고 싶은지, 내 인생관은 무엇인지, 또 그동안 살면서 어떤 경험들을 해왔는지에 대해 가능한 더 많이 이야기하려고 노력했다.

주민들, 김일성 부자를 진정 아끼다

우리가 처음 평양을 방문한 1997년은 김일성 주석에 대한 애도 기간이었다. 그 기간 동안 북한의 전 국민이 상중이었던 셈이다.

김 주석 사망 직후 그의 동상이 놓인 만수대 광장은 통곡하는 북한 주민들로 가득 찼다고 한다. 당시 남측 사람들은 대부분 그것이 연극이라고 여겼다. 북측 주민들은 철저한 감시체제와 독재정권에 억눌려 상부의 눈치나 보고 꼭두각시처럼 움직인다고 믿기 때문이다. 나 역시 그런 의구심을 가지고 있었다.

"김일성 수령이 죽었을 때 왜 만수대 아래에서 울었습니까?"

"수령님이 돌아가셔서 많이 힘들었습니까?"

나는 만나는 사람마다 붙들고 이렇게 물었다. 그때마다 그들은 한결같이 "어버이를 잃은 슬픔에 만수대로 달려갔다"고 말했다.

처음에는 참 거짓말도 잘한다, 훈련을 철저하게 받았나 보다고 생각했다. 그러나 그들의 눈빛과 분위기는 결코 거짓을 말하는 게 아니었다. 이쯤 되자 나는 북측 주민들에게 있어 김일성 부자의 의미가 과연 무엇인가가 상당히 궁금해졌다.

제3인민병원으로 가다 보면 중간 어디쯤에 서포역이 나온다. 이곳 구석 창고에는 '김일성 수령이 다녀가신 곳'이라는 팻말이 붙어 있다. 내가 평양에 머무르는 동안에도 김정일 위원장은 북한 내의 군대나 농장을 방문하며 평양이 아닌 다른 곳들을 돌아다녔다.

우리를 인도하던 안내원은 김일성 주석은 농촌을 방문해 그곳 노농들과 함께 모를 심었고 일이 끝난 후에는 다같이 멍석을 깔고 앉아 막걸리를 먹었다고 회상했다. 어떤 사람은 예상치 않게 갑자기 경제가 어려워지자 인민을 너무도 사랑한 김일성 수령이 쇼크를 받아 갑자기 돌아가셨다고 말하기도 했다.

북측 주민의 대다수는 수령이 27년 동안 아들을 후계자로 든든하게 키워 놓아 염려가 없다고 말했다. 오랜 사상 훈련에서 비롯된 기계적인 말이 아니었다. 우리로서는 도저히 납득할 수 없는 맹목적인 애정과 신뢰를 그들은 가지고 있었다. 이런 그들의 진심 어린 마음은 북한 사회의 굉장한 약점이자 동시에 강점이다.

약점이라 함은, 먹고 살기 위해 스스로 일하고 실력을 쌓아 돈을 벌려 하지 않고 지도자가 다해주겠거니 하며 의존만 하기 십상이라는 점이다. 이는 무척 어리석은 일이다. 그러나 한편으로는 그들이 정신적으로 건강한 이들이라는 생각도 든다. 그들은 하나 같이 "우리는 무척 행복하다"고 입을 모은다. 배가 고파 굶어죽으면서 무슨 얼어 죽을 행복이냐 싶겠지만, 기본적으로 평등을 중심으로 한 사회 구조라면 배가 조금 고파도 마음만은 건강할 수 있지 않겠는가.

태어나면 탁아소에서 (많이는 아니지만) 먹여주고, (남루하긴 하지만) 입혀주고, 때가 되면 공부를 시켜주고, 아프면 (시설은 낡았지만) 병원에서 공짜로 치료해주고, 나이가 들면 (월급은 많이 주지 못하지만) 직장을 다 마련해 준다. 조금 더 출세하고 싶으면 조금 더 많이 공부해 좋은 직장에 취직할 수 있지만, 그렇지 않은 사람은 적당히 놀아도 밥 굶을 일은 없다. 이런 지상낙원이 어디 또 있겠는가.

하지만 그들은 낙담도 했다. 낙원을 건설하기 위해 열심히 노력했지만, 미국이 자신들을 코너로 몰아넣고, 설상가상으로 소련과 중국까지 자신들을 배신해 지금의 어려움이 닥쳤다고 말이다. 그러면서 민족이 살 길은 통일밖에 없다고 단정한다.

저들의 정신적 건전함은 기독교인들이 하나님을 믿고 의지하는 것과 크게 다를 게 없다. 찢어지게 가난한 사람들로 구성된 체제가 쉽게 무너지지 않고 굳건히 견디는 것은 어떤 믿음이 있기에 가능한 것이리라.

목사로서 나는 부자와 가난한 사람들이 서로 나누며 다함께 잘 살 수 있는 방법을 궁리하며 한 평생을 지내왔다. 그런 내게 북측은 무척 특별해 보였다. 다만, 그들이 지금보다 조금 개방적이 되어 사회체제가 유연해지고 경제적으로 잘 살게 되기를 진심으로 바란다. 남측은 북측의 순수함을 배우고, 북측은 남측으로부터 필요한 경제 사회적 지식들을 배우면서 서로 도움을 주고받는다면 보다 발전적인 관계로 나아갈 수 있을 것이다.

정감 어린 풍경과 사람들

솔직히 평양에서의 처음 며칠 동안 나는 감시를 받는다는 압박감 속에서 생활했다. 나는 그들의 말 한마디 행동 하나하나에 모든 촉각을 곤두세웠다. 목사로서의 영적 압박감과 함께 언제 무슨 일을 당할지도 모른다는 두려움 때문이었다. 우리를 인도하는 안내원이 실은 우리를 철저히 감시하고 있으며, 그들이 정해놓은 루트에 따라서 한정된 곳만 다닐 수 있으며, 어디를 가더라도 일거수일투족이 체크된다고 생각했다. 때문에 일정을 끝내고 숙소에 돌아와서야 비로소 위협에서 벗어났다는 안정감을 되찾을 수 있었다. 전기도 제대로 들어오지 않는 숙소에서는 도청도 제대로 할 수 없을 것이라 여겨졌기 때문이다.

마찬가지로 북측 사람들도 늘 서로 감시하고 감시당하는 생활을 하는 게 분명하다고 생각했다. 단둥서 북측과 교류를 한 적 있는 중국인이나 조선족들로부터 북한도 똑같이 사람 사는 곳이라는 얘길 전해 듣긴 했지만 사람이 모여 산다고 해서 어디나 다 똑같은 건 아니라는 게 내 생각이었다. 어떻게 사느냐는 천차만별이 아니던가.

그러나 실상은 예상외로 비교적 자유로웠다. 안내원은 우리를 방

치하고 저 혼자 어디론가 사라지기 일쑤였고, 주민들도 제할 말을
다하며 자유롭게 행동했다. 정해진 루트에 따라서만 움직이며 극히
제한된 모습만 보여줄 것이란 추측도 빗나갔다.

하루는 안내원이 우리를 평양 시내의 낙후된 지역으로 데리고 갔
다. 북한의 도시에는 도시지구와 농촌지구가 뒤섞여 있는데 그 중에
농촌지구로 우리를 안내한 것이다. 달구지가 시골길을 덜컹거리며
지나갔다. 소가 달구지를 끌고, 쟁기로 밭을 갈고 있었다. 완전히
1960년대 우리의 농촌 모습이었다. 향수를 느끼며 열심히 사진을
찍었다.

그곳에서 우리는 나무 등짐을 진 나무꾼, 전쟁의 폐허, 시간당
200밀리미터씩 쏟아진 비에 논 수십만 평이 휩쓸려 간 현장 등을 보

았다. 한 촌부는 봄에 밭으로 옮겨 심을 고구마 순을 겨우내 아랫목에 키우고 있었다. 부뚜막에 걸린 옛날 솥에서는 먹다 만 퍼런 풀죽이 식어가고 있었다.

물론 북측이 내게 그런 낙후되다 못해 비참한 현장들까지 속속들이 보여준 데는 어떤 의도가 있었을 것이다. 하지만 나는 그들이 특정한 목적 이전에 한민족으로서 내게 자신들의 치부를 솔직히 보여주고 있다는 느낌을 받았다. 그 후로는 신기하게도 그간 내내 나를 내리누르던 긴장감과 걱정이 확 풀어졌다.

그제야 나는 실상도 모르면서 북측을 무시하고 오해하고 긴장했던 내 모습이 얼마나 어리석었는지를 깨달았다. 마치 남쪽을 대표하는 대단한 사람인 양 오만했던 나의 자세는 차츰 겸허하고 부족함을 스스로 아는 모습으로 바뀌었다. 그들에게는 우리 민족이 나아가야 할 미래에 도움이 되는 장점도 있다는 점을 발견할 때는 너무나 기뻤다.

나는 앞으로 열심히 모금해서 내가 할 수 있는 한 최선을 다해 북측을 돕겠다고 결심했다. 첫 방문을 마치고 평양을 떠나 남으로 오면서 나는 앞으로 해야 할 일들에 대한 벅찬 기대와 책임감으로 가슴이 뻐근해졌다.

통일을 이야기합시다

1998년 6월 현대그룹의 정주영 회장은 전 세계 언론의 화려한 스포트라이트 속에 500마리의 소를 몰고 육로를 통해 북측을 방문했다. 같은 해 9월과 11월에 나도 두 번에 걸쳐 젖소 200마리를 몰고 평양에 갔다. 그러나 우리는 언론에 공개하지 말아 달라는 북측의 요청에 따라 아주 초라하게 일을 치렀다. 새끼 밴 암소 100마리를 끌고 인천항에 가서 검역을 받은 다음 배에 태워 남포항으로 들여보내는 작업이었다.

나는 소가 인천항을 떠나기 전에 비행기를 타고 먼저 평양에 들어갔다. 그곳 안내원들에게 인수인계할 채비도 하고, 젖소가 남포항으로 들어올 때 사진도 찍기 위해서였다. 그런데 젖소를 태우기로 한 배가 인천항에서 예정대로 출발하지 못하는 일이 발생했다. 나는 며칠 동안 혼자 평양에서 기다려야 했다.

그 기간 동안 그들은 나를 인민대학습당으로 데리고 갔다. 인민대학습당은 서울의 국립도서관에 해당하는 곳이다. 국립도서관에서

인민대학습당 전경

는 책을 보거나 대출만 하지만 인민대학습당에서는 각 분야별로 교수들이 상주해 있어 누구든 책을 보다가도 토론이 필요하면 교수에게 찾아가 토론을 벌이곤 한다.

그날 안내원은 나를 어느 교수의 방으로 데려갔다. "남측에서 젖소를 보내주실 분"이라는 안내원의 소개에 교수는 대뜸 "통일을 위해 애 많이 쓰십니다"라고 찬사 섞인 인사를 했다. 나는 그 말이 상당히 생소했다. 그때까지 내가 하는 일을 통일과 연결해 생각한 적이 없었기 때문이다. 그저 어려운 사람들을 도우려는 것이었다.

"선생, 기럼 우리 통일을 이야기합시다."

교수가 평양 사투리로 말했다. 당황스러웠다. 여태껏 생각해본 적 없는 통일에 대해 갑자기 무슨 말을 할 수 있단 말인가!

"저는 아직까지 통일에 대해서 별로 생각해보지 않아서 크게 드릴 말씀이 없습니다."

"민족이 분단돼서 지난 50년 동안 당한 고통이 얼마인데, 이렇게 우리를 돕겠다고 오신 분이 통일에 대해 아무것도 모른다고 하는 게 말이 됩네까?"

"죄송합니다. 급히 오다 보니 그렇게 됐습니다. 다음에는 공부를 충분히 하고 와서 대답을 하겠습니다."

교수는 정색을 하며 나무랐지만, 어쩔 수 없었다. 아무런 준비 없이 온 나를 탓할 밖에. 나는 변명을 남기고 도망치듯 서둘러 그 방을 빠져나왔다.

통일 학습의 문을 두드리다

그 날의 만남은 내가 통일에 대해 구체적으로 관심을 갖는 계기가 됐다. 그 일로 깨달은 바도 컸다. 북측에 물건을 보내든 그쪽 사람들과 교제하든, 통일에 관련된 논리적인 준비가 없으면 대화가 어렵다는 것을 알게 됐다. 어린이에서 어른까지 북측 사람들은 모두 통일과 관련된 학습을 받고 있다. 통일을 왜 해야 하고, 어떻게 해야 하는지에 대해 그들은 구체적인 의견과 비전을 갖고 있었다.

남측으로 돌아온 뒤 통일부가 주최한 통일 관련 세미나에 참석했다. 북측과 관련된 일을 하는 민간의 이야기를 서로 나누고 통일을 위한 좋은 방법을 토론해 보자는 취지에서였다. 세미나는 20여 명이 모인 가운데 1박 2일 동안 진행됐다.

참석한 사람들은 모두 통일과 북한 문제에 관심이 있다는 점에서 공통적이었지만, 각자의 색깔은 다양했다. 과거 통일운동을 하던 이른바 운동권 출신이 3분의 1, 통일을 종교적 차원에서 이해하려고 온 종교인이 3분의 1, 나머지 3분의 1은 전문적인 인도적 지원단체들이었다.

통일운동을 하던 사람들이 대부분의 대화를 주도하며 분위기를 압도해버린 탓에 나머지 사람들은 거의 말을 못했다. 반세기에 걸친 민족 분단의 비극과 남북한의 처지에 대한 해박한 지식을 갖춘 운동가들과, 덮어놓고 북한을 도와주자는 사람들 사이의 대화가 잘 될 리 없었다. 통일운동가들의 말은 무슨 뜻인지 이해가 안가고 어렵기만 했다. 그들의 이론은 나와는 관계가 없는 것처럼 들렸다. 어쩜 같은 사건을 두고도 저렇게 해석이 다를까 하는 생각, 과연 내가 저렇게 말하는 사람들과 같이 일할 수 있을까 생각들이 꼬리를 물었다.

통일운동가들은 이데올로기적인 준비, 서로의 체제에 다가서야 할 준비가 선행돼야 한다고 말했다. 통일을 위해서 이념적 준비를 할 것을 강조하면서 그들은 틈틈이 북한 사회의 체제적 우수성을 언급했다. 주사파라는 학생운동 집단에 대해 듣긴 했지만, 인도적 지원단체에까지 그들이 들어왔다는 데 대한 두려움과 경계심이 일었다.

동시에 나는 북측은 절대로 우리가 의도한 바대로 변화하지 않을 것이라 생각했다. 북이 아닌 남에서, 그것도 통일을 논하는 자리를 통해 나는 자신이 매우 보수적이고 대립적인 사고구조를 가지고 있다는 사실을 깨달은 것이다.

세미나가 있은 후 나는 통일을 향해 나아가는 데 있어 우리나라의 사회적 여건과, 내가 하는 일과 통일의 연관성에 대해 진지하게 고민했다. 통일부의 추천을 받아 통일연구원 회원으로 등록하고 연구 자료를 받아보기 시작했다.

남북의 정치구조와 사회적 차이점들을 파고들었다. 탈북자들에게서 나오는 이야기들과, 그런 이야기들을 토대로 학자들이 만든 자료들은 특히 북한을 이해하는 데 도움이 많이 됐다. 아는 것이 힘이 란 말은 만고불변의 진리다. 이런 정도도 이해하지 못하고 내가 어 떻게 그들에게 가까이 갈 수 있겠는가. 또 북한이라는 곳은 사람만 안다고 모든 일이 다 되는 곳이 아니지 않은가.

북에서 나는 항상 안내하는 사람의 입회 아래 주민들을 만났다. 그들은 내 태도를 여러 각도에서 분석하고 점검했다. 이런 상황에서 그곳 체제와 통일에 대한 지식 하나 없이 막연하게 물건만 들고 가 는 것은 그저 가끔 배고픈 사람에게 동냥하는 수준에 지나지 않을 것이다. 분배의 투명성을 강조하고 협력사업을 지속시킴으로써 민 간의 대북지원을 통일의 징검다리로 만드는 장기적인 포석이 필요 하다는 생각이 들었다.

마음이 먼저 움직여야

남북이 서로 총부리를 겨누며 갈라선 지 10년 이 되던 해에 4.19혁명이 일어났다. 학생들은 '가자 북으로, 만나자 친구여'를 외치며 삼팔선으로, 판문점으로 무조건 달려가려했고 정 부는 이를 두려워했다. 결국 아무 대책도 없이 덮어놓고 만나자는 이런 식의 운동은 오히려 5.16 군사 쿠데타의 빌미를 제공했다. 쓰 라린 역사다.

오늘날 상황은 역전됐다. 우리는 눈부신 경제성장을 이루어 북측 과의 교류를 꾀하는 반면, 북측은 대단히 살기 어려운 나라가 되어 오히려 무방비 상태로 남측과 만나는 것을 두려워한다.

구소련이 무너진 후 급격한 경제 쇠퇴를 겪던 북한은 김일성 수 령까지 갑자기 사망하자 마치 바늘을 세운 고슴도치처럼 민감해졌 다. 이제는 어떻게 살아남을 것이냐는 생존의 위기에 봉착해 지극히 방어적이 된 것이다.

그들은 한동안 만나자거나 도와주겠다고 하는 사람도 있는 그대로 받아들이지 않았다. 철저히 분석해서 적인지 친구인지를 따지고, 무슨 물건을 들고 왔는가를 탐색하고, 혹시 발생할지도 모를 공격의 가능성에 대비해 경계와 감시를 늦추지 않았다. 그도 모자라 사람이 오고 가는 것은 철저히 봉쇄하고, 물건만 오고 가도록 했다.

그들은 남측이 도와주겠다는 정치적 제의를 거절하기도 했다. 대신 외교 채널을 통해 국제사회의 NGO나 공적개발원조(ODA)에 손을 벌렸다. 유엔을 통해 병들고 죽어가는 아이들과 수해로 다 망가진 농촌 현장을 공개하고 국제사회에 도움을 호소했다.

그러나 북측의 엄청난 경제난과 그로 인한 사회적 위기는, 어떤 의미에서는 우리가 북측에 다가가는 전혀 새로운 기회가 될 수도 있다. 그동안 통일에 대한 이론적이고 논리적인 토론은 사상의 이해, 정치적 통합, 사회적 통합, 문화와 언어의 차이 극복 등 다양한 주제에 대해 이뤄졌다. 그러나 무엇을 하려고 하더라도 북측에서 문을 열어줘야 가능하다. 설사 문을 열어준다고 해도 통일에 관한 시각이 다르다면 대화가 가능하겠는가.

북쪽에서는 철저히 연방제라는 전략을 들고 나온다. 6.15 공동선언을 통해 낮은 단계의 연방제와 유사한 국가연합이라는 새로운 아이디어를 만들었다. 북측 사람들은 국가연합이라는 것은 별 의미가 없고 어쨌든 연방제라고 이해한다. 그들은 연방제를 관철시켜야 하고, 국가 주석도 북측에서 나와야 한다고 말한다. 북측은 국방력이 강하고 한반도를 확실하게 방어할 수 있기 때문이라는 것이 그들의 주장이다. 남측은 미국의 영향력을 크기 받기 때문에 안 된다고 한다.

이렇게 엄청난 시각 차이를 가지고 있는데 통일을 하자고 무조건 덤빈다고 해서 될 일이 아니다. 통일을 준비하는 일과, 통일이 왜 필요한지에 대한 교육은 물론 중요하다. 그러나 방법론의 측면에서 기회를 잘 활용하는 것도 중요하다.

기독교인들에게 가장 기쁜 소식은 하나님이 우리의 생명을 살리신다는 점을 깨닫는 것이다. "내가 죽게 생겼습니다"라고 말하게 될 때, 실연을 당하거나 사업이 망했을 때, 병에 걸려 괴로울 때 "하나님이 너를 사랑하신다"는 말은 굉장히 기쁘게 들린다. 그러나 아사 직전의 사람한테 하나님이 사랑하신다는 말이 무슨 의미가 있겠는가.

사람에게는 배가 고플 때 먹을 것을 주는 것만큼 반가운 것이 없다. 입을 옷이 없는 사람한테는 옷을 주는 것이 그 사람의 환심을 사는 길이다. 통일의 길도 마찬가지다. 북측의 어려움이 무엇인지를 파악하고 그 어려움으로부터 그들을 벗어날 수 있게 하는 따뜻한 손길로 우선 다가서는 것이 보다 빠른 길이 될 것이다.

그러기 위해서는 마음이 동해야 한다. 북측 사람들을 기꺼이 도와주고자 하는 남측 사람들의 마음이 가장 중요하다. 조건 없이 진심으로 도움을 줄 때 북측 사람들은 그 마음을 고맙게 받아들일 것이다. 사람은 아무리 어려워도 몸만 건강하고 힘이 남아 있으면 은혜를 갚을 수 있다. 북에는 값싼 노동력이 있고 뛰어난 손재주가 있다. 남측에서 조건 없이 순수한 도움을 주면 그 사람들은 반드시 그에 상응하는 대가를 줄 수 있다.

내가 각종 지원을 위해 방문할 때마다 북측 사람들은 언젠가는 도움을 갚을 날이 올 것이라는 말을 잊지 않고 했다. 이렇게 감동으로 서로 화답하는 마음이 바탕에 깔리면, 그 다음에 돈이 가고 기업이 갈 수 있다.

막상 문을 열고 보니

　　　　　　"보시라요, 우리 얼굴이 빨갛습니까?"

"우리 머리에 어드러케 뿔이 있습니까?"

북측 사람이 가끔 내게 던지는 말이다. 요즘은 많이 달라졌지만 과거 남측 사람들이 어떤 식으로 반공교육을 받았는가를 그들도 알고 있는 것이다. 그래서인지 우리는 서로를 경계하고 두려워해왔다. 특히 북측에서는 잘 훈련되고 준비된 사람만이 주로 나서 남측에서 온 사람을 만난다.

그러나 나는 1995년 이후 계속 북측 사람들을 접하면서 그들이 변하는 모습을 봤다. 인도적 지원을 통해 감동적인 기독교적 사랑을 전달한 결과일 것이다. 그러나 무엇보다도 남측 사람들의 통일운동이 북측 사람들의 통일 개념을 바꿨다고도 볼 수 있다.

과거 북측은 남에서 오는 물자에 붙어있는 상표를 다 떼어내고 남측이 아닌 다른 곳에서 온 것처럼 위장했다. 하다못해 라면이 가도 껍질이 벗겨져서 알맹이만 주민들에게 전달했다. 그러나 이제는 남측에서 지원받았다는 사실을 전혀 숨기지 않고 주민들에게 나눠준다.

그들 역시 단계적인 통일운동을 하고 있다. 우리의 통일운동이 일부 단체들을 중심으로 시작해 점차 그 영역을 넓혀가는 식이라면, 북측의 통일운동은 처음부터 사회 전반에 걸친 전방위적인 운동이다. 남쪽은 잘 살고 우리를 도와줄 수 있으니 남쪽과 친구로 지내고 한민족끼리 뭉쳐야 한다고 공개적으로 말한다.

그들은 자신들은 물론이고 남측의 장점과 단점까지도 나름대로 분석하고 있다. 분단 이후 한쪽은 물질적으로는 풍요로움을 누리게 됐지만 정신적으로는 피폐하고 인간의 순수성이 많이 사라진 퇴폐적인 문화가 발달했다. 다른 한쪽은 경제적으로는 피폐해졌지만 정신적으로는 순박하고 민족문화가 많이 보존됐다. 서로 장단점이 분명하기 때문에 기대고 보완할 여지가 충분한 것이다.

남쪽에는 여러 발전된 산업들이 있는데 비싼 인건비 때문에 기업들이 중국 등 저렴한 아시아 지역으로 빠져나간다는 것을 그들도 파악하고 있다. 그런 남측 기업들을 북에 투자하도록 하고 물자를 생산해 수출하면 금세 부자가 될 수 있다는 사실도 다 알고 있다.

북측 사람들은 고구려, 고려, 조선 등 과거 역사 시기의 문화유산을 잘 보존하고 있으며, 그런 문화적인 전통을 남쪽과 나눌 수 있다는 것도 안다. 또 백두산, 묘향산, 금강산 같은 좋은 자연환경을 남쪽 주민들에게 얼마든지 공개할 수 있고, 그런 개방과 교류가 남북이 하나가 되는 데 견인차 역할을 할 것이라는 점도 안다.

이런 판단을 바탕으로 그동안 그들은 단계적으로 자신을 열어왔다. 신의주, 개성, 나진선봉 등을 과감하게 공개함으로써 남쪽 기업들이 진출해 산업을 일으킬 수 있도록 시스템을 갖추어 놓기도 했다.

그러나 막상 행동을 취해놓고 보니 남측이 너무 안 움직인다는 것이 오늘날 북측이 가지는 고민거리다. 정상회담 한번이면 순식간에 모든 것이 다 진행될 것 같았는데, 가만히 보니 남측은 미국이라는 거인의 눈치를 끊임없이 살펴야 하고 미국이 싫어하는 것 같으면 제대로 추진도 못한다는 어처구니없는 실상을 뒤늦게 알아차린 것이다.

왜 경제적 지원을 해야 하냐면

　　　　　　　동서독이 통일될 때 양쪽의 경제적 격차
는 3배 정도였다. 현재 남북의 경제수준을 보면 공식적인 1인당 국
민소득 통계의 격차가 12~13배라고 하지만, 실제로는 20배가 넘어
보인다. 북측의 연간 개인소득은 100달러도 안되는 수준이라고 봐
야 할 것이다.

지금 북쪽은 농업 외에는 아무런 생산능력이 없다고 해도 과언이
아니다. 북한에서는 대략 2000만 명의 인구가 전체 산업을 통해 연
간 20억 달러를 생산하고 있다. 그 가운데 6억 달러가 농업 생산에
서 나온 것으로, 알곡 300만 톤을 국제 시세인 톤당 200달러로 계산
한 수치다. 이는 전체 생산의 30퍼센트에 해당하는 비중으로, 남측
의 농업 생산이 전체 생산의 5퍼센트 미만에 그치는 것과 비교해볼
때 농업에 대한 북측의 의존도가 얼마나 높은지를 단번에 알 수 있
게 해준다.

군사경제 부문 때문에 커 보이는 것이지, 민간경제만 놓고 보면
북측은 세계 최빈국이고, 남북간 개인소득은 100배의 차이가 난다.
이런 상황에서 북측이 무너지고 그 결과를 우리가 감당해야 한다면
그 부담은 상상 외로 클 것이다. 그런 상태로 통일될 경우 지금의 남
측 경제에서 20퍼센트가 마이너스될 것이라고 말하는 사람도 있지
만, 50퍼센트를 떼 주어야 한다고 추정하는 학자도 있다.

갑작스럽게 통일이 되면 북한 주민들이 대거 남쪽으로 몰려올 것
이 뻔하다. 그러면 온갖 사회적인 문제가 나타난다. 사람들은 돈을
보면 이성을 잃게 마련이다. 아마 감당할 수 없는 치안문제가 발생
할 것이다.

난민 문제를 생각해봐도 그렇다. 북쪽에서 100만 명가량의 난민

이 내려온다고 할 때 그를 감당하기 위해 들어갈 남측의 경제적 비용은 상상을 초월한다. 르완다에서 200만 명이 난민이 되어 자이르 국경을 넘어왔을 때 그들 난민을 관리하는 데만 1년에 15억 달러가 들었다. 15억 달러면 우리 돈으로 2조 원이다. 최근 남측에서 북에 5억 달러를 주었다고 그렇게 난리를 쳤지만, 북쪽 사람 500만 명이 넘어온다면 30조 원, 40조 원을 써도 감당할 수 없다.

북측을 도와주면서 민족이 천천히 하나가 되는 과정을 밟아나가지 않고 북측 주민들이 난민이 돼버린다면 반드시 10배의 비용이 들어간다. 유엔난민고등판무관실은 난민을 구호하는 일을 하고 있다. 이 기구의 경험에 따르면 대량 난민 3000만 명을 1년 동안 돌보는 데 들어가는 비용은 3억 명이 일년 동안 먹는 양식의 값과 같다. 난민이 방황하지 않고 빨리 정착하도록 하는 일에도 엄청난 돈이 들어간다.

이즈음에서 나는 북측에 경제적 지원을 하는 것을 아깝게 여기며 곱지 않은 의견을 내는 사람에게 말하고 싶다. 북측 사람들을 난민으로 만들지 않고 10분의 1의 비용으로 안전하게 민족의 통합을 이뤄내야 한다고. 그것이 그들이 두려워하는 경제적 타격을 오히려 줄이는 방법이다.

이제 통일을 말할 수 있다

누누이 강조하는 바, 사랑과 감동이 넘치는 지원이 있을 때에야 마음의 장벽이 허물어지고 진정한 통합이 이뤄질 수 있다. 지금까지 굿네이버스가 해온 일은 바로 그러한 통합의 과정이다. 처음에는 국제사회에 이미 공개했던 부분만 조금씩 보여주던 북측이 이제는 굿네이버스를 믿고 자신을 열어 보인다. 굿네이버스는 어떤 계산적인 이해관계를 가지고 자신들에게 접근하지 않았다는 확신이 생긴 것이다.

지금까지 그들은 자신들의 비참함을 뉴스거리로 삼아 유명세를 타보려는 사람들만을 주로 봐왔다. 하지만 굿네이버스는 그들과의 교류 내용을 철저히 비공개로 유지하면서 지속적으로 그들을 도왔다. 의외의 호의에 대한 안도의 마음은 어느덧 감사의 마음으로 바뀌었고, 그들은 이제 터놓고 치부를 공개하며 이것저것 도움을 요청한다. 나는 이게 바로 통일의 모습이라고 생각한다.

굿네이버스는 1997년부터 매년 10명, 20명, 40명, 100명 등 약 두 배씩 모니터링 방문객 숫자를 늘렸다. 그 과정에서 북측을 보는 남측 주민들의 생각도 많이 바뀌었다. 통일도 단계를 밟아 순차적으로 하는 것이 좋다는 의식을 가지기 시작한 것이다. '인도적 차원'이란 단서를 달고 경제협력과 문화교류를 하고 군비통제도 해야 한다. 또 남측과 북측 사람들이 서로의 마음을 이해하고 소통해 나갈 수 있도록 이를 돕는 프로그램이 절실하다.

남측과 북측은 같은 문화와 언어를 갖고 있고, 같은 피가 흐르는 한민족이다. 언제까지 두 나라로 쪼개져 전선을 사이에 두고 전쟁에 대비하는 상태로 남아있을 것인가. 우리 후손들은 반드시 통일된 한 나라에서 살아야 한다. 지금처럼 좋은 기회를 얻었을 때 서둘러서 통일의 기반을 쌓아야 한다.

북한에서 정보를 관리하고 통일을 연구하는 전문가들은 이런 속도면 5년 안에 '통일이라고 말할 수 있는 아주 효과적이고 실제적인 변화'가 오지 않겠느냐고 내게 말한다. 5년 뒤면 2008년이니 노무현 대통령의 임기가 끝나는 해다. 노무현 대통령은 '북한판 마셜플랜' 등을 말하며 경제통합의 꿈을 꾸고 있는데, 나는 그 꿈이 조만간 현실화할 것으로 본다. 통일로 가려면 경제적 통합을 바탕으로 국민적 이해와 화해와 화합을 조성하는 국민운동이 전개돼야 한다.

김대중 대통령의 햇볕정책은 한때 엄청난 저항도 받았지만 전 국민의 70퍼센트가 잘한 일이라고 손을 들어 주었다. 이는 우리 국민이 갖고 있는 잠재력을 보여주는 것이다. 민족이라는 것이 무엇인지, 우리는 한민족으로서 눈에 보이지는 않지만 엄청난 힘을 갖고 있다.

이제는 남쪽의 어느 학교가 북쪽의 어느 학교와, 남쪽의 어느 지역이 북쪽의 어느 지역과 파트너 관계를 맺기도 하며 민간 교류의 물꼬를 트는 변화가 일어나야 한다. 그러면 여러 다양한 분야별 접촉이 따를 것이다. 물론 그 전에 그들에게 먹을 것과 입을 것을 주고, 북측과 남측 주민들 사이에 감동을 불러일으키는 작업이 더 진행돼야 한다.

통일을 위해서는 서로에 대해 갖고 있는 두려움을 버리고, 미래지향적이면서도 한 형제로 화해와 협력의 가능성을 느낄 수 있는 이벤트가 필요하다. 그 과정에서 서로 만나 끌어안고 기뻐하는 환희를 느껴야 한다. 그래야 우리 미래가 보장된다.

아직 나는 통일을 이야기하자며 나의 통일의식을 이끌어주었던 인민대학습당의 그 교수를 다시 찾아가지 못했다. 하지만 이제는 언제 어디서, 누구를 만나도 통일을 이야기할 수 있게 됐다. 무엇보다 먼저 서로 화해하고 용서하고 협력하는 기본자세를 갖는 게 중요하다. 지금까지 우리 정부와 민간단체들이 순수한 인도적 지원으로 북측의 마음을 녹이고, 서로 만나는 접촉면을 넓혀온 것은 크게 잘한 일이며 앞으로 통일에 큰 디딤돌이 될 것이다.

소 떼가 이룬 기적

1993년의 소련 해체는 북한으로서 치명적인 타격이었다. 1980년대 후반부터 사회주의 형제국가들이 서서히 무너지기 시작했지만, 정치적, 경제적, 문화적으로 밀착돼 있던 파트너 소련의 붕괴는 북한에 경제적 빈곤과 함께 정신적 혼란도 가져왔다. 그런데 1년 뒤 설상가상으로 김일성 주석마저 사망하자 북한은 모든 분야에서 암흑에 빠져들었다.

암흑은 그것으로 끝나지 않았다. 자연재해마저 북한을 가만두지 않았다. 1995년 단둥에서 만난 북한 남자는 "재해를 만나서 정말 어려우니 우리를 도와주면 그 은혜를 잊지 않겠다"고 말했다.

1994년부터 북한에 홍수가 나기 시작한 것으로 알려져 있지만, 사실은 전해인 1993년에도 서쪽 재령평야와 신천평야에 큰 해일이 덮쳐 넓은 쌀 생산지가 파괴됐다. 이렇게 시작된 재해는 해일, 홍수, 우박, 가뭄 등 연거푸 이어지면서 7년간 계속됐다. 이 자연재해로 인해 북한은 경제적으로 치명적인 손실을 입었다.

생존이 위협받는 절대절명의 위기상황 속에서도 그들은 1997년 7월까지를 김일성 주석의 죽음을 애도하는 기간으로 정했다. 체제강화나 경제개발을 한 것이 아니라 말 그대로 '고난의 행군'을 했던 것이다. 전 국민은 수령을 애도했고, 그 분이 살아 있다면 이렇게 괴롭고 배고프지는 않았을 텐데 하며 아쉬워했다.

내가 1997년 3월 평양에 처음 들어가기 전에 밖에서 듣던 평양과 실제로 들어가서 본 평양은 느낌이 일치했다. 당시 그들은 굶어 죽을지언정 김영삼 정부와는 대화하지 않겠다고 선언했다. 실제로 도움을 거부하며 맹세를 지키는 그들의 지독한 모습을 보며 나는 섬뜩함을 느꼈다.

김영삼 대통령은 북측에 쌀 15만 톤을 보내고도 아무런 화해와 협력 관계를 이뤄내지 못했다. 당시의 경험은 남북관계란 남쪽 정치 지도자의 성격에 크게 좌우된다는 교훈을 남겼다. 어버이 수령이 죽었을 때 남측의 김영삼 대통령이 전군 비상경계령을 내린 것은, 애도의 뜻을 표시하는 것은 고사하고 오히려 전쟁을 준비하고 자기들을 붕괴시키려는 의도를 나타낸 것이라는 게 북측의 생각이었다. 그들은 김영삼 대통령은 도대체 신의가 없는 사람이라고 단정해버렸다.

1998년 2월 김영삼 대통령이 물러나고 김대중 대통령이 들어섰다. 그제야 북측은 조금씩 문을 열고 민간단체들을 서서히 받아들이기 시작했다.

젖소사업을 해봅시다

1997년 내가 첫 방문을 했을 때 북측은 주민들에게 나를 남쪽에서 온 사람이라고 소개하지 않고 미국에서 온 사람이라고 소개했다. 당시만 해도 북한은 남쪽 사람은 갈 수 없는 곳이었다. 남쪽을 전담하는 부서가 아니라 교포를 상대하는 해외동포원호위원회라는 부서에서 나를 영접했다. 당시 북측 안내원들은 우리 일행이 주민들에게 남쪽에서 왔다고 말하지 않기를 바랐다.

그렇게 해외 동포이자 국제단체 지도자의 신분으로 그곳에 갔기 때문인지 그들은 그다지 나를 경계하지 않고 편하게 예우했다. 오후 4시에 공식 일정이 끝나면 나는 안내원 없이 평양 시내를 걸어 다녔다. 주머니에는 아이들이 좋아할 과자나 사탕을 넣어뒀다. 그러다가 아이를 만나면 "난 미국 아저씨야"라고 말하며 사탕을 건네주었다.

이렇게 남측 사람은 제한하고 미국 사람은 받아들이면서도 정작 평양 시내에 걸린 구호나 거리 분위기는 반미 그 자체였다. '미국과 결사항전하자' '죽음으로 미제를 몰아내자' 등의 구호를 어디서나 볼 수 있었다. 남쪽은 미국의 점령지라는 그들의 시각도 전혀 변하지 않고 있었다. 실제로 그들은 "남쪽이 무슨 잘못이냐, 미국이 잘못이지"라는 말을 자주 했다. 그러나 "굿네이버스는 국제적으로 일하고 있지만 남쪽에 기반을 둔 단체다. 남쪽 사람들이 많이 올 수 있도록 길을 열어 달라"라는 요구에는 여전히 미동도 하지 않았다.

1997년부터 2000년 말까지 4년 동안 북측은 남측을 철저히 배제하는 분위기였다. 그렇지만 우리는 낙담하지 않고 꾸준히 지원을 계속했다. 우선 옥수수 300톤을 전달했다. 그들은 매우 고마워했고, 우리측 중국인 직원이 신의주에 들어가서 굿네이버스 마크가 찍힌 옥수수 부대를 주민들에게 배급하는 장면을 카메라로 찍어 올 수 있도록 배려했다.

이러한 노력에 그들도 서서히 바뀌어갔다. 북측은 2000년에 굿네이버스를 담당하는 부서를 해외동포원호위원회에서 아태평화위원회로 바꾸었다. 이는 굿네이버스가 강력히 요청한 결과이기도 했지만, 무엇보다도 북측이 "이제는 남쪽과 좋은 관계가 될 수도 있으니 굿네이버스를 창구로 활용할 수 있겠다"고 판단한 결과였다.

나는 한 번 먹으면 끝인 식량을 보내는 것보다는 장기적으로 북한에 변화를 가져올 수 있는 프로그램을 시작해야 한다고 생각했다. 처음 평양을 방문했을 때 나는 그들에게 "젖소를 가져올 수 있도록 허용해주면 미국에서 비행기로 실어오겠다"고 말했다. 당시 그들은 대안목장이라는 곳을 내게 보여주면서도 "그런 것은 나중에 이야기하자"며 내 제안을 무시했다. 말처럼 쉽게 소를 가져올 수 있겠느냐는 태도였다.

그들의 안내로 방문한 대안목장은 165만 평으로 여의도의 두 배만한 규모였다. 그곳에 삐쩍 마른 젖소 150마리가 있었다. 초지 조성이 잘 안 되어 젖소들이 제대로 먹지 못해서인지 젖이 한 방울도 나오지 않았다. 그들 말에 의하면 이 목장은 1968년에 쿠바의 카스트로가 김일성 주석의 생일을 축하하기 위해 보낸 젖소 80마리로 시작됐다고 한다. 그러나 그 후 경제 사정이 나빠지면서 사람이 먹을 것도 없어지자 짐승은 더더군다나 잘 먹일 수가 없게 됐다. 종자개량을 하지 못한 소들은 작고 말랐다. 소가 새끼를 낳으려면 무게가 400킬로그램은 돼야 하는데 250~300킬로그램 수준밖에 되지 않았다.

나는 젖소를 보내주겠다고 말했다. 그러나 안내원들은 "그동안 젖소를 보내겠다는 사람이 많이 있었지만 말만 해놓고 실제로 가져오지는 않았다"고 답했다. 불신이 잔뜩 밴 목소리였다.

1980년대 이후 북측은 많은 해외교포들을 조국방문이라는 이름으로 초청했다. 미국과 캐나다 등지의 교포들을 초청해 자기편으로 만들기 위함이었다. 해외교포 중 중요한 지도자들은 김일성 주석과 김정일 위원장의 관저에 초대받아 식사를 함께 하기도 했다.

방문자의 상당수가 도와주겠다고 큰소리를 쳤지만 돌아간 후에는 거의 감감무소식이었다. 심지어 북측의 어려운 모습을 사진으로 찍어가 "북한이 이렇게 못 산다"고 비난을 하는 이도 있었다. 이 과정에서 사라진 믿음은 쉽게 회복되기가 힘든 것이었다. 그런 그들에게는 "굿네이버스는 개인이 아니라 국제적으로 활동하는 기구이고, 젖소를 키우는 사업은 지속적으로 해야 성과를 내는 게 가능하고 경제개발 효과도 확산되는 것"이라는 우리의 이야기도 냉소적으로 들리기는 매한가지였다.

젖소, 배를 타고 북한에 가다

평양에 다녀온 직후 나는 북한에 젖소를 보내는 사업을 집요하게 추진했다. 우선 미국 펜실베이니아주에 가서 주정부의 농림부 장관을 만났다. 북한 농업개발 사업을 하고 싶으니 소를 싸게 달라고 부탁했다.

1997년 당시에 환율이 달러당 800원 정도였고, 소 한 마리 값은 700달러 정도였다. 소 200마리를 실을 수 있는 비행기 한 대에 10만 달러가 들었다. 한 마리당 운송비가 500달러인 셈이었다. 결국 소를 사서 보내는 데 한 마리당 1200달러이니 조금 싸게 1000달러 선에서 계약을 하자고 했다.

당시 펜실베이니아 주정부 산하 농업연구원에 김현영 박사가 수석연구원으로 일하고 있었다. 나는 펜실베이니아 교회 연합집회에 가서 그를 만나, 북한을 도와주고 싶은데 젖소를 싸게 살 수 있도록 도와 달라는 부탁을 했다. 이렇게 해서 일이 성사됐다.

사실은 우리 젖소가 현대 정주영 회장의 소보다 더 일찍 북한에 들어갈 수 있었다. 정 회장의 소는 1998년 6월에 북으로 갔지만, 우리는 그보다 두 달 전인 1998년 4월에 젖소를 공수할 계획을 세우고 일을 추진했다. 그런데 미국 연방정부가 엠바고(금수조치)를 걸어 일에 차질이 빚어진 것이다. 낭패를 수습하는 와중에 정 회장의 소가 먼저 북한 땅을 밟았다.

정 회장의 소가 판문점을 통해 북한을 들어간다는 소식을 입수한 나는 1998년 3월 서둘러 북한에 갔다. 우리 젖소도 판문점을 통과할 수 있게 해달라고 요구하기 위해서였다. 나를 담당한 안내원으로부터 "판문점 통과는 엄청난 돈을 받고 하는 것"이라는 말을 들었다. 현대와 북한 사이에 돈 거래가 있었다는 사실을 그때 알았다.

"리 선생의 소는 그냥 조용히 배로 들여오시오."

"배로 들여오다가 잘못하면 소가 죽을 수도 있습니다."

"쿠바에서도 보낸 소도 배를 통해 들어왔지만 아무 이상 없었습네다."

그걸로 얘기는 끝이었다.

어쨌든 우리 젖소가 배를 타고라도 북한에 가게 된 것은 김대중 정부였기에 가능했다. 김영삼 정부 때는 통일부가 허락해 주지 않아 모든 물자가 중국을 통해 북한에 들어갔다. 1997년 첫 평양 방문을 해외교포 신분으로 한 것도 정부에서 방북을 허가하지 않아서였다. 첫 방문 후 돌아왔을 때 나는 통일부와 국정원에 각서를 써내야 했다. 한 번만 더 허락 없이 북한에 갔다 오면 처벌을 받겠다는 내용이었다. 1998년 초의 평양 방문 때도 마찬가지였다. 지금까지 나는 각서를 세 번 썼다. 정부에서는 북측의 초청장을 받아오라고 했지만 북측은 해외동포에 대해서는 신원보장을 해주지 않았다. 굿네이버스를 담당하는 북측의 부서가 아태평화위원회로 바뀌기 전까지 나의 북한 방문은 사실상 법적인 보호를 받을 수 없는 것이었다.

1998년 9월과 11월 두 차례에 걸쳐 젖소 200마리가 해로를 통해 평양에 들어갔다. 배가 작아서 한 번에 가지 못하고 104마리와 96마리로 두 번에 걸쳐 갔다. 소 검역과 선적을 하는 한 달 동안 굿네이버스 직원들이 큰 고생을 했다. 모든 준비가 끝나고 젖소를 선적할 때쯤 나는 비행기를 타고 베이징을 통해 먼저 평양에 들어갔다. 배가 남포항으로 들어오는 것을 마중하고 사진도 찍어두기 위해서였다.

9월 28일. 저 멀리 남포항 갑문으로 배가 들어왔다. 갑문을 지나는 배 위에 젖소를 실은 컨테이너들이 보였다. 남포항은 외항이 아니라 내항이다. 갑문을 지나 대동강으로 두 시간 동안 배가 더 들어와야 한다. 소가 들어오자 북한 사람들이 놀라기 시작했다.

"정말 소가 왔다!" 여기저기서 사람들의 외침이 들렸다.

소를 실은 컨테이너는 모두 13개였고, 한 박스당 8마리의 소가 들어 있었다. 소가 숨을 쉴 수 있도록 컨테이너에 구멍을 뚫었는데 그 구멍으로 우우 하는 소 울음소리가 흘러나와 남포항에 울려 퍼졌다. 일대 주민들이 모두 구경

북으로 들어가기에 앞서 검역받고 있는 소들

하러 나왔다.

　나는 안내원과 주민들이 지켜보는 가운데 화주 자격으로 소가 잘 하역되는지 살피느라 바삐 움직였다. 북한은 소 한 마리가 생명 같은 나라다. 북한에서는 1달러면 한 달을 버티고 10달러면 1년을 살 수 있다. 그러니 한 마리에 2000~3000달러 하는 소가 가지는 가치는 무엇으로도 환산할 수 없는 수준이다. 그런 소가 200마리나 들어왔다는 것은 그네들에게 실로 엄청난 사건이었음에 틀림없다.

　두 번째 96마리를 갖고 갔을 때 김정일 위원장이 선물을 내렸다. 손으로 수놓은 나리꽃과 인삼술이었다. 아주 특별한 전달식이었다. 안내원들은 나를 "공화국의 영웅 칭호를 받는 분"이라고 했다. 졸지에 영웅 대접을 받았다. 이 일을 계기로 북측에서 남측 관계 일을 보는 사람들 사이에 이일하 회장은 젖소를 가져온 사람이라는 소문이 났다. 그곳도 역시 똑같이 사람 사는 곳인지라 입에서 입으로 소문이 전파되는 속도가 엄청나게 빨랐다.

　그 날 이후 북측은 지원사업에 관한 한 나의 요구를 적극적으로 들어주고 배려해주었다. 또 내놓고 말은 하지 않았지만, 나의 관심을 자기들이 필요한 분야로 돌리려고 애쓰는 모습을 보이기도 했다. 동네를 정해 염소농장을 만들 구상을 하고, 그런 사업들을 나와 연관 지어 진행하려 했다. 자신들을 사심 없이 도와줄 우군이 생겼다고 느끼곤 변하기 시작한 것이다. 남측 정부와 아무 관계없이 시민운동을 하는 사람들도 큰일을 해낼 수 있구나 하고 깨달은 것 같았다.

　북으로 간 젖소 200마리 가운데 104마리는 대안목장에 들어갔고, 나머지 96마리는 용강목장과 중화목장에 각각 48마리씩 들어갔다. 한때 젖소가 떼로 죽는 등 몇 번의 위기도 있었다. 하지만 살아남은 젖소 1세대가 새끼를 치고 2세대가 번성하면서 젖소 수가 늘어났다. 우리는 1998년에 200마리를 보낸 이후에도 2002년 100마리, 2003년 80마리 등 지금까지 모두 380마리의 젖소를 보냈다. 소들은 꾸준히 증식해 2003년 10월 현재 북측의 젖소 수는 모두 650마리를 넘고 있다. 젖소들은 매년 40퍼센트씩 늘어나고 있고, 앞으로 증식 속도는 더욱 빨라질 것이다.

가난한 동네 구빈리의 기적

평양시 강동군 구빈리는 원래 평양 시내에서 가장 낙후된 지역이었다. 이곳에 염소가 들어가게 된 것은 '풀을 고기로 바꾸자'는 북한 당국의 시책 덕분이었다. 북한 당국은 1998년에 구빈리에 염소농장을 만들고, 우리 젖소도 들여놓으려 했지만 우리가 반대했다. 남포 항구에서 시속 20킬로미터로 달리는 차로 7시간 이상을 들어가야 하는 곳이어서 새끼 밴 젖소가 유산을 할 위험이 있었기 때문이다. 나는 젖소를 남포항에서 1시간 이내에 갈 수 있는 목장에 넣으라고 요구했다.

지금 돌이켜 생각하면 그다지 잘한 판단이 아니었다. 당시 구빈리에 20마리 정도만 넣었더라면 그곳은 지금쯤 젖을 많이 짜는 성공한 목장이 되었을 것이다. 아무튼 우리의 반대로 구빈리는 젖소가 아닌 젖염소를 키워서 고기도 만들고 젖을 짜 산유나 치즈도 만드는 사업을 시작했다.

우리는 젖소를 넣은 목장에서 사용하라고 멸균 가마솥 두 개를 만들어 보냈다. 전기가 모자란 북쪽에서 나무나 석탄을 때서 사용할 수 있도록 개당 2만 달러씩 들여 특수 제작한 멸균 가마솥 세트였다. 그런데 나중에 확인하러 가보니 하나는 구빈리에 가있었다. 그들은 미안하다며, 구빈리도 지원해줄 것을 요청했다.

그들이 도와달라는 것을 도와줘야지 내가 마치 내 것을 투자한 주인처럼 행동하는 것은 잘못된 욕심이었다. 나는 생각을 바꾸어 구빈리도 지원하기로 마음먹었다. 그들과 내가 서로 조금씩 변해가는 과정이었다.

김일성종합대학을 나온 임귀남이라는 능력 있는 지배인이 피폐한 농촌을 살리라는 국가의 부름을 받아 구빈리 개발사업에 열심히 몰두하고 있었다. 피폐했던 농촌 구빈리는 염소를 키우기 시작하면서 본격적으로 개발되기 시작했다. 1년 만에 염소 500마리가 1000마리가 되고, 다시 2000마리로 늘어났다. 염소가 많아져 공동으로 키울 수 없게 되자 동네 단위로 염소를 나누어 키우는 방식으로 바뀌었다.

북측 당국은 우리에게 구빈리 사업을 확장하는 데 필요한 자동차와, 젖을 담아 육아원 등에 보내는 데 필요한 자동포장 기계 등을 보내달라고 요청해 왔다. 2003년 봄 우리는 이곳에 시범적으로 젖소 30마리도 보냈다. 현재 구빈리는 마을 전체가 젖소와 염소를 공동으로 관리하고 생산하는 시범단지로 지정돼, 주민들이 잘살아보자며 생산 활동에 땀을 흘리고 있다.

구빈리는 북한 당국에서 자본주의적 경쟁 시스템을 도입해 시험한 곳이기도

북한의 염소

하다. 처음에 이곳 농장 관리는 그야말로 사회주의 집단 계획경제 체제였다. 주민들은 염소 500마리를 공동으로 사육했다. 공동 소유인 염소를 정해진 담당이 없이 오늘은 이 조에서 먹이고 내일은 저 조에서 먹였다. 그러다 보니 아무도 염소에 큰 책임을 느끼지 않았다. 또 염소 수가 늘어나니 관리하기도 힘들어졌다.

임 지배인은 염소를 동네별로 나눠 주고 젖 생산 경쟁을 시켰다. 더 많은 젖을 짜는 동네에는 더 많은 임금을 주었다. 시장경제의 핵심인 경쟁체제가 도입된 것이다. 경쟁의 단위를 동네로 나누니 각 동네 안에서도 게으른 사람과 부지런한 사람이 나타나 문제가 생겼다. 그래서 아예 개인별로 염소를 나눠주고 각 개인이 일한 것에 따라 소득을 분배하기 시작했다. 명실상부한 자본주의 시스템이 들어선 것이다.

그곳은 북한사회 변화의 결정판이다. 집단경제에서 경쟁체제를 가장 효과적으로 도입한 체제 변화의 시험장인 것이다. 새로 도입한 시스템에 따라 개인별 소득을 분배한 결과 2002년 한 해 동안 게으른 사람과 부지런한 사람의 소득차가 5배까지 벌어졌다.

나는 1998년에 구빈리를 처음 방문해 2003년까지 만 5년 동안 그 모든 과정을 직접 지켜봤다. 무너진 집들 일색이던 낙후되고 지저분한 마을은 경쟁체제가 도입된 후 생산이 늘어나면서 전혀 새로운 동네로 탈바꿈했다. 그 기적에 우리의 지원이 큰 역할을 했다고 자부한다.

남측 민간 북의 국책사업에 참여하다

굿네이버스의 젖소사업은 애초 잘 키운 젖소에서 짠 젖으로 우유를 만들어 어린이들에게 먹이자는 목적에서 추진된 것이다. 북측의 적극적인 노력과 요구가 접목되면서 기대 이상의 성과를 내고 있는 이 사업은 무에서 유를 창조한 것에 비견할 만한 기적이다.

북측은 약 20년 동안 축산업을 방치했다. 비싼 우유를 어떻게 아이들에게 먹이겠느냐며 젖소를 키워서 그저 육우로 잡아먹고 마는 수준이었다. 그러나 이제는 아이들에게 우유를 먹이는 것이 발육에 좋다는 인식이 퍼졌다. 염소젖은 1년에 6개월, 소젖은 1년에 10개월 동안 짤 수 있다. 염소보다는 젖소를 키우는 사업이 생산성이 더 낫다는 점을 그들도 알게 됐다.

처음에 대안목장 지배인은 흙이 질퍽거리는 것을 막으려고 축사에 콘크리트를 깔았다. 그러자 젖소가 병으로 죽는 일이 생기기 시작했다. 북측이 원인을 찾지 못해 남측 수의사가 올라가 원인 파악에 나섰다. 콘크리트 위에 50센티미터 이상 흙을 덮자 소들에게서 병이 사라졌다. 지금은 전문 수의사와 사료 전문가가 수시로 그곳 목장에 가서 소들을 돌본다.

사료와 수의약품에 대한 지속적인 지원은 북측이 굿네이버스에 대해 틀림없는 파트너라는 믿음을 가지게 했다. 북측의 축산 산업화 계획이 잘 진행되면 국제적으로 여러 기구가 함께 참가해 젖소와 우유가공 기계 등을 세트로 만들어 지원하는 낙농개발 특별사업을 시작할 생각도 하고 있다.

젖소사업은 아이들에게 우유를 공급해줄 뿐 아니라 영양이 풍부한 퇴비도 생산해낸다. 젖소사업에서 나오는 퇴비는 메마른 토양을 비옥하게 만들고 곡물 생산에도 좋은 비료가 된다. 그들은 축산이 시작하기는 어렵지만 장기적으로는 희망을 걸 수 있는 산업이라며, 앞으로의 성과에도 큰 기대를 걸고 있다.

남쪽의 우유회사가 북에 진출해 우유 생산단지를 만들면 중국에
도 수출할 수 있다. 우선은 민간단체와 기업들의 무상지원으로 시작
했지만, 장기적으로 기업하는 사람들이 들어가 그곳을 정식으로 산
업화하고 기업을 운영하면 이윤이 창출되고 개인 소득이 높아질 뿐
만 아니라 남과 북의 경제가 동시에 나아질 것이다. 나는 이런 단계
에 다다르는 것을 목표로 우선 축산 분야에서부터 그 시작을 한 것
이다.

2002년에는 양계사업도 시작했다. 양계도 북측의 중점 국책사업
중 하나다. 양계는 닭만 키운다고 되는 일이 아니다. 종자 개량을 계
속해야 한다. 좋은 종자의 닭은 1년에 최소 300개 이상의 알을 낳지
만, 북한 닭들은 많아야 250개를 넘지 못한다. 남측은 좋은 종자를
독일이나 프랑스에서 수입하지만, 북한은 이런 종자를 수입하지 못
해 사정이 어렵다.

그들은 우선 종자를 개량해 달라고 우리에게 부탁했다. 북측의
국가 중점산업 중 하나를 우리에게 맡기면서 도와달라고 하니 어찌
기쁘지 않겠는가. 이렇게 해서 우리는 남측 민간단체의 위치로 북측
축산정책의 핵심을 바꾸는 역할에까지 참여하게 됐다.

북측의 양계장은 아주 비밀스런 곳이다. 병균이 옮으면 큰일 나
기 때문에 그곳 주민들도 반경 5킬로미터 안으로 접근하지 못한다.
그런 성역 같은 양계장을 우리는 수시로 드나들며 일하고 있다. 한
일농원이라는 남측 회사가 장기적으로 기부하며 일을 돕고 있다. 이
렇게 남쪽 전문가와 기업들이 참여함으로써 북측 농업기술도 전반
적으로 서서히 개선되어갈 것으로 기대된다.

이런저런 경험을 하는 과정에서 북측 사람들은 남쪽과 협력하는
것이 좋다는 것을 깊이 인식하게 됐다. 내가 가끔 목장을 방문하면

지배인이 집에서 잉어회, 찐 감자, 국수 등을 내와 함께 나눠 먹는다. 그때마다 이것이 바로 통일로 가는 길이라는 믿음이 굳건해짐을 느낀다. 이런 곳들이 하나 둘씩 늘어날 때마다 서로 총부리를 겨누던 시절의 미움과 상처가 아물고 화합의 길로 바싹 다가설 것이다.

대안목장 사람들

104마리의 젖소가 대안목장에 들어갔을 때 나처럼 엄청난 기대와 희망에 부푼 사람이 있었는가 하면 반대로 두려움과 부담을 느낀 사람들도 있었다. 나중에 안 사실이지만 일부 북측 주민들은 "사람 먹을 것도 없어 죽겠는데 젖소를 들여놓았다가 그것들이 굶어 죽으면 우리가 책임져야 하는 것 아닌가"하며 두려워했다고 한다.

그 사실을 알고 돌이켜 생각해보니 과연 젖소가 들어가던 날 그곳 주민들이 기대했던 것만큼 기뻐하지 않았던 것 같기도 하다. 주민들의 표정에서 들뜬 환희와 기쁨의 감정을 읽지는 못한 것 같다. 하지만 당시 나는 갑작스런 외부인의 출현에 수줍고 순박한 사람들이 감정을 제대로 표현하지 못해 그런가 보다고 여겼다.

대안목장에 젖소가 도착했을 때 남포시의 인민위원장, 농업성의 축산총국장과 대외협력국장 등 관련된 행정 책임자들이 모두 나와 환영을 해주었다. 나는 목장의 주민들과는 대화하지 못하고 책임자하고만 말을 나눌 수 있었다. 그러니 주민들도 내가 만난 책임자들처럼 굉장히 좋아하는 것으로만 생각했다.

그러나 젖소를 보낸 다음해인 1999년 3월에 다시 그곳을 방문하고 나서 사실은 내 생각과 다르다는 것을 알았다. 그동안 사료도 보내주고 약도 넣어줬는데 20마리의 소가 죽어 있었다. 주민들은 죽은 소의 뱃속에서 나온 밧줄과 비닐을 전시해 놓고 있었다. 비닐에는 남쪽 글씨가 씌어 있었다. 이런 것이 소의 뱃속에 있었으니 소가 죽을 수밖에 없었다는 뜻이었다. 자신들이 그 소들을 죽이지 않았다는 것을 증명하려는 것이었다.

남쪽의 누군가가 젖소를 죽이려고 소가 북쪽으로 출발하기 전에 비닐과 밧줄을 소 우리에 넣었을 것이라고 주장하는 이도 있었다. 이일하 회장이야 정성껏 했겠지만 검역이나 통관 과정에서 소가 북으로 오는 것을 못마땅하게 여긴 국가정보원 직원들이 한 짓일지도 모른다는 것이다. 소는 문제가 없었는데 북쪽은 기술이 없어 소도 제대로 키우지 못한다고 비방하려고 그런 공작을 했다는 주장이었다. 죽은 젖소의 몸속에서 나온 밧줄과 비닐 외에 그들은 우리가 보내준 사료도 문제 삼았다.

젖소가 말라죽은 이유

1999년까지 북측으로 건너간 젖소 200마리 가운데 71마리가 그렇게 죽어갔다. 정주영 회장이 몰고 간 소 1000마리 가운데서도 500마리가 죽었다. 나중에 북측 콘크리트 바닥에 문제가 있었다는 것이 밝혀지긴 했지만, 당시 우리는 브루셀라 예방접종에 문제가 있어 발생한 일일지도 모른다고 생각했다. 아무튼 정확한 원인이 밝혀지지 않는 가운데 그들과 나 사이에 의심이 싹텄다.

그 참에 주민들은 그동안 품어 왔던 속내를 내비쳤다. 남쪽에서 온 소에 대해 내내 불편한 마음을 가지고 있었던 것이다. 하필이면 자기네 목장이 남쪽의 공작 대상이 되어 중앙정부와 지방정부 등이 온통 관심을 갖는 것이 그들로서는 싫었던 것이다. 고난의 행군이라고 해서 사람도 밥 세끼를 제대로 챙겨먹기 힘든 상황에서 젖소까지 먹여 키우라고 하니 제정신이 아니었다고 한다.

젖소가 죽어가는 것을 보는 고통은 이루 말할 수가 없었다. 잘못 시작했다는 후회도 들었다. 돈을 주는 것이 오히려 쉽지 이렇게 물건을 주는 것은 어렵고 위험하구나 하는 생각을 그제야 했다. 젖소를 보내온 것이 남쪽의 공작이라고 생각했다는 사람들한테, 순수한 마음으로 덜컥 소를 맡긴 것이 못내 억울한 심정도 들었다.

위기는 또 있었다. 그들은 우리가 준 사료에서 유리 가루가 나왔다고 주장했다. 그들의 강경한 자세에 그럼 사료 대신 콩을 쇠먹이로 쓰자고 서로 합의했다. 북측에 콩을 들여보낸 뒤 나는 다시 목장을 찾아갔다. 그런데 웬일인지 주민들이 나를 피하기만 하는 것이 아닌가! 수의사와 사료 책임자와 면담을 신청했지만 다들 어디로 갔는지 나타나질 않았다. 도무지 대화가 안 될 상황이었다.

눈에 띄는 사람을 붙잡고 우리가 보내준 콩이 어디에 보관돼 있는지를 물었다. 근처 창고에 잘 보관돼 있다고 대답했다. 보관 상태를 확인할 수 있도록 보여 달라는 요청은 그러나 모두 거절됐다. 창고지기가 자리를 비운 상태기 때문에 보여줄 수 없다는 게 그들의 거절 이유였다.

처음에는 그들의 행동이 외지에서 온 사람에 대한 수줍음과 낯설음 때문이라고 여겼다. 그러나 실랑이가 계속되는 동안 슬며시 의심이 들기 시작했다. 그 일이 있은 후 대략 5개월 동안 북측에 콩을 보내지 않았다. 그랬더니 그들은 소를 다 죽일 참이냐고 역정을 부렸다. 우리를 도저히 믿을 수 없게 됐으니 앞으로는 우리 식대로 하겠다고 으름장을 놓기도 했다. 지겨운 싸움의 연속이었다.

나도 집히는 데가 있었다. 나는 일부러 젖소가 먹고도 남을 만큼 충분한 양의 콩을 보내놓고 다시 목장을 찾아갔다. 하지만 이번에도 역시 소들은 바짝 말라 있었다. 나는 축산총국 책임자들에게 정식으로 문제를 제기했다. 그리고 우리를 담당하는 당국자에게 마지막 승부수를 띄웠다.

"좋습니다. 끝냅시다. 젖소사업을 더 이상 하지 않겠습니다."

"…"

"우리가 보낸 콩을 젖소가 먹는지 안 먹는지 우리에게 확인시켜 줄 책임이 당신들에게는 있습니다. 이 소는 분명히 콩을 먹지 못했습니다. 우리가 보낸 사료를 못 믿겠다고 해서 당신들이 원하는 대로 사료 대신 콩을 보냈고, 그 양은 지금 있는 소들을 다 먹이고도 남을 만큼 충분한 양이었습니다. 그런데도 소들이 먹지 못해 죽어가고 당신들은 거기에 대한 아무런 해명도 하지 않고 있으니, 이를 어찌 이해하란 말입니까? 난 더 이상 함께 일할 수 없습니다."

엄청나게 화를 내고 발길을 홱 돌렸다. 그랬더니 북측 태도가 달라졌다. 당국자 한 사람이 내 손을 잡으며 그제야 실토를 했다.

"선생님 죄송합니다. 고난의 행군 시절인데 사람이 먼저 살고 봐야지요. 사실 소에게는 조금만 먹이고 사람이 거의 다 먹었습니다. 용서해 주십시오."

2001년 9월, 그러니까 소가 처음 들어간 지 3년째 되던 때였다. 6.15 남북 공동선언 이후이기도 했다. 당시 북측의 식량 사정은 내가 처음 방문했을 때에 비하면 많이 나아진 상태였다.

믿음이 싹트다

　　　　　자신들의 잘못을 시인한 뒤 그들은 더 이상 콩을 보내지 않아도 된다고 했다. 대신 소가 먹을 수 있도록 깻묵이나 사료를 보내 달라고 했다. 이후 목장은 정상적으로 운영되기 시작했다. 우리는 사료와 함께 우유가공 기계, 분쇄기, 크림 가공기, 경운기, 비료, 비닐 등을 추가로 지원했다. 대안목장은 주민 250명이 젖소도 키우고 농사도 짓는 복합농장이라는 점을 감안해 농사에 필요한 영농기계도 다양하게 지원했다. 그러자 그곳 주민들과의 사이에 믿음이 다시 싹트기 시작했다.

　2002년 봄에는 파주 동물병원 김영찬 원장과 함께 목장에 갔다. 수의약품을 충분히 보냈음에도 소들이 많이 죽어갔기 때문이다. 김 원장은 한눈에 원인 파악을 했다. 약이 문제가 아니라 콘크리트 바닥이 원인이라는 것이었다. 그 자리에서 콘크리트 바닥에 흙을 덮을 것을 요구했다. 소를 갑갑할 정도로 너무 꽉 매놨다는 점도 지적했다. 수의사는 줄을 느슨하게 풀어주어 소들을 편히 쉬도록 했다.

　그들은 소를 보내준 것이 남측의 공작용 행위였다는 생각을 고쳐먹기 시작했다. 그전까지 사료 봉투를 찢어 굳이 남쪽 글씨를 없애던 행위도 중단했다. 지원한 모든 물품에 보이는 남쪽 글씨를 지우지 않고 있는 그대로 사용하기 시작했다. 그리고 남측 수의사의 말을 경청하며 살아남은 젖소를 잘 키워 국가발전에 기여해야겠다는 생각을 하기 시작했다.

　가을에 다시 목장을 방문했을 때 소들은 눈으로도 확인할 수 있을 만큼 건강해졌다. 이제 젖소가 공작의 수단이라고 생각하는 주민들은 아무도 없다. 대안목장 사람들은 그 어느 때보다 생동감이 넘쳤고 뭔가 이뤄내겠다는 굳은 결의와 각오에 찬 모습이었다.

대안목장 축사와 젖소

　1995년부터 북측은 농업정책을 새로 정비하며 '풀을 고기로'라는 슬로건을 내걸었다. 그 대상으로 육성한 것이 토끼와 염소였다. 그러나 토끼와 염소는 몸집이 작아 고기가 얼마 나오지 않는다. 염소젖은 1년에 5~6개월 동안밖에 짤 수가 없다. 한 마리당 하루에 나오는 젖의 양도 500그램에서 1킬로그램 정도에 지나지 않는다. 이에 비해 젖소는 최소한 하루에 10~30킬로그램의 젖을 생산해낸다. 2001년에 들어서야 그곳 사람들은 젖소 한 마리가 염소 열 마리에서 스무 마리 정도의 역할을 한다는 점에 눈을 떴다.

　실무자들은 젖소가 중요하다고 강조했지만, 정책을 입안하는 사람들은 젖소 사육이 아직 이르다고 생각했던 같다. 북측 정부의 농업성이 강력하게 계획하고 지도 감독했더라면 우리가 굳이 그 고생을 하지 않아도 됐을 것이다. 시대를 앞서 가느라고 괜한 고생을 한 셈이었지만 가슴은 뿌듯했다.

젖소사업은 남북관계의 축소판

대안목장 사람들과 나의 싸움은 같은 기간의 남북관계가 보이는 양상과 비슷했다. 서로 대립하면서 절대로 지지 않으려 했고, 북측 사람들은 자신들이 모르는 것도 무조건 안다고 일관했다.

1998년 11월에 보낸 젖소 96마리는 용강목장과 중화목장의 교잡소목장에 각각 48마리씩 보내졌다. 북측 농업성은 대안목장, 용강목장, 중화목장이 서로 경쟁하기를 바랐던 것 같다. 그러나 사람도 먹고 살기 힘든 그 시기에 젖소 키우기 경쟁을 기대하는 것은 아무래도 무리였다.

우리는 젖소 인공수정에 필요한 기계와, 수정용 정액을 보관할 수 있는 질소통 5개를 보냈다. 그런데 그 목장들을 돌아가며 시찰했을 때 질소통은 대안목장에서만 하나가 사용되고 있을 뿐 중화목장과 용강목장에서는 보이지 않았다. 어디 있느냐는 질문에 사람들은 어물거리며 슬슬 피하기만 했다. 나중에 찾아보니 나머지 질소통들은 대안목장 창고에 방치돼 있었다. 중화목장과 용강목장 주민들은 그게 무엇에 쓰는 물건인지를 잘 몰랐던 것이다. 그렇지만 모른다고 하자니 창피해 무조건 안다고 한 뒤 창고에 처박아 둔 것이다.

북쪽은 토요일마다 주민들에게 사상교육을 실시하고 국가시책을 전달한다. 과거에는 남쪽이 북쪽에 대한 공작을 하고 있다고 가르치며, 남쪽에게 언제 어떻게 당할지 모른다는 두려움과 피해의식을 주민들에게 심었다. 주민들은 모르는 사람이 다가와서 말을 붙일 경우 그가 고향 말씨를 쓰는 사람이 아니면 대꾸도 하지 말라는 교육을 받았다. 남측도 마찬가지였다. 학생들은 불온 삐라를 주우러 다녔고 공산당을 괴물로 표현하는 교육용 영화를 보며 자랐다. 남측은 철저한 반공, 북측은 철저한 반미요 반자본주의였다.

그러한 남북의 분위기는 1999년까지도 계속됐다. 이런 분위기와 서로에 대한 인식을 바꾸어 놓은 것이 바로 2000년의 6.15 남북 정상회담이다. 정상회담 이후 해빙의 분위기는 북측 사회전반에 급속도로 퍼져 대안목장의 분위기에도 영향을 미쳤다. 이제는 북측 수의사가 먼저 내게 뛰어와 말을 건다. 사료 담당자는 자신이 먼저 곳간 문을 열어 보이며 사료 보관상태를 보고한다. 소에게 사료를 먹이는 친구도 자신이 하루 종일 얼마나 열심히 일하는지 자랑을 하고, 젖소를 보내주어 정말로 고맙다고 인사한다.

1998년부터 2년 동안 북측 사람들은 김대중 정부를 시험했다. 믿을 수 있는지 없는지를 평가해보는 기간이었다. 대안목장 사람들도 그 기간에 나를 그렇게 바라보았을 것이다.

우리가 중화목장에 지원한 젖 가공 기계도 남북관계와 비교해 말해볼 수 있다. 1998년에 기계를 지원한 뒤 가보니 기계는 짚으로 덮인 채 바깥에 놓여있었다. 기계를 보관할 창고가 없었던 것이다. 지배인은 곧 창고를 만들어 기계를 보관하겠다고 했다.

그러나 1년 뒤에 다시 가봤을 때도 기계는 그대로 방치돼 있었다. 나는 보낸 사람의 성의를 이런 식으로 무시해도 되는 것이냐며 호통을 쳤다. 그때 지배인이 한 말을 잊을 수가 없다. "솔직히 이 기계는 아직 우리에게 별 필요가 없는 것입니다."

그 말에 나는 깨달은 바가 컸다. 그동안 우리는 상대의 상황은 생각지도 않고 자신의 수준에만 맞춰 너무 일방적인 지원을 한 것이다. 당시 마음을 열지 않은 그들이 우리에게 먼저 요구사항을 말하지 않은 탓도 있지만, 그렇다고 해도 상대방이 필요한 것이 무엇인지에 대해 좀더 충분히 고려하면서 지원을 했어야 했다.

이제 그들은 터놓고 뭐든지 다 이야기한다. 요구할 것이 있으면 망설이지 않고 요구한다. 이렇게 되기까지 정말 많은 시간이 흘렀다. 그들에게 우리의 지원이 공작이 아니라고 자신 있게 말해주고, 서로 밀고 당기면서 신뢰를 구축하려고 해온 노력이 가져온 변화였다.

남북관계와 남북의 정치

첫 평양 방문 때 우리는 북의 고위층으로부터 극진한 대우를 받았다. 장관급이 직접 초대소에서 만찬을 열어주었고 북이 자랑해 마지않는 백화소주와 코스요리를 내놓으며 우리에게 성찬을 대접했다.

당시는 김영삼 정부 시절이었다. 그들은 자신들의 이야기는 거의 하지 않고, 김영삼 정권에 관한 이야기를 주로 했다. 김영삼 정권에 대해 그들이 하는 이야기 가운데는 우리도 모르는 내용들이 많았다. 당시만 해도 그들은 남쪽을 어떻게 무너뜨릴까 하는 연구만 하지 않았나 싶다.

그들은 우리를 황해도 신천군에 있는 한 비극의 현장에도 데리고 갔다. 신천군은 재령평야와 신천평야를 끼고 있어 쌀이 많이 나는 곳이다. 한국전쟁 때 미군들은 신천군청에 주민 400명을 가두고 불을 질렀다고 한다. 군청의 지하실 벽에는 시꺼먼 그을음이 그대로 보존돼 있었다. 군청 사무실에도 학살 당시의 참상을 담은 사진이

전시돼 있었다. 그곳은 미국에 대한 분노를 표현해 놓은 국민교육장의 성격을 갖고 있었다.

북한 당국은 북한을 방문하는 사람들에게 만경대의 김일성 주석 고향집과 그의 시신이 안치된 금수산 기념궁전 등을 둘러보게 한다. 이 역시 정치적인 목적을 깔고 있다. 자기네 사회가 이러저러한 역사적 바탕과 주체사상이라는 정치적 사상에 따라 운영되고 있다는 것을 보여주기 위함이다. 이런 탄탄한 정치적 기반이 있으니 감히 넘보지 말라는 시위를 자랑과 함께 하는 것이다. 때문에 북한을 처음 방문하는 사람이면 누구나 분위기에 눌려 겁이 나고, 정치적인 이야기를 잘못 했다가는 잡혀갈 수도 있겠다는 공포감에 젖는다.

안내원이나 택시 운전사와 같은 사람들을 통해서도 북한의 정치적 분위기를 엿볼 수 있다. 북한에서 택시 운전사를 만나기란 쉽지 않다. 택시는 특별한 사람들만 탈 수 있고, 대부분의 방문객들은 택시가 아닌 전용 차량으로 이동하기 때문이다. 하지만 호텔 앞에서는 가끔씩 정차된 택시를 발견할 수 있다. 한번은 운전사가 택시에서 내려 담배를 피우는 틈을 타 이야기를 건네 본 적이 있다. 당시는 김 주석의 상중이었다.

"수령님이 돌아가셔서 상심이 크겠습니다."

"어버이 수령이 돌아가신 것은 슬프지만, 장군님이 있어서 안전합네다. 어렵지만 장군님이 승계해

양각도 호텔 앞에 서있는 북한의 택시

76

잘 해나갈 것입네다."

이후에도 몇 번 택시 운전사들에게 말을 걸 기회가 있어 같은 질문을 했었는데 모두 비슷한 대답들을 했다.

나는 북측을 직접 방문하기 전까지, 독재정권 아래에 있는 북측 주민들은 분명 금방이라도 폭발할 것 같은 불만으로 가득 차 있을 것이라고 지레짐작했다. 그러나 실제로 가서 보니 내가 만난 북측 사람들 열에 아홉은 전혀 그렇지 않았다. 외려 지금은 경제적으로 너무도 어렵고 힘들지만 참고 기다리면 반드시 좋은 날이 올 것이라며 희망을 이야기했다. 이런 점에서 북측의 정치적 구조는 사회를 유지하는 데 큰 힘이 되고 있다는 느낌을 받았다.

경제의 중요성에 눈뜨다

북한은 정치 우선의 사회다. 정치적 판단에 따라서 경제, 사회, 문화 등 모든 분야의 문제가 결정된다. 그들의 정치적 판단은 그 사회에서 통용되는 어휘와 구호를 보면 어느 정도 알 수 있다.

'미 제국주의를 깡그리 때려 부수자' '총폭탄 되어 자본주의를 때려 부수자' 등의 반미, 반자본주의의 내용을 담은 구호들은 북측의 어느 곳에서도 쉽게 볼 수 있을 정도로 유행했다. 그러나 빨간 글씨의 이런 도발적인 구호들은 1999년을 정점으로 차츰 사라졌다. 그 전해인 1998년에 현대그룹의 정주영 회장과 우리의 소가 북한에 들어가면서부터 이미 남측과 미국에 대한 북측의 정치적 구호와 분위기는 서서히 달라지기 시작했다.

정주영 회장이 소 떼를 이끌고 판문점을 통해 북으로 갈 때 남과 북의 관계자들 사이에서는 그가 달러를 트럭에 싣고 간다는 소문이 있었다. 결국 정 회장의 소 떼는 정치적 목적에 쓰였다. 현대 역시 기업의 이익을 위해 정치를 이용했다. 현대는 김대중 정권이 정상회담을 할 수 있도록 막대한 자금을 지원했고, 결국 2000년 6월 15일에 남북 정상회담이 열렸다.

1998년 중반 이후부터 2000년 6월까지 2년 동안은 북측 사람들이 정상회담을 준비하는 기간이었다. 그 과정에서 남측에 대한 저항적인 구호는 거의 대부분 사라졌다. 정치적인 분위기도 공포와 투쟁에서 화해와 협력으로 달라졌다. 물론 당시에는 그런 변화를 뚜렷이 느낄 수 없었다. 그러나 지금 와서 돌이켜 보니 그것은 일련의 엄청난 정치적 변화 과정이었다.

1997년 7월 8일 김일성 주석의 3년 탈상을 계기로 북측에서는 엄청난 조직적 변화가 일어나기 시작했다. 김정일 위원장의 국가재건운동으로 전체적인 사회 분위기가 바뀐 것이다. 예를 들면 30만 명의 청년단원들이 조직돼 평양 – 남포 간 고속도로를 건설하기 시작해 만 2년 만에 완성했다. 마치 전투에 임하는 것처럼 모두 벙커 속에서 잠을 자면서 노동을 했다. '고난의 행군'을 떨치고 우리식대로 살아보자는 것이 모토였다.

정치사상 우선주의에서 선군사상으로 지도사상이 바뀌었다. 선군사상(先軍思想)이란 어려움에 처한 나라를 군인이 보호하고 지킨다는 것이다. 이에 따라 국가 지도체계도 바뀌었다. 김일성 주석이 영원한 수령으로 남았다. 법적인 국가원수는 김영남 최고인민회의 상임위원장이 맡았다. 그러나 실제적인 국가 통치는 선군사상에 따라 군의 총사령관이자 국방위원장이며 당 총서기로 군과 당을 장악한 김정일 국방위원장이 맡았다.

북측이 선군정치를 내세운 데는 체제 유지에 군이 큰 역할을 한다는 것 외에 뭔가 다른 의도도 깃들어 있었다. 그것은 바로 경제다. 군인들이 국방의 의무를 다할 테니 민간인들은 국방은 걱정하지 말고 그저 열심히 경제대국을 만드는 데 총력을 기울이라는 것이다.

북한 사람들은 사상대국, 강성대국, 경제대국 등 3대 대국을 이야기한다. 그 가운데 경제대국이라는 말은 1999년부터 눈에 많이 띄기 시작했다. 과거 정치사상이 우선인 사회일 때는 경제란 보조수단에 불과했다. 체제를 유지하는 것은 군인과 사상이었다. 그러나 경제가 무너지면 얼마나 고통스러운가를 북측은 고난의 행군 기간에 뼈저리게 경험했다. 경제가 무너지면 정치와 사상도 무너질 위험이 있다는 점을 느꼈다.

그러나 당시 피폐한 경제를 외부의 도움 없이 스스로 일으켜 세우기란 어려운 일이었다. 그래서 북측은 우리와 같은 민간단체의 역할에 조금씩 관심을 갖기 시작했던 것이다. 1999년부터는 민간단체의 역할을 단순한 구호가 아닌 경제난 해결 차원으로까지 연결시켜 생각하게 된 것으로 보인다. 굿네이버스와 같은 남측의 민간단체가 보내온 젖소가 경제난 극복에 도움이 될 수도 있다는 점을 이해하기 시작한 것이다.

이처럼 북한 사회에서는 짧은 사이 많은 변화가 일어났다. 구호들도 '당이 결심하면 우리는 한다'와 같은 긍정적인 내용들로 바뀌었다. 그런 엄청난 변화의 중심에는 남북이 하나의 민족임을 확인한 6.15 공동선언이 있었다.

굳게 지른 빗장을 풀고

6.15 남북 정상회담은 실로 엄청난 일이었다. 나는 6.15 정상회담이 있기 전인 1997년부터 북측에 두 가지를 특

히 강조해왔다. 하나는 관광사업이었고, 다른 하나는 정상회담이었
다.

우선 관광사업에 관해 나는 북측에 이렇게 말해왔다.

"당신들이 돈 안 들이고 쉽게 경제적 이익을 볼 수 있는 것은 관
광사업입니다. 어떤 경로든 상관없습니다. 베이징을 거치든 신의주
를 통하든 뱃길을 만들든 금강산을 여십시오. 우리 남측에서는 매일
'그리운 금강산'이라는 노래를 부릅니다. 당신네가 금강산을 연다
면 우리 민간이 심부름을 하겠습니다. 백두산도 비행기로 관광할 수
있지 않습니까. 남측 사람들이 중국 쪽 백두산에 얼마나 많이 가는
줄 아십니까. 다들 거기서 고향 땅을 바라보며 눈물을 흘립니다. 투
자나 자본 없이도 연간 몇억 달러씩의 현금을 거머쥘 수 있게 해주
는 게 바로 관광입니다."

나중에 알고 보니, 당시에 이미 북측과 현대 사이에 관광사업 이
야기가 진행되고 있었다. 나뿐만 아니라 북한을 도우러 간 사람들은
금강산과 백두산을 열라고 주문했고, 그것은 상식과 같은 것이었다.
이렇게 여러 사람들이 똑같은 이야기를 했던 것이 북한으로 하여금
금강산을 열도록 하는 데 힘이 됐다고 본다.

여담이지만, 현대가 금강산 사업을 차지한 사실을 처음 알았을
때 솔직히 화가 났다. 북측은 현대를 통해 돈이 팍팍 들어오리라고
기대했겠지만, 북한에게 돌아갈 돈은 그다지 많지 않아 보였다. 전
부터 민간단체들이 아무런 대가 없이 북측의 심부름을 해줄 용의가
있다고 여러 차례 밝히지 않았던가. 그들은 미안하다고 말했고, 우
리는 그들에게 다음에 백두산이나 묘향산을 열 때는 직접 사업을 하
라고 일렀다. 돌이켜 생각해보면, 북한 사람들이 너무 순진했고 잘
몰랐다. 북한이 현대에게 넘긴 사업권의 가치는 5억 달러가 아니라

50억 달러도 넘는다. 만약 자본주의의 원리대로 복수의 사업자들에게 경쟁을 시켰다면 더 많은 대가를 받았을 것이다.

내가 북측에 강조했던 두 번째 주문은 정상회담을 열라는 것이었다. 통일은 궁극적으로 정치적인 타결이 바탕이 돼야 한다. 지도자들이 직접 만나 악수를 해야 한다. 그렇게 해서 우선 원수진 마음부터 없애는 게 순서다. 남북관계의 핵심 가운데 하나는 아직 서로가 적대국 관계라는 사실에 있다. 현대가 지원한 돈을 둘러싸고 남측에서 벌어졌던 논란도 결국은 어떻게 적대국을 지원할 수 있느냐와, 적대국과 거래하는 데 어떻게 현행법을 적용할 것이냐는 점이었다. 하지만 남북관계는 초법적인 개념으로 접근하는 수밖에 없다.

어쨌든 적대국 정상이 일단 만나면 양측 국민들도 서로 만나게 되어 그동안 서로에게 가졌던 오해와 두려움을 없앨 수 있을 것 아닌가. 대형 건물에 불이 났을 때 옥상의 대형 수조를 터뜨리면 일시에 불이 제압된다. 나는 남북관계에서 이런 효과를 낼 수 있는 것은 바로 정상회담이라는 생각에 그들에게 누차 강조했다.

"남북은 50년 동안 서로 대치하고, 어릴 때부터 서로 원수라고 가르치고 배웠습니다. 우리는 '쳐부수자 공산당'이라 가르쳤고, 당신들은 '쳐부수자 미제' '남조선은 미국에 점령된 나라'라고 가르쳤습니다. 그래도 우리는 여전히 한민족입니다. 그러니 정상회담을 열어 손을 맞잡고 이제는 서로 원수가 아니라고 선언하면, 온 국민이 더 이상 서로를 두려워하지 않게 될 것입니다. 서로 만나고, 만나면 반갑다고 인사할 수 있는 관계를 만듭시다."

6.15 정상회담 직전인 5월에 김대중 대통령이 북한과 사업을 하는 민간인들을 청와대로 불렀다. 몇몇 사람들은 대통령이 평양에 가서 냉면을 먹고 오는 것만으로도 큰 의미가 있다고 말했다. 나는 그

렇지 않다고 하면서 이렇게 주장했다.

"왜 거기까지 가서 냉면이나 맛보고 오셔야 합니까. 정치 지도자가 서로 만나면 통일에 대해 긴밀하게 이야기하셔야 합니다. 우리의 국력이면 한 해 예산의 1퍼센트를 떼어 북측을 도와준다 해도 충분히 감당할 수 있습니다. 그들에게 필요한 것이 뭐냐고 묻고, 필요한 것은 다 준다고 하십시오. 원하는 통일의 단계가 뭐냐고 물어 보면, 그쪽은 연방제라고 이야기할 것입니다. 연방제라는 게 무엇입니까. 두 체제를 인정하면서 경제와 사회 분야부터 단계적으로 접근하자는 말 아니겠습니까. 대통령께서 주장해온 3단계 통일론과 큰 차이가 없습니다. 제가 알기에 김정일 위원장이 보통 사람은 아닌 것 같습니다. 정치적인 센스가 있는 사람입니다. 두 분은 똑같이 민족을 위하고 지혜가 있는 분들이고 나라를 대표하는 중요한 위치에 계시니 마음을 열고 머리를 맞대면 통일에 대한 아이디어가 반드시 나올 것입니다. 부디 통일의 미래를 합의하고 오십시오."

말이 나온 김에 여기서 오해의 위험을 무릅쓰고 북측 김일성-김정일 부자의 정치 스타일에 대해 한 마디 하고 싶다. 북한은 집단주의 국가이고, 평등하게 더불어 사는 것을 목표로 삼아 왔다. 이 목표를 달성하기 위한 김일성 부자의 정치 방법론은 늘 인민과 함께 한다는 것이다. 김일성 주석도 그랬지만 김정일 위원장도 평양에서 자는 날은 1년 중 한 달 정도에 불과한 것으로 안다. 나머지 330일은 전국을 돌아다니며 군부대, 기업소, 농촌, 탄광에서 잔다. 그렇게 국민들이 있는 현장을 다니며 그들과 함께 밥을 먹고 이야기한다. 김 위원장은 노동자와 손을 잡고 공장에 들어가기도 하고, 공원들과 같은 탁자에 앉아서 브리핑을 받기도 한다. 그것은 대단한 정치기술이다.

김대중 대통령은 평양에 다녀온 뒤 다시 민간단체 지도자들을 불러서 말했다.

"여러분들이 하라는 대로 다 했습니다. 김정일 위원장을 만나보니 참 두뇌가 명석한 사람입디다. 우리는 통일에 대한 희망을 맛보았습니다. 그래서 우리가 장차 경제적으로 통합하고, 당분간은 필요한 것을 다 지원하려 한다고 말했습니다. 북쪽 사회가 변하기 시작했다는 확신을 가졌습니다."

북측은 변하고 있는데

정상회담이 끝났지만 남측 사회에는 별다른 특별한 변화가 없었다. 국민의 대부분은 그저 대통령이 평양에 다녀왔나 보다고 대수롭지 않게 여기는 수준이다. 모두들 제 사는 일에 바빠 남북문제에는 크게 관심도 없는 분위기다. 그러나 북측은 달랐다. 정상회담 이후 다시 북측을 방문했을 때 그곳은 이미 통일이 된 것이나 다름없는 분위기였다. 그곳은 지도자와 노동자들의 생각이 같다. 그래서 지도자가 "이제 우리는 통일로 간다"고 말하는 순간 인민들은 이미 통일의 길을 확신했다. 6.15 공동선언의 성과는 우리의 상상을 초월하는 정도의 영향을 북측 국민들에게 끼쳤다.

북측은 지도자의 정치적 판단에 따라 주민들이 통일로 가는 확고한 의지를 갖게 됐고, 그렇게 준비를 하기 시작했다. 경제, 사회, 문화, 교육 등 모든 분야가 다 바뀌었다. 아이들에 대한 교육도 달라졌다. 북측이 변화의 길을 선택하게 된 데는 아마도 경제적인 이유가 컸을 것이다. 추측해 보건대 그들은 이런 논리로 판단하지 않았을까 싶다.

'지금 우리는 살기가 매우 힘들다. 소련도 등을 돌리고 중국도 장사만 하려 한다. 이제 우리를 도와줄 사람은 아무도 없다. 결국 우리가 기댈 수 있는 대상은 민족공동체다. 남측이 미국의 점령을 당하기는 했지만 김대중이 대통령이 된 뒤부터 민족통일에 지대한 관심을 가지고 같은 민족으로서 대화를 시도하고 있다. 남측은 세계화의 물결을 타고 국제적으로도 돈을 잘 꿔다가 장사를 해 경제적 부를 이루었다. 그런 사람들이 민족공동체를 꾸리자고 하니 우리로서도 크게 손해 볼 일이 없다. 게다가 우리의 어려운 실정을 보완해주겠다며 그토록 적극적으로 나오니 어찌 보면 실로 좋은 기회가 될지도 모른다. 이참에 금강산과 백두산 같은 관광의 보고를 이용해 돈을 벌 수도 있을 것이다. 그러니 이제 좀 열어주자. 물론 그들에게 문제가 없는 것은 아니다. 그들은 미국에 얽매여 정신적으로 다소 문제가 있다. 범죄도 많고 위험하다. 그렇지만 생각보다 순수한 사람들이 많이 있다. 신경 써서 좋은 사람들을 잘 골라 협력하면 된다. 그리하면 남측의 공장도 얻어 올 수 있고 일자리도 생길 것이다. 남측에 남아도는 비료를 얻어다가 우리 농사를 짓는 데 사용할 수도 있다.'

결국 북측은 지도자의 정치적인 판단이 전체 국민을 바꿨다. 과거에는 남측 사람이 지나가면 쳐다보지도 않았지만, 이제는 남측 사람이 가는 곳마다 "반갑습니다"라는 외침과 노래가 넘쳐난다. 그렇게 북측의 마음은 이미 통일이 된 것이다.

그러나 그 이후 너무 많은 세월이 허무하게 흘러갔다. 기대는 컸지만 몇 년이 지나도 일의 진척이 없었다. 남측은 북측이 정상회담 때 요구했던 사항들을 제대로 들어주지 못했다. 그들은 실망을 많이 했다. 그 원인이 미국이었다는 점에서, 정상회담 이후 북측에서 미국에 대한 원망이 더욱 커졌다.

정치적 합의는 경제, 사회 등 각 분야의 뒷받침이 없으면 아무 소용이 없다. 그저 정치적 구호로 끝날 뿐이다. 북측은 혼란에 빠졌다. 정상회담 이후 남북관계의 봇물이 트이고 회복의 속도가 빨라질 줄 알았는데 중요한 일들이 자꾸 주춤거렸다. 경제가 나아지는 기미도 별로 없어 보였다.

내가 통일을 위해 적극적으로 나서 뭔가 해야겠다는 생각을 하기 시작한 것도 이 때문이다. 북측은 통일의 준비가 되어 "반갑습니다"를 연발하고 있는데, 남측은 여전히 냉정하다. 저들은 변하고 있는데 남쪽은 왜 변하지 못하고 있는가. 도움을 청하는 저들의 힘들고 어려운 외침에 퍼주기니 뭐니 하면서 싸움이나 하고, 여전히 총부리를 겨누던 과거에만 묻혀 북한이 나쁘다는 욕만 하고 있으니 어쩌자는 말인가.

과거사는 이미 다 지난 일이다. 50년 전의 역사는 이제 잊어야 한다. 대신 지금 자라나는 아이들의 미래를 염려해야 한다. 이런 시기에 일부 보수적인 사람들은 남측 내부의 정치적인 이유로 남북간 순수한 화해와 협력의 분위기까지 해치고 있다. 이념의 도그마에 빠져 있는 것은 북측이 아니라 바로 남측일 수도 있다는 생각에 왠지 씁쓸해진다.

이산가족 상봉이 어려웠던 것은

북측이 이산가족 상봉을 승인한 것은 커다란 양보이자 모험이다. 비료를 지원하겠으니 이산가족 상봉을 허락해달라는 남측의 요청을 못이기는 척 들어줬지만, 북측 입장에서 이산가족 상봉이 얼마나 정치적으로 위험한 문제인지는 어렵지 않게 알 수 있다.

북측에서는 월남 가족을 둔 사람은 반동분자로 분류된다. 지역사회에서도 "저 사람은 반동분자이고 위험하다"는 손가락질을 받는다. 우리도 한동안 연좌제에 의해 월북자 가족을 둔 사람을 빨갱이로 몰았다. 그들은 사회적 감시의 대상이 되고 위험한 사람으로 취급받았다.

남측 이산가족은 북측 가족을 만나러 갈 때 돈을 싸들고 간다. 수십 년을 헤어져 살아온 부모형제를 만나러 가는데, 일년 전부터 준비한 선물과 차곡차곡 챙겨둔 달러를 갖고 가는 것은 어쩌면 당연한 일이다. 돈이 한 푼도 없는 사람에게는 나라에서 보조를 해준다. 지금도 정규 루트가 아니라 중국에서 북측 가족을 만나는 사람들에게는 정부가 여비와 약간의 비용을 지급해준다. 정식 이산가족 상봉 행사가 벌어지면, 상봉장에 나온 북측 주민은 한 사람당 몇천 달러내지 몇만 달러를 받는다. 100명이 상봉할 때 한 사람당 평균 1000달러를 받는다면 10만 달러가 한꺼번에 북측에 유입된다.

언뜻 보면 북측 경제에 이익이 되는 것처럼 보인다. 그러나 이는 경제문제가 아닌 정치문제다. 북측에서도 개인 재산이 보장된다. 해외동포가 북측 주민에게 돈을 보내면 그 중 절반은 은행에서 예치하고 나머지 절반만 내준다. 이산가족 상봉 때 건네지는 돈도 같은 개념에서 처리된다. 달러로 건네주면 그 중 일부는 당국에 내놓고 나머지는 개인이 쓰게 된다.

북측에서 1달러의 효과는 어마어마하다. 8킬로그램짜리 쌀 한 말값이 남측에서는 2만 원, 즉 20달러 정도 된다. 그러나 북측에서는 쌀 한 말을 1달러에 살 수 있다. 한 말이면 남측 사람들은 하루에 한되씩 열흘간 먹지만, 북측 사람들은 아까운 쌀만 먹을 수 없어 다른 것을 섞어 먹기 때문에 한 사람이 한 달은 먹는다. 1달러의 효과가

한 사람의 한 달 생명에 해당하는 셈이다.

2002년 7월 이후 월급과 물가가 올라 보통 근로자가 보너스를 합해 한 달에 3000원 정도를 받는다. 2003년 가을 암시장 달러 환율에 따라 국가가 달러를 환전해 주기 시작했는데 1달러의 환율은 대략 900~1000원 정도다. 단순 비교할 수는 없지만 3000원의 월급은 3달러에 불과한 것이다.

그런데 남측에 혈육을 두었다고 반동분자로 취급받던 사람이 바로 그 혈육 때문에 갑자기 1000달러, 2000달러를 가진 부자가 된다고 해보라. 정치적으로 혼란이 생길 것이 뻔하다. 예전에도 해외 동포에게서 돈이 오고, 중국의 동포가 북에 와서 돈을 주고 가는 일이 있었다. 외국에 이런 형제자매를 둔 사람들은 부러움의 대상이었다. 그래서 외국에 사는 형제를 찾자는 분위기도 팽배했다.

그러나 남측의 형제자매라면 차원이 다르다. 그들은 적국의 반동분자 아닌가. 북측이 정치적으로 이런 문제를 해결하는 데 얼마나 오랜 시간 고통을 겪었는지를 남측 사람들은 쉽게 이해하지 못할 것이다. 늙어가는 이산가족을 북측이 정치적으로 이용하고 있다거나, 500만, 1000만 명이 슬퍼하며 기다리는데 북측이 너무 비협조적이라며 비난의 목소리를 높인다.

북측은 그렇게 어려웠던 이산가족 문제에 대한 정치적 실타래도 나름대로 잘 풀어냈다. 이 역시 정상회담의 효과다. '그동안 남측에 형제가 있는 사람들은 반동이었으나, 이제 남과 북의 지도자가 만나 악수를 한 것을 계기로 반동의 혐의를 벗겨주겠다. 이제 도울 수 있는 형제를 가진 사람들은 모두 국가 경제에 기여하라.' 이렇게 정리하기가 어디 쉬웠겠는가. 이런 과정이 바로 통일에 대한 준비다. 그리고 이산가족 문제는 가장 큰 변화의 틀이기도 하다.

실제 북에서 오는 북풍

　　　　　　　　북측이 남측 내부의 정치에 영향을 끼치기 시작했다는 것도 정상회담이 낳은 효과로 볼 수 있다. 2002년 대선 직전 이회창 후보와 노무현 후보가 경쟁하던 선거운동 기간에 북측의 텔레비전과 신문 등 모든 언론매체가 이 후보 떨어뜨리기에 나섰다. 이 후보 아버지의 친일재판 기록이 나왔다고 시비를 걸면서 남북 사이에 얽힌 정치의 고리가 움직이기 시작했다. 이젠 남측도 도리 없이 북측이 들이민 정치적 고리에 걸려 영향을 받게 된 것이다.

　과거 북풍이라는 말은 온전한 적대적 개념이었다. 남측 정부는 북풍이라는 그늘 아래 북측의 존재를 악용하거나 공산당이 쳐들어온다는 거짓 위험을 조장해서 특정 사상과 특정 정치세력을 억압했다. 그러나 오늘날 북풍은 실제로 북쪽에서 불어 닥친다. 북측은 남북이 서로 화해하고 협력할 수 있게 할 남측 지도자가 누군가에 따라 북풍의 표적을 정하고 사정없이 칼바람을 날린다.

　2002년 대선에서 북측이 대놓고 노무현 후보의 편을 들지는 못했다. 그들도 이해관계가 얽혀 있는데 잘못했다가는 오히려 노 후보가 떨어지고 이회창 후보가 당선되는 역효과를 낳을 수도 있다는 우려에서였다. 그렇다고 하더라도 이회창 후보는 고려의 가치가 없다고 북측 사람들은 주장했다. 그는 6.15 정상회담을 거부한 사람일뿐더러 합의서를 폐기해야 한다는 주장까지 한, 한마디로 철학이 없는 사람이라는 게 그들 주장의 근거였다. 그들에게 철학이란 무엇보다 중요하다. 정치적 행동의 바탕이 되는 철학적 소신이 없는 사람과는 상대할 수 없다는 것이 그들의 분명한 입장이다.

　결국 이회창 후보의 특사임을 자처한 두 사람이 북측에 가서 "너무 그러지 말아 달라. 이회창씨가 대통령이 되면 김대중 정부가 준

것의 두 배를 주겠다"는 협상안을 제시했다. 이에 대해 북측 당국자는 "소신이 없는 사람, 민족에 대한 철학이 없는 사람과는 상대하지 않겠다. 다시는 그런 말 하지 말고 우리에게 기대하지 말라"고 단호하게 거절했다고 한다. 그러나 들리는 바에 의하면, 당시 북측 내부에서는 이회창 후보가 대통령이 되면 두 배를 준다고 하니 너무 지나치게 하지는 말자, 만약에 그가 당선된다면 이회창 떨어뜨리기를 한 우리가 화만 입지 않겠냐는 우려의 목소리도 일부 있었다고 한다.

이렇게 북측 정치도 남측 정치의 영향을 받고 있다. 남북이 서로 대립하던 과거에는 서로를 이용하고 강압하면서 내부를 탄압하는 정치적 영향을 주고받았지만, 이제는 서로가 어떻게 살아남을 것인지, 민족 번영을 위해 어떤 길이 나은지를 고민하는 방향에서 서로를 이용하는 쪽으로 정치적 영향의 변화가 이뤄진 것이다.

북측의 정치적 변화는 남측에도 영향을 주게 됐다. 지난번 대통령 선거에서 노무현 후보가 당선된 데는 알게 모르게 북측의 엄청난 도움이 있었다. 선거 전에 북측 군인들은 남측에 대한 일상적인 도발행위를 자제함으로써 북측의 존재가 남측 사회에 혼란을 일으키지 않도록 했다. 노무현 대통령이 탄생한 데는 노사모나 인터넷의 영향만큼이나 보이지 않게 진행된 북측의 정치적 영향도 컸다고 해도 과언이 아닐 것이다.

북한 사회에 대한 단상

북한 사회는 바라보는 시각에 따라 엄청나게 다르다. 처음 북한에 간 사람들이 가장 궁금해 하는 것은 도대체 사람들이 어떻게 살까 하는 것이다. 입은 옷, 표정, 도시 형태를 보면 대략 그들이 사는 모습을 알 수 있다. 특히 사람들의 표정을 주의 깊게 보면 그들이 무엇을 생각하는지, 그들이 행복한지 불행한지를 대충 알 수 있다.

어린이를 통해 본 북한 사회

북쪽에서 나는 특히 그곳 어린이들을 관심 있게 지켜봤다. 1997년에 처음으로 평양을 방문했을 때 나는 안내원에게 학교로 데려다 달라고 부탁했다. 내가 방문한 학교에서는 공연을 보여주었다. 악기를 연주하고 합창을 하는 아이들이 얼마나 완벽한지 마치 녹음기를 틀어주는 게 아닌가 싶었다. 비디오를 찍는 척하며 가까이 다다가 귀를 대 보니 진짜였다. 어디서 전문가를 데려다 놓았나 하고 의심하기도 했지만 그것도 아니었다.

줄을 맞춰 등교하는 북한 어린이들

이렇게 살기가 어려운데 아이들은 노래도 잘 하고 악기도 잘 다루는구나. 참으로 아이들을 잘 키운다고 생각했다. 아이들은 마지막으로 '우리의 소원은 통일'을 합창하며 공연을 마쳤다. 그런데 남측과 달리 그 아이들은 노래가 끝나자마자 마지막에 모두 목청을 높여 "통일!" 하고 외쳤다. 섬뜩했다. 초등학교 2~3학년 학생들이 이 정도라면 '총폭탄 되어' 라는 구호는 어떤 의미일까 생각했다.

북한 사회는 개인주의가 아닌 집단주의가 기본이다. 아이들이 학교에 갈 때는 전부 아파트나 동네 어귀에 모여 줄을 맞추고 노래를 부르며 함께 간다. 남쪽에서도 과거에는 그랬다. 나도 중학교 들어가기 전까지는 그렇게 학교를 다녔다. 동무들과 같이 걸어가면 재미있고 즐겁다.

인간이란 남과 함께 어울려 있어야 즐겁다. 집단적으로 같이 어울려서 살게 돼있는 것이다. 나는 개인주의가 무작정 좋은 것은 아니라고 생각한다. 남쪽의 아이들은 학교에도 저 혼자 가고, 집에 돌아오면 각자 자기 방에 들어가 혼자 논다. 돈 있는 집 아이들은 혼자 과외를 받는다. 미국 아이들도 등교는 함께 한다. 미국에서는 스쿨버스로 학교에 가는 것이 기본이다. 등교를 함께 하는 것은 어릴 때부터 다른 사람과 자연스럽게 어울리고 생활하는 것을 교육하는 것이나 마찬가지다.

평양 시내의 학생소년궁전은 연면적 3만 평 규모의 건물이다. 그 안에 국제 규모의 수영장과 2000석 규모의 공연장, 250개의 소조 활동장이 있다. 여기서 하루 5000명씩의 북한 어린이들이 모여 특별활동을 한다. 이 특별활동은 해도 되고 안 해도 된다. 무엇을 할지는 각자가 알아서 고른다. 자발성과 창발성을 강조하는 것이다. 무용을 하고 싶다면 무용을 하게 해주지만 개인과외가 아니라 반드시 집단활동을 시킨다.

아이들은 어릴 때부터 자신이 원하는 특별활동 그룹에 들어가 특기교육을 받은 뒤 평생 그 취미를 가꾸며 인생의 풍요로움을 맛본다. 그러는 과정에서 다른 아이들과도 함께 어울리니 외톨이나 왕따가 없는 풍부한 인간관계가 가능하다. 아이들이 '동무야!' 하고 부르는 소리가 얼마나 정답게 들리는지 모른다.

이름을 부르는 사회

북쪽과 남쪽의 큰 차이점 중 하나는 상대를 호칭하는 방법이다. 북측은 '석호 동무' '일하 선생' 하는 식으로 서로 이름을 부른다. 우리는 성씨 중심의 호칭을 쓰지만, 북쪽은 이름 중심의 중국 문화를 받아들인 것이다. 내가 보기에 이름을 부르는 것은

학생소년궁전에서 아이들이
특별활동을 하는 모습들

친밀감과 평등의 표현이다. 미국 사람들은 친한 친구 사이가 되면 자기를 이름으로 불러 달라고 한다. 김일성 주석은 정권을 잡고 나서 동무란 말로 호칭을 통일했다. 그것이 평등사회의 필수 조건이라는 것이었다.

어린이나 어른이나 모두 다 참여하는 소조활동은 강제가 아니다. 유치원과 초등학교 학생들의 학교 학습은 오전에 끝난다. 오후는 특별활동 시간이다. 전체 학생 가운데 40퍼센트는 게을러서 특별활동을 하지 않는다. 그러나 게으를 수 있는 자유도 보장된다.

북쪽에도 깡패들이 있다. 그들은 지나가는 사람을 희롱하기도 하고 자기들끼리 싸움도 벌인다. 그런 사회현상이 텔레비전을 통해 방영되기도 한다. 안내원들에게 "북한 사회에는 범죄가 없느냐"고 물으면 지긋이 웃으며 "여기도 사람 사는 곳인데 왜 없겠느냐"고 답한다. 생각보다 연애도 자유롭게 한다. 대동강변에 가면 데이트하는 연인을 종종 볼 수 있다. 그 밖에도 대동강변에서는 대학생들이 책을 들고 나와 사색하는 모습도 자주 눈에 띈다. 낚시꾼들이나, 한쪽에서 집단체조 연습을 하는 주민들도 볼 수 있다.

처음 평양에 갈 때는 북측 주민들이 얼마나 불쌍하게 살까, 답답하게 억압돼 폭발 직전의 모습은 아닐까 하는 생각을 했다. 그러나 직접 가서 살펴보니 생각과는 달리 그들도 우리랑 별 차이 없는 평범한 일상을 살고 있었다.

공원에 가보면 놀이 문화가 아주 잘 돼있다. 평양에는 공원이 많이 있는데 이 공원들은 대부분 인민들끼리 모여 놀라고 만들어 놓은 곳이다. 도시락도 싸오고, 고기도 구워먹고, 기업소별이나 학교별로 모임을 갖기도 한다. 가족보다는 소속 집단의 결속력이 더 강한 것 같다.

　한 번은 노인들이 공원 한쪽에 모여 술을 마시며 노는 것을 보았다. 한 어르신이 "남쪽에서 왔느냐"며 잔을 건넸다. 그렇다고 하자 손을 잡고 반가워하며 "어서 통일을 하자"고 했다. 공원에는 아코디언과 기타를 연주하는 사람이 많았다. 한 무리가 아코디언과 기타 반주에 맞춰 노래를 하고 있었다. 기업소 작업반인데 합창대회가 있어서 연습 중이라고 했다.

장군님 말씀만 듣습니다

　　　　　북측 사람들은 김일석 주석을 어버이 수령이라고 부른다. 사회구조를 보면 주석을 어버이라고 부르게끔 돼있다. 아이들에게 부모는 어버이 수령 다음 가는 존재다. 내 부모의 사랑이 장군님과 수령님의 사랑보다 못하다고 배운다. 초등학교의 7개 과목 가운데 2개가 수령님과 장군님의 어린 시절에 관한 것이다. 어릴 때부터 우리에겐 장군님이 있으니 안전하고 행복하다고 배운다.

　아이들은 집단으로 탁아소에서 자란다. 부모 없는 아이들도 함께 키워준다. 때문에 소외된 아이들이 나올 여지가 상대적으로 적다. 고등학교까지의 교육은 모두 무상이다. 아프면 병원에서 무상으로 치료해준다.

　우리는 젊은이들이 대학을 나와도 무엇을 해서 먹고 살아야 하는지를 고민해야 한다. 그러나 북한에서는 당에서 하라는 대로 하면 된다. 머리가 좋아 김일성대학을 나온 사람은 국가를 위해 보다 중요한 일을 할 수 있다. 그러나 공부를 잘 하지 못한 사람에게도 국가가 일자리를 준다. 사회적 경쟁에서 이긴 사람은 이긴 사람대로, 진 사람은 진 사람대로 국가가 적당한 일거리를 준다.

　이에 비해 우리 사회는 아이들이나 소외계층의 인권에는 무관심한 편이다. 남쪽에서는 잘난 사람은 잘난 대로 살고 못난 사람은 못난 대로 산다. 반면 북측에서는 잘난 사람은 못난 사람을 위해 일해야 한다고 교육한다.

1998년 젖소가 북에 들어갈 때 서해 갑문을 통과하는 모습을 사진 찍으러 나갔다. 그 앞의 초소에 이르렀을 때 스무 살 정도 돼 보이는 군인이 길을 막았다. 나를 안내하던 북측 고위 인사가 자기가 누구이며 왜 거기를 지나가야 하는지를 설명했지만, 군인은 연락을 받지 못했다면서 말을 듣지 않았다. 화가 난 안내원이 "내가 누군지 아느냐"고 버럭 소리를 질렀다. 그러자 그 군인은 총을 들이대며 이렇게 말했다.

"우리는 장군님 말씀만 듣습니다."

이처럼 북한 사람들의 사고는 지도자와 바로 연결돼 있다. '당이 결심하면 우리는 한다' 는 구호도 그런 현상의 표현이다. 사회 전체가 정치에 의해 지배되고, 주민들의 삶 하나하나가 공산당을 중심으로 하는 정치적 판단에 따라 결정된다.

경제적 고난 속에서

극심한 경제난은 국가와 인민의 견고한 결속에 변화를 가져왔다. 과거 국가에서 모든 것을 보장해 줄 때는 내 것, 네 것이 없었다. 다 우리 것이었다. 그러나 국가가 배급을 제대로 해주지 못하니 내 것, 네 것이 생겼다. 배가 고픈 도시 사람들이 쌀이 나는 농촌으로 먹을 것을 구하러 다니기 시작했다.

그러나 식량을 얻는 것도 한두 번이다. 재작년에 얻어가고 작년에 얻어가고 올해 또 얻으러 가면 이젠 우리 먹을 것도 없다고 한다. 생산량은 적은데 국가에서 가져가고 남은 것이 별로 없기 때문이라는 것이다.

그렇게 쌀을 얻으러 다니다가 많은 주민들이 굶어죽었다. 인심이 사나워질 수밖에 없었다. 어떻게 살아남느냐가 문제였다. 국가가 모든 것을 다해줄 것으로 믿었는데 갑자기 각자 알아서 살아보라고 하니 인민들은 눈앞이 깜깜해졌을 것이다.

국가는 있는 것을 나눠 먹고 살라고 농민시장을 만들어 주었다. 평양 시내에도 곳곳에 시장이 들어섰다. 국가가 물자를 배급하지 못하니 서로 물물교환을 하면서 고난의 행군 기간을 무사히 넘기자는 것이었다.

시장에서는 스스로 살아남는 재주꾼들이 생겨났다. 그들은 본능적으로 돈 버는 방법을 체득한 이들이었다. 1998년의 평양에서는 여자 대여섯 명이 길가에 서있다가 외지인이 탄 차가 서면 담배를 들이미는 풍경을 자주 볼 수 있었다. 담배를 팔아서 살기 위한 경쟁이었다. 밀가루를 풀빵이나 개떡으로 한번 가공해 길거리에서 몰래 팔았다. 불법 상행위였지만 자기가 노력한 만큼 얻는 연습을 한 것이다.

원산에서 옷을 가지고 기차를 타고 평양에 와서 팔거나, 기업소 자동차를 빼내어 식량 장사를 하기도 했다. 여기저기서 장사가 만연했다. 어려운 시기에 때마침 일본 조총련 사람들이 만경봉호를 타고 고향 방문을 왔다. 많을 때는 일주일에 3000명이 와서 돈을 쓰고 갔다. 그들을 대상으로 한 장사가 원산을 중심으로 번성했다. 그러나 그들의 방문도 오래가지 않았다. 조총련 방문객 수가 한 주당 3000명에서 500명으로 줄었다.

1997년부터 거리를 떠도는 고아들이 출현했다. 나라에서 어린이를 관리하지 않는다는 뜻이었다. 고난의 행군 시절에 대학생들은 점심 도시락으로 풀죽을 싸갖고 학교에 갔다. 지옥 같은 나날이었다.

그러다가 1999년부터 상황이 호전되기 시작했다. 먼저 길거리를 떠돌던 고아들이 사라졌다. 장사하는 사람도 줄어들었다. 충분하지는 않지만 국가의 식량 공급이 다시 시작된 것이다. 인민들이 체제의 고마움을 다시 느끼게 됐다. 고난의 행군 동안에 그들은 생존이 얼마나 어려운 것인가를 배웠다. 그리고 이제 국가는 잠시 동안 그들이 내팽개쳤던 인민의 생존을 다시 보장해주기 위해 노력하기 시작했다. 2000년부터 시작된 북한의 경제개혁 움직임은 바로 이런 배경에서 시작된 것이다.

비록 선전용이라 해도

남쪽 종교인들이 처음 북쪽에 가서 그곳 종교인

봉수교회의 예배 모습

들을 보면 예배와 예불을 드리고 성경과 경전을 외는 것이 과연 정말인지 아닌지 헷갈린다. 그러나 진짜건 가짜건 종교적 의식에 참여하는 사람들에게는 정신적인 변화가 있다. 비록 공산당 선전용의 형식적 종교라 하더라도 종교행위는 그 자체의 역동성이 있다는 말이다.

북쪽 종교의 다른 효용은 외부물자를 지원받는 데 있다. 연맹은 해외로만 돌아다니며 헌금을 모았지만, 남쪽 교회들도 많은 지원을 했다. 2002년 한 해에 남쪽 기독교 통로로만 120억 원어치의 물자가 북쪽으로 들어갔다. 해외동포나 남쪽 국민이 기독교연맹 통로가 아닌 다른 기관을 통해 북쪽에 지원하는 물자도 80퍼센트는 기독교와 관련돼 있다. 북측 사람들도 기독교가 큰일을 했다는 것을 인정한다. 덕분에 기독교에 대한 북측 주민들의 두려움이 많이 사라졌다.

처음에 그들은 남에서 온 기독교도들을 두려워했다. 자신들 내부에 들어와 뭔가를 심어주고 변화를 시도할까봐 걱정했다. 처음에는 북한을 방문하게 된 남쪽 교인들이 성경책을 작게 인쇄해 갖고 가서 북쪽 교인들에게 직접 나눠주기도 했다. 북측 안내원들은 다음날 그것들을 모두 거둬서 되돌려줬다. 북쪽에서 전도하다가 잡혀간 사람이 있다는 말은 과장된 거짓이지만, 북측에서 그런 행동을 위험스럽게 보고 항의한 일은 실제로 있었다.

굿네이버스와 동행한 남쪽 교회지도자들은 성경책을 공개적으로 들고 가 북측 교회에 공식적으로 전달했다. 사실 그렇게 주어야지 몰래 공작하듯이 주는 것은 북쪽에서 남쪽에 몰래 넘어와 불온문서를 나눠주는 것과 다를 게 없다. 그들이 스스로 변하도록 유도하고, 종교인들이 북측에 도움이 되는 사람들이라는 인식을 그들로 하여금 갖게 하는 것이 훨씬 바람직한 방법이다.

각 종교별로 남과 북을 오가는 행사가 잦아진 것도 실은 엄청난 변화다. 북쪽 종교인들이 비행기를 타고 내려와 3.1절 행사를 공동으로 진행하고, 남쪽 종교인들이 북쪽으로 올라가 그곳 사찰을 방문하는 등의 종교 활동이 가능해진 것도 모두 북쪽이 변했기 때문이다.

종교적인 행사는 통일을 준비하는 장이다. 봉수교회 사람들은 남쪽에서 교인들이 가면 통일 노래를 부른다. '우리의 소원은 통일' '우리 다시 만날 때까지' 등의 통일 노래가 온 교회에 넘친다. 그렇게 교회는 통일 연습장이 된다.

남측 교인 100명과 북측 신도 200명이 나란히 앉는다. 그들은 같이 예배를 보고 같은 노래를 부르며 종교적, 민족적 합일을 이룬다. 이산가족 상봉이 남과 북의 중요한 접촉점이라면 종교도 또 하나의 중요한 접촉점이다.

물론 남쪽에는 이런 남북간 종교 활동에 대한 다양한 생각들이 병존한다. 과거 한경직 목사님은 영락교회에서 설교하면서 "북한이 어려우면 도와줄 수는 있다. 그러나 공산당과는 절대 대화하지 말라"고 누누이 강조했다. 나를 잘 아는 몇몇 목사들도 북한은 믿을 수 없는 집단인데 어떻게 그들을 믿고, 무슨 수로 대화를 하고 화해를 한다고 그러느냐고 걱정한다.

남북은 50여 년 동안 갈라져서 서로 심한 고통을 겪었다. 미움과 상처를 하루아침에 모두 털고 서로 얼싸안고 얼씨구 좋다고 할 수는 없다. 내가 볼 때 다시 관계를 회복하고 하나가 되려면 최소한 지난 50여 넌만큼의 시간이 더 필요하다. 그러나 가만히 앉아만 있으면 또 다른 50년이 더 필요하게 될 것이다.

성경 말씀에 오늘 내가 제사에 갈 때 잘못한 일이 있으면 먼저 화해하고 나서 제사를 지내고 빌라는 구절이 있다. 화해가 제사보다 낫다는 말이다. 되도록 빨리 화해해야 앙금이 없어지고 용서를 할 수 있다. 앙금을 쌓고 쌓다가 나중에 회복하려면 그만큼 시간이 더 많이 걸리고 화해가 잘 되지 않는다.

북한에서는 종교를 마약이라고 한다. 종교를 지독히 기피하는 것이 공산주의 정치철학이다. 그러나 1980년대 후반 소련이 개방을 시작한 이후 김일성 주석도 어느 정도의 개방은 어쩔 수 없는 세계적 추세라고 받아들인 것 같다.

그래서 시작된 변화 가운데 하나가 형식적이나마 종교 활동을 재개시킨 것이다. 그 과정에서 봉수교회가 세워졌다. 조선그리스도연맹은 김일성 주석의 외삼촌인 강양욱 목사가 유지해 오다 아들 강영섭씨가 대를 이었다. 김 주석은 1989년 이 연맹에 기자재와 건축자재를 주며 교회를 짓도록 했다. 그동안 대외선전용이었던 연맹으로 하여금 정식으로 교회를 짓고 그 안에서 예배를 드릴 수 있게 한 것이다.

예배를 드릴 사람도 필요했다. 그래서 한동안 해방 전 어릴 때 교회를 다녔던 경험이 있는 노인들을 찾아 모았다. 우리는 아직도 봉수교회 사람들이 가짜 신도라고 알고 있지만, 실은 이렇게 모아진 진짜 신도도 있다.

그러나 그 교회는 철저한 사상무장 아래 활동하는 교회임이 분명하다. 신도들은 철저한 공산주의자로서 김 부자의 유일지배 체제를 인정하는 한에서만 신앙의 자유를 인정받았다. 물론 대외적으로 전도는 하지 못한다. 등록된 사람들만 예배를 보았고, 한 신도가 늙어 죽으면 적당한 다른 사람을 찾아 채워 넣었다. 목사들이 모두 나이가 들어 제 역할을 못하게 되자 평양신학원을 만들어 젊은 사람들을 훈련시켰다. 그들은 교회의 이론과 역사를 배우고 있다.

어쨌든 그런 교회도 일단 교회임에는 틀림없다. 이 교회가 대외적으로 알려지자 남쪽의 교회 관계자와 해외교포 신도들이 피아노와 오르간 등 기자재를 지원했다.

조선그리스도연맹은 대외 접촉창구의 역할을 했다. 연맹은 조국평화통일위원회 등 다른 부서들의 지원을 받아 일본과 미국의 교회들과 적극적으로 접촉을 시도했다. 강영섭 위원장은 미국, 캐나다, 호주 등을 돌아다니며 손수 헌금을 얻어왔다. 고난의 행군 시절에는 큰물대책위원회가 외부에서 식량 등 지원물자를 얻어오는 데 조선그리스도연맹이 상당히 중요한 창구 역할을 했다.

평등주의에 따라 같은 시기에 천주교와 불교도 비슷한 형식으로 다시 출발했다. 성당이 지어지고 불교도 육성됐다. 머리를 깎은 승려도 있고 깎지 않은 승려도 있지만 어쨌든 큰 사찰에는 승려가 있다. 그들은 불교 역사를 공부하고 독경을 한다. 내가 보기에는 모두 대처승이다.

종교가 마약인 사회에 종교가 허용됐으니 갈등이 없을 수 없다. 각 종교단체들은 나름대로 선전도 하고 신도를 끌어들이려고도 한다. 그들은 봉수교회 신도가 200명이고 가정교회가 전국에 200개라고 한다. 그들은 지금 '만사운동'을 한다고 한다. 교인 1만 4000명을 만드는 운동이란다. 그러나 종교를 반대하는 측에서는 "종교는 마약이고 극히 제한된 범위에서 허용한 것이니 정말로 신을 섬기면 안 된다"고 여전히 시비를 건다.

동명왕릉 근처의 사찰 승려

북한 경제와 평화

경제의 핵심은 사람이 뭘 먹고, 뭘 입고, 어떻게 사느냐에 있다. 나는 경제 전문가가 아니지만 북한을 방문할 때마다 주민들이 어떻게 살고 있는지 유심히 관찰했다.

처음 평양에 가면 신기한 것이 한둘이 아니다. 왜 전봇대와 전선이 없을까. 전화선은 어디 있나. 상점들은 모두 건물 안쪽에 있는데 쇼윈도는 없고 간판만 크게 붙어 있다. 시장과 일터는 보이지 않고 관공서만 눈에 띌 뿐이다. 그럼 평양 시민들은 모두 관공서에서만 일한단 말인가. 지방에 가면 그곳 사람들은 모두 다 농사만 짓는 것처럼 보인다.

고려호텔이나 주체사상탑 꼭대기에 올라가 보면 고구려 성터나 만경대 등의 경관이 잘 보존돼 있다. 또 대동강과 보통강의 아름다운 물줄기를 이용해 세계 7대 계획도시라는 명성에 걸맞게 평양 시가지도 잘 꾸며 놓았음을 볼 수 있다. 그런데 경제활동의 현장은 도무지 볼 수가 없다. 식당이나 공장도 없고, 상점에는 마음대로 드나

주체사상탑에서 바라본 평양

들 수가 없다.

그러나 자주 다녀보면 식당들이 많다는 사실을 알게 된다. 외지 손님이 달러를 내고 먹는 외화식당이 따로 있고, 주민들이 인민폐를 내고 먹는 식당이 따로 있다. 허락을 받아 상점에 들어가면 상품이 진열돼 있고, 거리 곳곳에 백화점과 목욕탕도 있다. 전화선과 전기선은 지하에 묻어놓아 거리가 깨끗하다. 가로등이 제대로 켜져 있지 않아 가짜라고 생각하기 쉽지만, 전기가 부족해 등을 켜놓지 않는다는 점을 알면 이해가 된다. 특별한 행사를 할 때는 가로등도 켜고 분수도 작동시킨다.

북한도 사람 사는 곳이라 경제가 있다.

깨어지는 환상

2002년 7월 이후 많은 변화가 일어나고 있지만, 북한 경제는 기본적으로 국가가 통제하는 계획경제다. 남한에서는 시장이 생산과 분배를 결정하지만, 북한에서는 국가와 관료의 계획에 따라 생산과 분배 활동이 이뤄진다. 생산수단은 기본적으로 국가 소유다. 다함께 일하고 평등하게 분배 받는다는 의미에서 사회주의 국가 북한은 가난한 사람들에게는 더 이상 좋을 수 없는 환상의 세계라고 할 수 있다.

그러나 북한을 포함한 현실 사회주의 경제는 실패했다. 경제가 성장하기 위해서는 경쟁과 생산성, 이윤 창출 등 자본주의 작동 원리가 필수적이다. 사회주의 사회에서는 게으른 사람과 부지런한 사람, 능력이 있는 사람과 없는 사람을 비슷하게 대우하다 보니 경쟁의식이 사라졌고 생산성 향상에 한계가 드러났다.

북한도 마찬가지였다. 열심히 일한 사람이나 게으름을 피운 사람이나 똑같이 분배를 받으니 열심히 일할 동기가 없었다. 때문에 노동자들이 일하다가 담배를 피우러 가서 한 시간씩 돌아오지 않는다든가 소변보러 간다고 하고 사라져 버리는 일이 많았다. 남보다 일을 열심히 하는 사람은 도리어 바보 취급을 받았다.

여기에 정보처리의 한계 등 계획경제의 비효율성, 중화학 공업을 우선으로 한 고강도 축적 체제의 한계, 대외 경제관계의 악화 등이 겹치면서 1950년대에 고속 성장을 했던 북한 경제가 1980년 이후에는 침체의 길에 들어섰다.

한계를 드러낸 동유럽과 아시아 사회주의 국가들은 일찍이 시장경제로 전환했다. 사회주의 국가들은 국제적 분업 체제에 얽혀 있었기 때문에 한 국가의 변화와 몰락은 도미노 현상을 일으켰다. 1989

년부터 소련을 비롯한 동구 사회주의 국가들이 시장경제로 체제전
환을 시작했다.

중국은 일찌감치 정치적 사회주의와 공산당 일당 체제를 유지하
면서 시장경제를 도입했다. 쿠바도 대외개방을 택했고, 베트남도
'도이모이'라며 대외개방을 단행해 외국자본이 들어가 경쟁할 수
있는 시장경제로 탈바꿈했다.

에너지난이 식량난으로

1950년대에 북한 경제는 고속성장을 했다. 사
회주의 체제 아래서 국가가 자본과 노동을 집중적으로 투입해 경제
건설에 나섰기 때문이었다. 그러나 혁명의 열기가 식고 사회주의 경
제의 모순이 서서히 드러나기 시작하면서 성장률이 떨어지기 시작
했다.

이윽고 1960년대에 들어서면서부터 북한의 경제 성장은 둔화하
기 시작했다. 그 뒤 1970년대 전반에 일시적으로 회복됐다가 1970
년대 후반과 1980년대 전반부터 다시 주저앉은 뒤 침체 상태가 계
속됐다.

이런 북한 경제가 결정적으로 무너진 것은 1990년대에 들어서였
다. 사회주의 국가들이 차례로 무너지면서 북한이 국제적으로 고립
됐고, 내부적으로도 가뭄과 홍수 등 재해가 겹쳤기 때문이었다. 북
한은 1990년부터 9년 연속 마이너스 성장을 거듭했다. 1994년 김일
성 주석이 사망하고 1998년 김정일 국방위원장이 공식적으로 전면
에 나설 때까지는 '고난의 행군'이라고 해서 최악의 상황이었다. 많
은 주민들이 굶어 죽고 나라를 떠나 탈북자가 된 때도 바로 이 고난
의 행군 시기였다.

경제가 이렇게 어려워진 배경 가운데 에너지난도 큰 몫을 차지한
다. 한국 정부는 1990년대 들어 북한의 공장가동률이 30~40퍼센
트로 낮아졌고, 1990년대 중반에는 20~30퍼센트까지 더 떨어졌다
고 보고 있다. 공장가동률이 떨어진 원인은 바로 에너지난, 특히 원
유 부족에 있었다.

1980년대 후반 사회주의 형제 나라들이 체제전환을 하기 전까지
북한은 구상무역 등으로 원유를 싸게 공급받을 수 있었다. 그러나
1990년대 들어서는 도리 없이 국제 시장에서 전보다 세 배의 값을
주고 원유를 사다 써야 했다. 달러가 부족했기 때문에 원유 수입량
은 5분의 1로 줄어들었다.

북한은 경제개발 초기부터 전력 자급자족을 추진해, 원료가 풍부
한 화력발전 방식을 집중 개발했다. 또 원유를 아끼기 위해 전력을
에너지원으로 하는 산업 방식을 개발했다. 전력을 생산하기 위해서
는 석탄 생산을 더 많이 해야 했지만 석탄을 생산하는 데 전력이 많
이 필요하게 되는 딜레마에 빠지게 됐다. 여기에 전력 과소비 산업
구조가 겹치면서 전력도 크게 부족해졌다.

원유와 전력생산이 줄어드니까 각종 화학공장에서 나오는 공산
품과 원료들이 생산되지 않았다. 경공업이 무너져 옷이나 장난감 등
의 생산량도 줄어들었다. 플라스틱 제품은 전멸하다시피 했다. 원유
가 원료인 화학비료가 안나오니 자연히 농업생산이 줄어들었다. 기
름이 없으니 어부들이 배를 타고 고기를 잡아올 수 없었다.

경제의 핵심은 먹고 사는 것인데 이 문제가 흔들리니까 전체 국
민들이 위기의식과 불안감에 휩싸였다. 평양 시내 아파트에는 봉제
공장, 안경공장 등 많은 경공업 공장들이 있다. 그러나 일감도 없고,
원자재도 없고, 기계를 돌릴 전기와 기름도 없었다.

에너지난과 공장가동률 하락과 함께 식량난도 심각해졌다. 2001
년 5월 최수헌 북한 외무성 부상(차관)은 중국 베이징에서 열린 유
니세프 회의에서 1995~1998년에 22만 명이 굶어 죽었다고 발표했
다.

국가가 인민을 내동댕이치다

국가에서 평소의 보름치 식량만 배급하고
한 달을 살라고 하면, 아쉽지만 적당히 밥에 옥수수나 나물을 넣어
삶아 먹으면서 살 수는 있다. 그러나 일주일 분량만 주고 한 달을 살
라고 하면 문제는 심각해진다. 뭔가 대책을 세워야 한다.

국가는 풀을 고기로 바꿔 먹으라고 했다. 이에 따라 평양 시민들
은 고난의 행군 기간에 토끼를 엄청나게 많이 키웠다. 그들은 토끼
풀을 뜯기 위해 산과 들로 나갔다. 농촌 사람들은 평일 낮에도 직장
에 안나가고 산과 들을 돌아다니며 염소를 먹였다. 1997년 내가 처
음 평양을 방문했을 때 평일 낮에도 사람들이 여기저기 배회하고 돌
아다니는 모습을 보고 의아해 했다. 나중에 알고 보니, 그들은 먹을
것을 구하러 다녔던 것이다.

국가 계획경제 시스템이 무너지고 김일성 주석마저 사망하자 슬
픔과 배고픔 속에 수십만 명이 죽어나갔다. 아마도 북한 당국과 주
민들은 그때서야 사상과 정치 못지않게 경제가 얼마나 중요한지를
뼈저리게 깨달았을 것이다.

국민들을 배불리 먹일 수 없게 된 국가는 어쩔 수 없이 인민을 내
쳤다. 알아서 살아남으라고 한 것이다. 대신 계획경제 시스템에서는
금지됐던 '알아서 살아가는 방법' 들을 허용했다. 가장 대표적인 것
이 농민시장의 기능 확대다. 농민시장은 1990년대 중반 이후 식량

난 속에서 인민들이 굶주림을 해결할 수 있는 유일한 창구로 자리 잡았다. 물건을 식량과 바꿔먹든지 개떡을 만들어 팔던지 자유로운 상행위가 허용됐다.

북한 당국은 1995년부터 국제사회에 자국의 어려운 사정을 완전히 공개하기 시작했다. 굶어 마른 북한 아이들의 처참한 모습을 국제 언론이 그대로 보도하도록 허용했다.

북한이 이렇게 어렵게 된 것은 1985년부터 개혁에 들어간 소련이 1992년부터 체제 전환을 본격화한 것과 무관하지 않다. 소련이 망한 뒤 중국은 다른 자본주의 나라와의 거래처럼 북한에 대해서도 시장가격으로 거래를 하자고 요구했다.

그러나 사회주의 국제 분업에 들어가지 않고 우리 식대로 산다는 자립경제 정책을 펴온 북한은 다른 동구 사회주의 국가들처럼 소련 붕괴에 따른 자동적인 체제 붕괴는 피할 수 있었다.

1994년 김일성 주석이 사망한 뒤 김정일 국방위원장은 어려움을 이겨나갈 책임을 맡게 됐다. 우선 배고픔을 해결하는 것이 급선무였다. 도와줄 형제국가도 없는 상황에서 북한이 눈을 돌린 곳은 바로 국제무대의 기금들이었다. 유엔식량기금 등 유엔과 국제 민간기구들이 주요 대상이었다. 이들은 북한 현지를 직접 보고 식량 원조를 시작했다. 중국도 한 해에 50만 톤 정도의 식량을 지원했다.

이렇게 한 해에 80만~100만 톤가량의 식량을 얻어오면 그것은 광산노동자, 군인 등 체제 유지를 위해 하루 세끼를 먹여야 하는 100만 명 정도에게 우선 돌아갔다. 1998년 9월 공식적으로 최고 지도자가 된 김정일 국방위원장은 농업 생산량 회복에 주력했다. 이후 북한에서도 연간 120만 톤의 쌀과 150만 톤의 옥수수가 생산됐다. 양강도와 자강도에 감자 재배 면적을 대폭 늘려 연간 200만 톤의 감자도 생산했다. 이렇게 국내에서 생산한 470만 톤의 식량에 외부지원을 합쳐 연간 570만 톤의 식량이 북한 주민들에게 공급되기 시작했다.

북한 당국은 이어 옥수수를 사료로 해서 닭을 키웠다. 여기저기에 닭 공장을 많이 만들었고 타조, 염소, 젖소 등으로 축산업을 키워 나갔다.

그러나 정상적인 상태에서 1000만 명이 먹을 식량을 2000만 명이 나눠 먹는 형편인데다 체제 유지에 중요한 100만 명을 먼저 먹이다 보니 식량문제의 근본적인 해결은 아직 요원하다. 모든 인민이 쌀밥에 고깃국을 먹는 상황은 아직 멀고도 멀다.

주택난도 심하다. 국가가 새로 집을 지어줄 여유가 없기 때문이다. 북한에서는 남자들의 혼인 연령이 28세, 29세로 갈수록 늦어지고 있는데, 이는 결혼한 뒤 나가 살 집이 없기 때문이다. 고난의 행군 시절에도 북한 정부는 1만 세대의 주택을 새로 지어 입주시켰다. 그러나 핵가족을 원하는 젊은 사람들이 자라 가정을 꾸릴 시기가 된 요즘 문제는 더욱 심각해지고 있다.

경공업 부문이 부진하다 보니 입을 옷도 많이 모자란다. 의복 공장들은 외화 벌이를 위해 일본에 잠바나 와이셔츠 등의 임가공 수출을 많이 한다. 주문량보다 5퍼센트만큼 더 생산되는 것은 보세품으로 시장으로 나와 주민들에게 공급됐다. 이것으로는 모자라 만경봉호를 통해 일본의 중고 의류를 많이 들여왔다. 이것을 떼다 판 옷장수들이 돈을 많이 벌기도 했다.

시장경제를 연습하자

농업 생산성 회복에 주력하던 북한 당국은 2002

년 7월 1일을 기해 물가와 임금의 대폭적인 인상과 기업 독립채산 제도의 완성 등을 골자로 하는 경제관리 개선조치를 단행했다.

처음 이 조치는 계획경제의 완성 혹은 개선 과정으로 시작됐다. 누구든지 마음대로 생산하고 시장에서 팔 수 있는 시장경제를 도입하자는 게 아니었다. 다만 더 많이 일한 사람에게 더 많은 임금을 주고, 주민들이 배급이 아니라 자신들이 벌어들인 수입으로 생활하게 함으로써 생산을 늘리고 무너진 계획경제를 회복하자는 것이 그 목적이었다. 그러나 기업과 개인 사이의 경쟁 체제를 도입하는 등 시장경제 요소의 도입을 시험하기 시작한 것은 큰 변화였다.

북한 당국이 완고한 계획경제에 시장 메커니즘을 도입하는 연습을 시작한 것은 1993년 무렵이었다고 여겨진다. 당시는 김일성 주석이 살아 있었고, 식량난도 본격화하기 전이었다. 김 주석과 김영삼 대통령은 1994년 7월 14일에 정상회담을 하기로 돼있었다. 김 주석이 갑작스럽게 사망함으로써 이 정상회담은 성사되지 못했지만, 북한 소식통들에 따르면 당시 정상회담이 열리면 김 주석이 남북한의 경제협력과 경제시스템 변화에 대해 이야기하려고 했다고 한다. 그는 남한과 함께 경제개발을 하려면 북한의 경제체제가 변화하지 않으면 안 된다고 판단했다는 것이다.

김정일 국방위원장도 시장경제 도입에 욕심이 있었던 것 같다. 어떤 의미에서 북한 당국은 고난의 행군 기간 동안 주민들의 경제활동을 용인하는 연습을 했다. 할머니들은 길거리에서 뻥튀기를 팔았다. 개떡을 쪄서 파는 사람들도 있었다. 길거리에 좌판도 벌이고 포장마차도 열었다. 사회주의 계획경제의 틀 속에서 나름대로 시장경제를 연습하는 기회를 가졌던 것이다.

2002년 7월 이후의 변화도 마찬가지다. 체제 안에서 시장경제 요소를 시험해 보고 있는 것이다. 김 위원장을 포함한 북한 당국은 경제 회복을 위해 시장을 도입해야 할 필요성은 알고 있지만 시장경제로의 완벽한 전환은 두려워하고 있는 것으로 보인다.

현재 그들에게 가장 큰 과제는 사회주의 정치경제 체제를 유지하면서 시장의 요소를 함께 사용할 수 있는 시스템을 개발하는 것이다. 그러기 위해서는 사회주의와 자본주의 경제를 잘 알고, 북한을 시장경제로 전환하는 과정을 도와줄 수 있는 국제적인 전문가들이 필요하다.

조금만 도와주면 평화를 얻는다

북한 당국의 경제개혁 의지는 굿네이버스와 같은 남한의 인도적 지원단체들의 활동에도 영향을 끼쳤다. 인도적 단체들은 처음에는 빵과 옥수수를 지원하다가 젖소를 전달해 키울 것을 권했다. 북측의 병원과 육아원 등 사회복지 시설 중 낡은 것들도 교체했다. 바람이 새는 나무 창틀은 알루미늄으로 바꿔주고, 엑스레이 기계 등 의료기들도 최첨단으로 바꿔주었으며, 소모품을 지원했다.

북한 당국은 점점 더 산업적인 것을 원했다. 미국에서 약품을 싸게 사서 지원했더니, 약품의 지속적인 공급을 보장해 달라고 했다. 그들의 요청을 받아들여 평양 시내 정성제약연구소에 주사제와 제약공장 설비를 지원했다. 당국은 북한 안에서 완제품을 만들어 중국이나 남한에 수출도 할 수 있는 제약산업 개념의 지원을 원하고 있다.

닭 공장을 지원할 때도 처음에는 부화기나 사료분쇄기 등을 요구했다. 그러다가 자신들의 기술로는 종자 개량이 어렵다면서 종자 개량을 해달라고 요구했다. 세계적인 평균으로 볼 때 닭 한 마리는 25시간에 한 알씩 1년에 모두 300개의 알을 낳지만, 북한 닭들은 많아야 250개를 낳는 데 그친다. 그 원인이 종자에 있으므로 도와달라는 것이다.

닭은 2~3년이라는 짧은 기간에 승부를 걸 수 있는 산업이어서 하루 빨리 식량난을 해결하려고 하는 북한에 알맞다. 그래서 지금은 민간단체들이 북한에 닭 공장과 관련된 종자 개량 시스템을 지원하고 있다. 이처럼 민간단체의 경제원조는 하나의 프로젝트 단위로 이뤄져야 한다.

같은 차원에서 북한이 스스로 공장을 돌리며 직원을 교육하고 일자리를 만들어낼 수 있는 산업 프로젝트도 남쪽에서 지원할 수 있는 분야다. 양말이나 장갑 등을 만드는 직물산업이 그 대표적인 사례다. 남한의 기업이든 정부든 민간단체든, 북한 스스로 생산을 해나가 장차 산업과 경제를 일으킬 수 있는 프로젝트를 지원한다는 개념에서 공장을 지어주고 원료와 기술을 공급해야 한다.

단순히 물자를 쏟아 붓는 것은 바람직하지 않다. 지속가능한 개발이라는 측면에서 장기적인 변화의 목표를 설정하고 경제적, 사회적인 성장을 도와줄 수 있는 투자 개념이어야 한다. 스스로 생산하고 자립할 수 있도록 돕는 것이 국제사회 원조의 방향이기도 하다.

사람은 경제적인 동물이다. 북한 사람들도 경제활동을 하고 산다. 북한의 시스템은 우리가 생각하는 것만큼 엉터리이거나 개선이 불가능한 것이 아니다. 북한이 경제개혁에 나서고 있는 만큼 우리가 조금만 더 도와주어야 한다. 그러면 북한은 중국이 25년 동안 이룬 성장을 5~10년 안에 따라잡을 수 있다고 나는 생각한다. 같은 한민족인 북한 노동자들은 우리의 기술자처럼 부지런하고 손재주가 좋기 때문이다.

우리는 같은 민족이고 형제 나라다. 덮어놓고 미워하지 말고 우리 동생이 어려움에서 헤어나지 못하고 있다고 생각하자. 나도 어려우면 어쩔 수 없겠지만, 모든 분야에서 20배 이상의 규모를 가진 나라가 어려운 형제 나라를 방치하는 것은 말도 안 된다.

용서하고 나눠주기로 했으면 조직적으로 체계적으로 도와 저들의 경제를 살려놔야 평화적인 통일에 도움이 된다. 경제적인 균형이 무너지면 좋은 통일을 할 수 없다. 궁지에 몰린 북한 주민들이 굶어 죽느니 차라리 쳐내려가자며 전쟁을 일으키려한다면 어찌할 것인가. 혹은 대량 난민이 발생해 배를 타고 우르르 내려오면 어찌할 것인가. 남쪽 사회는 하루아침에 큰 위기에 빠질 것이다.

통일의 마중물 민간지원

어느 나라든 정부와 민간은 협조도 하고 갈등도 겪는다. 과거 한국 현대사와 민주화 운동 과정에서 시민의 응집력으로 똘똘 뭉친 민간은 강력한 정권에 도전해 4.19 혁명과 6.10 항쟁을 이뤄냈다. 그러나 선진국일수록 정부와 민간은 갈등과 투쟁보다는 대화와 협력의 관계를 이룬다.

남북문제에 있어서 남한 정부와 민간의 관계는 갈등과 투쟁의 연속이었다고 해도 과언이 아니다. 통일에 관한 이야기는 아무나 할 수 없는, 정부의 독점 대상이었다. 통일에 대한 민간의 움직임은 불법적이고 위험한 것이었다. 그런 상황에서 문익환 목사, 소설가 황석영, 대학생 임수경 등이 감옥에 갈 각오로 몸을 던져 통일을 이슈화하는 데 앞장섰다. 나는 그들의 용기를 높게 평가한다. 그러나 그들의 행동은 일회성에 그쳤고, 정치적 행동으로 치부됐다. 투쟁의 명확한 목표나 연속성이 없었다.

1990년대에 들어와 북한 경제가 급속하게 몰락하자 북한 당국도 외부의 경제지원을 받지 않고는 살 수 없다는 판단을 하고 지원을 요청했다. 그리하여 유엔식량기금 등이 구호활동을 했다. 1989년부터는 세계교회협의회(WCC)의 박경서 당시 아시아지역 국장이 600만 달러의 식량을 매년 평양에 지원했다. 이처럼 북한을 지원하는 남한 민간의 활동은 국제기구의 이름으로 시작됐다. 제3국을 통한 교포 중심의 교류협력이 시작된 것이다.

굿네이버스는 1995년에 단둥에서 북한 사람을 만나 먹을 것을 전달했고, 1997년에는 국제기구의 자격으로 평양에 들어가 남한과 북한을 직접 연결하는 계기를 만들었다. 이후 한민족복지재단이나 우리민족서로돕기운동본부 등 보다 규모가 큰 사업을 벌일 수 있는 단체들이 성장했다. 2000년 6.15 공동선언을 계기로 북한이 남한의 민간 부문에 문호를 대폭 개방했고, 민간단체를 중심으로 새로운 통일의 가능성과 행동, 이론이 생겨났다.

1995년 이전에도 월드비전이나 유니세프 같은 국제 민간단체들이 국내에서 활동했지만, 이들은 본부가 외국에 있고 한국인이 주도적으로 활동하기가 힘들다는 한계를 지니고 있었다. 굿네이버스는 한국에서 태어나 1996년에 유엔의 공인을 받았고, 그 자격으로 북측과 접촉하는 단계를 거쳤다. 처음 북측 사람들은 남측 사람이 국제기구를 운영한다는 것에 대해 의심을 갖고 경계를 풀지 않기도 했다.

남북교류의 물꼬를 트다

　　　　　　　1994년 7월 8일 김일성 주석이 김영삼 대통령과의 정상회담을 일주일 앞두고 사망한 것은 한민족사의 비극이었다. 그 후 통일과 통일논의의 역사는 10년 내지 20년은 후퇴한 것처럼 느껴진다. 그때 두 정상의 회담이 계획대로 잘 이뤄졌더라면 21세기에 들어서 연방정부를 수립하는 단계까지 통일이 이뤄졌을지도 모른다.

당시 김영삼 정부가 전군 비상경계령을 내린 것에 화가 난 북한은 이후 정권이 바뀔 때까지 대화를 하지 않았다. 북한은 1998년 임기를 시작한 김대중 정부에 대해서도 처음부터 믿지 않고 2년 동안을 두고 봤다. 북측이 비료를 달라고 하면 남측 정부는 여론을 핑계 삼아 이산가족 상봉을 수용해야 그 대가로 비료를 지원하겠다고 하는 등 상호주의를 둘러싼 갈등이 있었다.

굿네이버스는 그런 정치적 대립구도 속에서 1997년 평양에 들어가 활동했다. 북측은 남측 정부와는 상호주의를 놓고 씨름했지만 민간의 인도적 지원은 받아들였다. 김대중 정권이 들어선 뒤 남북관계를 결정적으로 바꾸는 계기는 결국 민간에서 만들었다. 1998년 정주영 회장이 소 떼를 몰고 북으로 갔다. 우리도 이미 1997년부터 소를 보낼 준비를 해왔다. 북한의 입장에서 생각해보면 현금 5억 달러가 들어올 마당에 우리 소 200마리는 그다지 크게 가슴에 와 닿는 일이 아니었을지도 모른다.

그러나 북한 당국이 경제적 이익을 기대하고 문을 여는 과정에서 남한의 민간단체들이 결정적인 역할을 한 것은 부인할 수 없는 사실이다. 민간단체들은 남쪽의 경제를 어떤 형태로든 끌어들여야 살 수 있다고 북측 고위층을 만날 때마다 누누이 강조했다. 북측 역시 남쪽 사정을 훤히 보고 있었고, 자신들보다 훨씬 잘사는 남측의 정주영 같은 인물을 잘 이용하면 경제 회생에 도움이 될 것이라 판단하고 있었다.

우리가 북측 사람들을 두려워하는 것처럼 북측 사람들도 남측을 두려워하고 있었다. 그러나 민간의 활동으로 두려움이 서서히 줄어들면서 북측이 남측에 문을 열기 시작했다. 민간단체들은 남북 정상회담이 성사돼야 통일의 큰물줄기가 열린다고 기회가 있을 때마다 말했다. 정주영 회장도 북측에 정상회담을 하라고 말했다. 민간에서는 열쇠로 자물쇠를 열 듯 정상회담으로 남북문제를 열어야 한다고 말했다. 이는 우리 정부가 시켜서 한 일이 아니다. 오랫동안 북한을 오가며 화합을 염원했던 이들의 기본적인 감각이었다.

북측을 돕는 남측 사람들은 김정일 국방위원장과 김대중 대통령의 만남은 1994년에 추진됐던 정상회담의 무산이 낳은 아쉬움을 해소할 절호의 기회라고 생각했다. 기회만 되면 "아버지가 못다한 일을 아들이라도 해야 하는 것 아니냐"고 말했다.

그 아들이 아버지가 못한 일을 하기까지 6년이란 긴 시간이 걸렸다. 그 사이에 3년 동안의 탈상 기간과 대규모 기상재해로 인한 고난의 행군이라는 어려운 시간이 지나갔다. 국가는 인민을 내동댕이쳤고 굶주린 사람들이 죽어나갔다. 1998년 9월 공식적인 최고 지도자가 된 김정일 위원장은 체제와 정권이 어느 정도 안정된 2000년에야 정상회담을 하기로 결심한 것이다.

북한 당국은 기회가 있을 때마다 남측 민간단체에 비료 지원을 요청했다. 1997년 민간단체들은 처음으로 이 문제를 놓고 정부를 움직였다. 당시 통일연구원 원장이던 정세현씨가 북한을 돕는 민간단체와 교수들과 만나 함께 세미나를 했다. 그가 북한에 뭘 도와주어야 가장 효과적이냐고 물었을 때 우리는 비료 지원을 강력하게 주장했다. 적십자사는 비료를 가지고 올라가 남포 항구에 풀어놓고는 악수나 하고 올 따름이겠지만 민간단체에서 비료를 주면 북측과의 접촉 범위도 넓힐 수 있고 분배 모니터링을 명분으로 현지시찰을 할 수도 있다고 조언했다.

　이렇게 해서 남측은 비료와 식량을 보내게 됐다. 비료회담은 2000년부터 시작돼 2001년부터 무조건 보내기 시작했다. 비료는 농산물 생산을 두 배로 늘리는 효과가 있다. 또 당시에 남측에 차고 넘치는 것이 비료였다. 축산이 살아나 유기비료를 사용하는 통에 화학비료가 불필요해졌기 때문이다. 북측에 비료를 주는 것은 남측의 화학비료 공장들이 사는 길이기도 했다. 남측 기업도 살고 북측 농업도 사는 방법이었다. 현재 비료는 인도적 지원품목으로 지정돼 여야간 협상이나 미국의 간섭 없이도 보내고 있다.

경제인과 정부의 충실한 대리인

　　　　　　남측 경제인들이 북측과 경제적인 접근을 하는 데도 민간의 역할이 크다. 처음부터 우리는 북측 당국에 대해 인도적 지원에는 한계가 있으니 경제적 지원을 요구하라고 강력히 권고했다. 북측이 젖소를 키워 우유를 남측에 판매할 수 있도록 남측 관련 기업인들을 초청하라고 권유하는 식이었다. 그러나 이런 주장을 하면 북측 사람들은 민간단체의 순수성을 의심한다. 도와주는 척하면서 과실을 빼먹으려 한다는 것이다. 한마디로 믿지 않기 때문에 나오는 오해였다. 실제로 그들은 민간의 지원에 대해 국정원이나 기독교 불순분자가 와서 도와주는 척하며 사회 분위기를 교란시키려 한다는 의심을 오랫동안 버리지 않았다.

　민간단체들이 원칙을 지키면서 그들의 신뢰를 얻는 데 많은 시간이 걸렸다. 1997년부터 요구한 것이 2003년에 와서야 받아들여진 것도 있다. 북측이 6년씩이나 두고 본 것이다. 남측에서 보면 어리석기 짝이 없는 태도였지만, 그쪽 입장에서는 그만큼 자기네 체제와 정치적 안전을 유지하는 것이 우선이었다.

이제는 민간단체들이 남측 경제인을 데리고 북한에 가 그들의 마음을 움직여 투자를 하도록 하는 안내자가 됐다. 심부름꾼이 된 것이다. 정부도 2001년부터 남북교류협력기금을 민간에 나눠주어 집행하도록 했다. 같은 돈과 물자라도 민간이 지원과정을 집행하면 그것을 북측의 현장까지 들고 가 분배도 할 수 있다. 병원, 목장, 농축산 등 분야별 사업계획을 민간이 세우면 정부가 그것을 심사해서 기금을 지원한다. 이렇게 지원되는 금액이 2001년 50억 원에서 2003년에는 100억 원으로 늘어났다. 정부가 민간을 통해 교류협력을 증진하고 있는 것이다.

큰 단체들은 이렇게 지원되는 돈을 잘 쓰고 있다. 이 돈은 남측 정부의 돈으로, 정부가 우리를 믿고 맡긴 것이라고 북측에 밝힌다. 결코 자기 돈인 것처럼 자랑하지 않는다. 이제 남북문제와 관련해 정부와 민간은 선진국처럼 상호 협력하고 보완하는 관계가 된 것이다. 다만 정부의 기금은 국민의 세금이므로 우리 민간에서 그것을 투명하게 집행할 책임이 있고 정부는 우리를 잘 감독할 의무가 있다.

역사적으로 민간단체들이 분쟁지역에 뛰어들어 국가가 하지 못하는 화해와 협력의 역할을 잘 수행한 사례들이 많다. 남북문제도 마찬가지다. 50년 동안 이어진 남북갈등의 한복판에 민간단체들이 뛰어든 것은 얼마 되지 않았지만, 벌써 경제인과 정부의 충실한 안내자인 동시에 심부름꾼의 역할을 해내고 있다.

민간단체들은 북측에 남측의 경제인들을 소개해주고, 그들이 투자를 하도록 상호 신뢰관계를 조성한다. 정부에 북한을 지원하는 아이디어도 제공하고, 관리들을 현장에 데리고 가서 보여주기도 하며, 세금으로 조성된 정부의 예산을 위탁받아 집행하기도 한다. 일은 사

람이 하는 것이니 사람들끼리 서로 믿고 일을 할 수 있도록 중재하
는 일을 민간단체가 하고 있다.

이제 통일교육의 길로

　　　　　　우리를 따라 평양에 갔다 온 후원자나 기업인
들은 남북화해의 전도사가 된다. 북한을 미워할 것이 아니라 그쪽
사정이 어려우니 먼저 도와줄 것은 도와주어야 한다고 입을 모은다.
그렇게 신뢰를 형성한 다음에 얽힌 문제들을 풀어야 통일이 되지,
그러지 않고 어떻게 통일이 되겠느냐고 가는 곳마다 말을 한다.

　목사들은 다녀온 뒤 신도들에게 설교를 한다. 목사가 설교를 한
번만 하고 마는 것도 아니다. 기회만 되면 신도들에게 북한 이야기
를 한다. 북한을 다녀온 목사들 가운데는 별도로 모임을 만들어 통
일에 관한 종교적, 논리적 이론체계를 세워나가는 이도 있다. 이들
이 민족의 문제에 대한 비전을 만들어 전도를 하고 다니면 그 자체
가 통일운동이다. 예를 들어 어느 한 목사의 설교에 2000명의 신도
들이 감동하면 그들은 직장에서, 학교에서, 가정에서 동료와 친구와
가족들에게 말을 전한다. 금세 5만~10만 명에게 설교가 퍼지는 것
이다. 이렇게 굿네이버스가 하는 일로 인해 남북의 화해와 협력 과
정에 동참하는 사람들이 날로 늘어나고 있다.

　일부 단체에서는 위험한 일들도 벌어진다. 2002년에는 한 단체가
목사 300명을 데리고 평양에 갔다가 아리랑 축전을 관람하는 일과
연합예배를 드리는 일에 대한 의견이 서로 달라 갈등을 겪은 적이
있다. 그 일로 인해 기독교인들에 대한 북측의 인식이 나빠졌다. 지
도자의 역할이 얼마나 중요한지를 말해준 사례였다.

　북한에 인도적 지원을 하는 전문가들은 철저한 민족의식도 가져

야 하지만 사람들을 관리하고 교육하고 훈련하는 일에도 전문성이 있어야 한다. 북측과의 협상에서 실패하거나 일이 잘못 진행되는 일이 없도록 항상 주의해야 한다. 철저하게 훈련된 자세로 임해야 하는 것이다.

자라나는 학생들에게 올바른 통일교육을 시키는 일이 매우 시급해졌다. 어차피 통일시대는 그들의 몫이 아닌가. 과거의 통일교육은 우리가 북측보다 무엇이 우월한가를 가르쳤다. 이제는 어떻게 전쟁을 피하고 남북이 더불어 살 수 있는가를 가르쳐야 한다. 이를 위해 굿네이버스는 우리가 활동하는 현장의 모습을 비디오 자료로 만들어 각급 학교에 보급하고 있다. 아이들이 비디오를 보고 더불어 사는 삶을 이해하도록 하기 위해서다. 통일은 멀리 있지 않으며, 지금 우리는 그 과정 속에 있음을 우리 아이들과 젊은이들이 이해하도록 하고 동참하게 해야 한다.

진보도 보수도

남쪽의 민간단체들에도 변화가 일어났다. 과거에 통일운동을 하던 사람들은 인도적 지원에 대해 탐탁지 않게 생각했다. 이제는 그들도 인도적 지원이 필요하다고 인정하고, 협력하는 일에 뛰어들기 시작했다. 인도적 지원단체는 민노총 등 진보세력이 중심이 된 그룹과, 우리처럼 순수 민간운동을 하며 보수층의 지지를 얻는 그룹의 두 날개로 이뤄져 있다. 북측도 양측을 모두 인정하고, 두 그룹을 각각 특성대로 활용하고 있다.

보수적인 남측 국민들도 애초에는 통일운동이란 진보세력이 주도하는 것으로만 알고 있다가 기독교 등 순수 보수진영에서 경제, 문화, 사회, 교류 등 비정치적인 활동을 전개하자 새삼 관심을 갖기도 한다. 보수적인 이들과 진보적인 이들을 모두 포용하는 방향으로 다양한 민간단체들이 성장하고 있는 것은 좋은 현상이다. 그래야 균형을 갖춘 통일운동이 가능하기 때문이다.

경제인들의 대북 협력사업이 그다지 성공하지 못하는 이유 가운데 하나는 북한에 가서 돈을 벌어야 한다는 식으로 이윤추구에만 집착하기 때문이다. 아직도 북한에 있는 재산을 찾겠다는 환상을 가진 사람들이 있다. 남북의 화해와 협력을 위해, 그리고 북쪽에 있는 고향을 더 잘살게 만든다는 큰 틀에서 북측에 통 큰 제안을 하고 먼 미래를 바라보면서 사업을 해나갈 의지와 능력이 있는 사람이 아니고는 북측과의 사업에서 성공한 이가 많지 않다.

최근 북한에서는 손 자수, 봉제 등의 기능이 발달해 숙련공이 많아지고 있고, 의류 임가공 업체도 늘어나고 있다. 좀더 많은 남측 중소기업들이 참여할 수 있도록 북측에 부탁하고, 그 성과를 남측에 많이 알려서 통일을 앞당기는 경제인들이 많아졌으면 한다. 그런 기업인들의 움직임이 더욱 활발해지도록 하는 것이 우리 민간이 할 마지막 일이라고 나는 생각한다.

다시 통일을 이야기합시다

통일의 방법론 중 대표적인 것으로는 우선 김대중 전대통령의 3단계 통일론과 김일성 주석의 3단계 고려연방제 통일론이 있다. 이 둘은 2000년 6.15 공동성명에서 '낮은 단계의 연방제 내지는 국가연합'의 형태로 합의가 됐다.

그러나 자세히 들여다보면 이것은 정치체제의 통일에 관한 개념이지 민족통합이라는 큰 틀의 개념은 아니다. 독일은 사회적 통합절차가 생략된 상태에서 정치적 통일을 이룬 탓에 엄청난 후유증을 앓고 있다. 우리의 경우 정치사상적 통일보다는 사회경제적인, 다시 말해 정치 이외의 다른 측면에서의 통합 작업이 먼저 이뤄져야 민족의 미래에 더 유익하다고 여겨진다.

6.15 공동선언과 햇볕정책을 통해 남측 국민들은 이제, 북한이 전쟁을 도발할지 모른다는 공포감을 벗어던질 수 있게 됐다. 오히려 우리가 먼저 나서서 미국이 북한을 상대로 전쟁을 걸지는 않을까를 걱정하고 말리는 상황이다. 노무현 대통령은 북이 나서면 북을 말리

고 미국이 나서면 미국을 말린다고 한다. 중간에서 화해를 시키는 사람이 되겠다는 것이다.

바람직한 통일을 위해 우선 남과 북이 민족공동체라는 점을 인정해야 한다. 그리고 한민족공동체의 과거가 무엇이고 현재는 어떤지를 깨닫고, 앞으로 어디로 가야 할지를 남북한 사회지도층과 국민들이 모두 함께 고민해야 한다.

그러나 북한 핵 문제가 터지면서 그럴 겨를과 여유가 사라진 것이 현실이다. 남북의 정치 지도자들은 서로 만난 자리에서는 개성공단을 열어라, 철도를 연결하자 하면서도 막상 돌아서서는 공연히 시간을 끌기 일쑤였다. 인도적 지원도 이러면 주고 저러면 안준다며 정치 쇼처럼 진행됐다. 이제 그런 쇼는 그만 하자는 것이 나의 주장이다.

새 술은 새 부대에

나는 인도적 차원에서 평양을 방문하고 그들과 인간적인 교류를 했다. 함께 눈물도 흘리며 괴로워 하고, 남북한 사회의 약점을 허심탄회하게 말했고, 우리가 가야할 방향이 무엇인가에 대해서도 거침없이 이야기했다. 이런 정도의 대화가 오고갈 수 있는 인간적 신뢰와 교류를 심도 있게 경험한 사람으로서 나는 통일로 가기 위해서는 양측이 서로 믿고 의지할 수 있도록 분위기를 조성하는 구체적인 프로그램이 필수적이라고 주장한다.

나는 평양에 갈 때마다 느낀다. 북측은 이미 그런 프로그램에 동참할 준비가 다 됐다. 직접 가서 그들의 사는 모습을 보면 안다. 최고위층 지도자들이 설정해 놓은 사회주의 권력 시스템에는 분명 문제가 있다. 그러나 최고위층 아래 간부나 주민들은 남측과의 교류를 확대하고 싶어 하며, 남북이 협력해서 인민들이 먹고 살 수 있는 방법을 마련하고 싶은 마음으로 가득 차 있다.

그들은 통일에 대한 준비도 다 돼있다. 우리는 북쪽 사람들이 오가는 것을 보고 잠깐 신기해하다 곧 무관심해져 버리지만, 그들은 남쪽 사람들이 오가는 것을 보면서 통일이 지척에 왔다고 느낀다. 적어도 평양 시민들은 그렇게 생각한다고 나는 확신한다.

그러면 통일을 향한 프로그램은 어떻게 시작돼야 하는가. 우선 북측이 통일에 대해 가장 두려워하는 것이 무엇인지, 가장 바라고 좋아하는 것은 무엇인지를 분명히 알고 그쪽 사회에 맞추어 접근하는 것이 바람직한 시작이 아니겠는가.

서로 원수가 된 이유를 시시콜콜 따지고 들면 쉽게 화해하기가 어렵다. 서로 민감하고 괴로운 것은 뒤로 제쳐두고, 과거는 다 잊어버리고, 새 출발을 해야 한다. 오해를 유발하고 서운함을 갖게 하는 내용들은 배제해야 한다. 오로지 새 출발에 대한 비전, 새 출발을 위해 서로 할 수 있는 것들이 무엇인지를 찾아 희망적인 이야기, 공감대가 있는 이야기를 나누면 그 원수짐을 해결할 수 있다.

특히 남북의 전쟁세대, 10세 이후에 전쟁을 직접 경험한 세대는 이제 60세를 넘겼다. 양측 국민의 80~90퍼센트는 전쟁을 직접 경험하지 못했다. 물론 전투를 하지 않았다고 해서 전쟁을 직접 경험하지 않은 것은 아니다. 그러나 전투를 직접 경험하지 않은 사람들은 서로에 대한 적대감이 적다. 과거에 적대감을 갖고 서로를 죽이는 일에 나섰던 사람들, 그리고 통일에 대해 감정이 많은 사람들은 뒤로 물러나야 한다. 새로운 사람이 새로운 미래를 준비할 수 있도록 하자.

돕는 일은 돕는 전문가에게

새 출발을 위한 대화에서 빼놓을 수 없는 것이 무엇인가. 그것은 당장 경제적으로 어려운 북한의 현실이다. 가난의 문제를 해결하기 위해서는 우선 있는 자가 자신이 가진 것을 없는 자에게 나눠주는 수밖에 다른 도리가 없다. 그리고 스스로 가난을 해결할 수 있도록 도와주는 수밖에 없다. 북쪽에서 내려온 사람들은 남한 사회의 풍성한 소비문화를 보고 충격을 받는다. 충분히 쓸 수 있는 물건들이 버려지고 전기와 물을 아무런 죄책감도 없이 낭비하는 모습을 보고 놀란다고 한다.

그러나 그저 남아도는 것을 없는 사람에게 준다고 문제가 해결되는 것은 아니다. 북측은 인민들의 자존심을 살리기 위해 헌 것은 절대로 받지 않는다. 남측에서 온 것은 장군님이 선물로 줬다고 말하고 분배한다. 북측도 변해야 한다. 마음의 문을 열고, 주는 사람의 정성과 마음이 주민들에게 그대로 전달될 수 있도록 해야 한다.

남을 돕는다는 것은 어려운 일이다. 천성이 거지인 사람에게는 '너 무엇이든 다 필요하지? 우리 집에 쓰다 남은 쓰레기가 있으니 다 가져가서 골라 써라' 할 수도 있다. 그러나 엄연히 인격이 있는 어려운 이웃을 도울 때는 그렇게 하지 못한다. 서로 존중하면서, 그리고 상대방의 여러 가지 상황을 고려하면서 단계를 갖추어 그의 자존심이 상하지 않게 도와주어야 한다.

인도적 지원단체들은 세계의 여러 어려운 나라들에 직접 가서 도움을 줘본 전문가 단체들이다. 어떤 나라든 그곳에 가서 당신들이 가난하니 우리가 좀 돕겠다며 거드름을 피우면 절대 인정받지 못한다. 누군가 자신을 도와준다고 할 때에는 뭔가 이유가 있다. 사상을 전파하든 종교를 퍼뜨리든 사회를 교란하든 장사를 하든 뭔가 속내가 있다. 우리도 과거에 지나가던 사람이 갑자기 먹을 것이나 돈을 주면 그 사람이 간첩이 아닌지 의심해 보라고 배웠다.

그래서 북측 입장에서는 누가 도와주러 온다는 것은 어찌 보면 매우 위험한 일이다. 그래서 그들을 돕는 일은 돕는 일의 전문가에게 맡겨야 한다. 도와주는 전문가는 순전히 도움만 주려할 뿐 다른 아무런 의도를 가지고 있지 않다는 것을 북측도 이제는 잘 알기 때문이다.

도와주는 일을 전문가에게 맡기면 남측 정부도 편하다. 공연히 북측과 하기 어려운 협상을 한다고, 퍼준다고, 사과도 받아내지 못한다고 국민들의 욕을 먹을 이유가 없다. 또 국민들의 여론을 조성하기 위해 민감한 이야기를 할 이유도 없어진다. 반대로 전문가들이 돕는 일을 하면 북측이 마음을 열고 편하게 받고 우리 국민과 정부에 고마움을 느낄 것이다.

정부 관리들이 회담을 하러 평양에 가면 대체로 호텔 안에서 대부분의 시간을 보내다가 돌아온다. 그러나 민간단체를 따라 평양에 가면 사업장도 보고 도시 이곳저곳도 둘러보고 주민들과 이야기를 할 수도 있다. 그렇게 해야 통일을 경험할 수 있다.

서서히 접촉면을 넓혀가야

진정한 통일은 갈라섰던 두 사회가 어느 날 갑자가 하나가 되는 것이 아니다. 남과 북의 경제력 차이를 생각할 때 갑작스런 통일은 한쪽의 도발에 의한 일방적 점령이 되기 십상이다. 그렇게 되면 우리 사회가 지금보다 더 퇴보할 수도 있고 독일처럼 수십 년이 걸려도 회복하지 못할 문제들을 안고 출발할 수도 있다. 진정한 통일은 서로 접촉면을 넓혀 가는 결과로 이뤄지는 통합이라고 생각한다.

우리 민간단체가 처음 평양을 방문할 때는 5명이 중국을 통해 어려운 길을 거쳐 갔다. 지금은 100명이 전세기를 타고 간다. 처음 고아원을 방문했을 때 5명 이상은 들어가지 못하게 했다. 지금은 40~50명이 들어가 구석구석을 다 들여다보게 한다. 도와주는 전문가들이 그들의 마음을 연 것이다.

북쪽에 급한 것이 무엇인가. 경제문제 가운데서도 에너지 문제다. 석유는 안 나오고, 석탄 생산량이 줄어들어 화력발전도 제대로 안 된다. 수력발전소 시설도 낡았다. 전선도 다 망가졌다. 이제는 에너지 방면의 전문가들이 나설 때다. 북한이 전력 개발을 해서 쓸 수 있도록 해주고, 남한이 북한에서 생산된 전력을 끌어다 쓸 수도 있다. 전기 관련 사업체들이 투자를 해서 장기적으로 이익을 낼 수도 있다. 북한을 지나치게 사상적으로만 보지 말고 경제적인 영역부터 화해와 협력의 접촉면을 넓혀 가자. 먼저 인도적 지원으로 시작해 다음엔 에너지 부문으로 점차 협력의 범위를 넓혀가자.

그런 과정에서 핵 문제도 이야기할 수 있다. 핵을 버려야 한다고. 그런데 단지 몇몇 사람이 핵을 버려야 한다고 이야기해서는 별로 소용이 없다. 정부 당국자들끼리 회의를 하면서 말해 봐야 효과가 없다는 말이다. 북한은 경제력이 빈곤한 상태에서 체제를 유지하려고 핵을 개발하고 있기 때문이다. 그러나 평소 북한을 돕는 사람들이 가서 발전기를 하나 해줄 테니 장군님께 핵 문제를 해결하지 않으면 곤란하다고 전해달라고 할 수 있다. 이 말이 한번에 직접 김 위원장에게 들어가지는 않겠지만 도우러 가는 사람들마다 그런 말을 한다면 상황이 다르다.

그들에게 말하자. 핵은 남과 북이 좋은 통일을 하는 데 저해가 된다. 정치적으로 미국과 큰 거래를 해서 빨리 수교하고, 일본과도 수교하라. 그러면 큰 돈이 들어온다. 그 돈을 경제에 투입해서 일시에 나라를 일으켜 세우자.

더 많은 이들이 대화할 수 있도록

북한 사회의 중간 지도자급에 위와 같은 여론이 조성되도록 해야 한다. 그들도 남쪽에서 온 사람들의 말을 경청한다. 물론, 체제 유지를 위해 훈련받은 사람들이어서 처음에는 남측 사람들이 자기들처럼 집단훈련을 받아서 공작원으로 파견됐다고 오해하는 등 그네들식으로 남측 사람들을 평가하고 경계를 했다.

그러나 6.15 공동선언 이후 남쪽에서 민간인들이 대거 올라가 다양한 태도를 보이고 다양한 말들을 전했다. 술을 좋아하는 사람은 들쭉술을 먹고 헛소리를 했고, 예수를 믿는 사람은 예수 이야기를 하며 통성기도를 했다.

2000년 이후 이런 식으로 북한 당국자들은 남쪽을 많이 배웠다. 남쪽 사람들은 복잡하고 다양하고 골치 아픈 존재이지만 자신들과 말이 통한다는 것을 알게 됐다. 가만 놔두면 큰일을 낼 것처럼 위태롭지만 그렇다고 막가지는 않고, 사회주의에 대해 전혀 모르는 것 같은 사람도 민족이라는 화두로는 대화가 통했다. 북한을 다녀온 사람의 90퍼센트 이상이 다시 가고 싶다고 하고, 방북 경험이 북한에 대한 이해를 넓혔다고 평가했다.

그러자 북한은 그렇게 위험스럽게 생각하고 미워하던 기자들에게도 방북을 허락했다. 젊은 기자가 자기네 사회에 들어와서 직접 보게 하고 솔직하게 이야기를 해주면 인간적으로 말이 통한다는 것도 알게 됐다. 남북 장관급회담 등 정치협상을 취재하러 기자들이 가면 북측은 이렇게 오지 말고 민간단체를 따라 오라고 한다.

정부를 따라가면 호텔 안에서 회담하는 것만 취재할 수 있다. 그러나 민간단체를 따라가면 충분한 시간을 가지고 여행도 하면서 서로 대화를 나눌 수 있다. 그렇게 자신들의 사는 모습을 구석구석 다 보여주며 함께 시간을 나누는 것이 인간적인 신뢰를 만드는 기회가 된다는 것을 북측 사람들도 알고 있다. 또 그렇게 자신들의 실상을 알고 쓰는 기사가 더 객관적이라는 것도 알고 있다.

민간단체의 대규모 방북단에는 기자 외에도 통일부, 국정원, 통일연구원, 대외경제정책연구원, 관광공사, 무역협회, 대학 교수 등 북한에 관련된 모든 정부기관과 연구단체들이 포함된다. 과거에는 상상도 못했던 일이다. 남측의 전문 단체들을 불러 자신들의 전문 단체와 대화하게 하면 건전한 소득이 있다는 것을 북측이 알게 됐기 때문이다. 그 심부름을 민간단체들이 한다는 것은 자랑스러운 일이다. 통일운동은 바로 여기서 시작되는 것이다.

통일운동이란 전문가 몇 사람이 모여서 의기를 모은다고 되는 것이 아니다. 정부가 나선다고 되는 것도 아니다. 오히려 남남갈등만 부추기기 십상이다. 그러나 우리 사회에는 분야별로 북쪽과 함께 일하고 싶은 사람들이 얼마나 많은가. 교육자라면 북쪽에서는 어떻게 아이들을 가르치는지 궁금하게 생각한다. 의사면 의사, 체육인이면 체육인, 예술인이면 예술인 등 모든 분야에서 북과의 연계를 희망한다. 그들이 모두 북측과 대화할 수 있도록 교류의 기회를 넓혀야 한다.

정부가 할 일, 민간이 할 일

정부가 지원하고 있는 비료나 쌀도 민간을 통해 주면 더 좋다. 정부는 쌀 10만 톤을 줄 때마다 정부 관리가 가서 분배 투명성을 위한 모니터링을 한다는데 정말 안타깝다. 민간은 1000톤 단위로 가서 모니터링을 한다. 북한 전역으로 배 한 척당 3000톤씩 운반하면서 정부 관리들이 원하면 데리고 가고 다른 전문가들도 함께 실어갈 수 있다. 그런 좋은 기회를 마다하고 왜 정부가 나서서 여론에 부딪히며 어렵게 일하는지 이해하기 힘들다.

그럼 정부는 무엇을 해야 하는가. 좋은 민간 파트너를 골라 예산을 지원하면 된다. 서독은 통일 전에 동독에 매년 평균 32억 달러를 지원했다. 우리는 현재 9000만 달러 수준이다. 독일의 30분의 1도 안 된다. 32억 달러는 4조 원인데 지금 우리 경제규모로 봐도 과하지 않은 액수다. 통일비용이라고 하면 북측을 우리의 일부분으로 생각하고 도로와 항만 등 사회간접자본 등을 새로 만드는 것으로 생각하는 사람이 대부분이다.

그러나 나는 다르게 생각한다. 통일비용이란 북쪽 사람들이 스스로 경제적 자립을 할 수 있는 기반을 조성하는 데 드는 비용이다. 그 다음에는 스스로 크도록 해야 한다. 북측은 종자돈이 필요한 상황이고 그것을 대주기만 하면 스스로 큰다. 중국이 개방해서 20년 만에 지금처럼 성장했다면 북한은 5년이면 같은 성장을 할 수 있다고 본다.

그럼 종자돈은 어디서 나오나. 우리가 우선 1년에 30억~40억 달러씩 내놓고 북쪽 사람들의 마음을 열어 핵무기 등 국제사회가 위험하게 생각하는 요소를 없애야 한다. 그 다음 북한과 일본이 수교를 하면 보상금으로 100억 달러 이상을 받을 수 있다. 북한이 핵을 포기하고 경제개방을 해서 투자하면 돈을 벌 수 있다는 여론이 조성되면 국제기구에서 1년에 500억 달러가 넘는 공적 개발원조기금(ODA) 중 일부를 지원받을 수 있다. 이때부터는 우리 돈을 투자할 필요가 없다.

우리가 1년에 30억 달러만 투자하면 5년 이내에 북한은 상상도 못할 경제변화를 이뤄낼 수 있다. 그 분위기로 5년만 지나면, 즉 10년 후면 남과 북의 경제를 통합해도 별 문제가 없을 것이다. 10년이 아니라 5년 후에라도 2국 2체제 하에서 서로 같은 통화를 쓰고 세계시장에서 경제적으로 공조하는 시대가 올 수 있다.

정부는 또 국제사회에서 북한으로 가해지는 외부의 압력을 완충시켜 주어야 한다. 독재국가라고 평가받는 나라들은 경직성이 강하다. 외부에서 힘이 가해지면 도리어 더 강해지고 체제 유지를 이유로 내부를 더 심하게 단속한다. 압박보다는 탄력이 필요하다. 우리가 완충 역할을 해줄 테니, 우리가 다 책임질 테니 걱정하지 말라고 해야 한다.

그리고 남쪽 지도자가 미국에 가서는 '북쪽에 직접 이야기해 보겠다. 우리는 여러 채널이 있다. 그걸 가동해서 북쪽의 경직된 마음을 풀어보겠다. 1년만 달라' 라고 말해야 한다. 이렇게 국제사회를 설득하는 역할을 한국 정부가 해야 한다. 다행스럽게 현 정부는 외교적으로 그 역할을 그런대로 수행하는 것으로 보이기는 한다. 그러나 민간단체가 남북의 화해와 협력에 기여하는 부분이 얼마나 큰지에 대해서는 제대로 이해해지 못하고 있는 것으로 보여 안타깝다.

우리가 먼저

상황이 이러하기에 민간단체들의 어깨가 무겁다. 이제

본격적으로 민간단체의 역량을 국민들에게 홍보하고 정부의 지원을 요구할 때다. 통일을 위해서 정부의 역할이 무엇보다도 중요하다. 정부가 그 역할을 잘 해낼 수 있게 하기 위해서 민간단체들은 화해와 협력을 위한 좋은 프로그램들을 만들어 정부에게 제의함으로써 통일로 가는 바람직한 길을 인식시켜 주어야 한다.

지금까지 몇 차례 북측에서 교예단이 오고 남측 방송사가 평양에서 공연을 하면서 남북은 정서적인 교감을 할 수 있었다. 이는 통일 프로그램의 시작에 불과하다. 본격적인 통일 프로그램이라고 부를 수 있으려면 남북의 주민들이 서로 만나는 접점이 있어야 한다.

북측의 정치 사정으로 인해 어차피 북측 사람들의 남측 방문이 어렵다면 굳이 초청하려고 하지 말고 우리가 북쪽으로 가야 한다. 중국으로 돌든 러시아로 돌든 북쪽 사람들이 열어주는 만큼 기회를 잘 이용해야 한다. 그리하여 북측에 우리의 다양한 모습을 보여주고, 우리도 북측 사람들의 통일에 대한 뜨거운 열의를 느껴야 한다. 적대감에 사로잡혀 서로 경쟁할 이유가 전혀 없음을 양측이 깨달아야 한다.

결론적으로 말하면 통일은 서로 마음의 문이 열리는 것이다. 남측 사람들은 북측 사람이 빨갱이, 공산당, 무서운 사람들이라며 적대적인 감정을 가지고 있다. 마음의 문이 열리면 북한 사람들이 우리보다 순진하고 실제 대다수의 주민들은 주체사상이 뭔지, 빨갱이가 뭔지 잘 알지 못한다는 것을 깨닫게 될 것이다.

한편, 북측 사람들은 남측이 과거처럼 자신들을 공격해서 무너뜨리는 부정적인 전술은 그만두고 긍정적인 전술로 바뀌었다는 것을 알게 될 것이다. 남측의 정권이 교체되면서 공작도 사라졌다는 것을 깨닫게 되면 그들도 긍정적인 정책으로 돌아서지 않겠는가.

우리는 준비가 돼있다. 북쪽은 그동안의 협력사업을 통해 굿네이버스를 통한 일은 믿어도 좋다는 확신을 가지고 있다. 우리가 보증수표가 돼서 사업을 스크린하고 사람도 스크린해서 될 일인지 아닌지를 검증하고 북측에 대해 순수한 마음을 가지고 일을 하려는 사람인지 의도가 있는 사람인지를 가려 그룹별로 안내해주고 손을 잡게 해줄 수 있다.

1990년대 이후 북측은 잘사는 남쪽에 기대를 가지고 많은 접촉을 했다. 그러나 불행히도 북측 사람들이 평가하기에 10여 년 동안 자신들을 접촉한 남쪽 사람과 해외 동포의 90퍼센트 이상은 사기꾼이었다. 와서 불쌍하다고 울고 비참한 모습을 사진에 담아가서는 그 비참한 모습들을 악용했다. 뭘 해주겠다고 큰 소리 쳤지만, 돌아가서는 감감 무소식이었다. 쓸모없는 물건이나 갖다 놓고 생색만 냈다. 내가 1997년에 갔을 때 젖소사업을 하자는 말을 꺼냈다가 무시를 당한 것도 바로 그런 이유에서다.

그러나 굿네이버스 같은 전문적인 NGO들이 들어와 일관된 모습으로 신뢰를 쌓아가며 조그만 일에서부터 하나씩 척척 성과를 이끌어냈다. 북측 사람들은 이렇게 평가했다. '아 이건 전문적이구나. 이 사람들은 통일인지 정치인지에는 관심도 없고 우리의 구체적인 생활 필요한 것이 무언지를 하나하나 찾아 개선해 주는구나.'

이런 인식이 남북교류 활성화에 얼마나 큰 힘을 실어주었는지 모른다. 6.15 공동선언 이후 북쪽 사람들은 전문 민간단체들의 순수하고 의도가 없는 전문성을 보았다. 굿네이버스는 그 대표적인 역할을 했다고 자부한다. 그들은 우리를 통해 연결되는 남쪽의 분야별 전문가들에 대해서도 큰 두려움 없이 접촉의 기회를 열었다.

다시는 이 땅에 전쟁의 비극이 없도록

북측은 2002년 12월 대통령 선거가 있기 전 방북한 민간단체 지도자들에게 노무현 후보에 대해 관심 있게 물었다. 대체로 상대방인 이회창 후부보다는 화해와 협력의 성과를 이어갈 것이라는 평가가 많았다. 김대중 정부보다도 훨씬 더 잘할 것이라는 기대도 있었다.

그러나 이라크 전쟁 당시 대통령 대변인이 '데프콘 투' 발동 소동을 벌이고 대통령이 미국에 가서 민족공조보다 한미공조가 우선한다는 취지의 발언을 함으로써 북측은 상당히 실망을 했고 그런 그들의 감정을 표현했다.

북측의 실망감을 해결할 수 있는 길은 정부가 민간단체를 잘 활용해서 전문적 지원체제를 작동하는 것이다. 남측이 통일에 대한 구체적인 행동을 하지 않으면 북측은 할 수 없이 핵을 포기하지 않고 굶어 죽어도 좋다는 식의 극한 싸움을 계속할 것이다. 북측 사람들은 이미 갈 데까지 간 사람들이다. 어차피 죽은 거나 다름없는 인생을 사는데 이왕 죽을 바엔 미국을 상대로 전쟁이라도 해보자는 마음으로 똘똘 뭉쳐 있는 상태다.

반면 우리는 전쟁이 터지면 끝장이다. 국민들은 설마 전쟁이 일어나랴 하며 전혀 대비하지 않고 있는 상황이다. 정신을 똑바로 차려야 할 때다. 무력시위 도중에 탱크의 시동이 꺼지는 것을 보고 북한의 군사력이 별 것 아니라고 생각했는데 그 뒤로 미사일을 실은 트럭이 지나갔다. 만약 전쟁이 터져 스커드 미사일 수백 기가 남한 전역에 발사되면 살아남을 사람이 몇이나 되겠는가.

남측이 지금은 비록 선진국 대열에 들어서 배를 두드리고 살며 북한을 무시하는 경향이 있지만 외국 자본은 포탄 몇 방이면 이내

썰물처럼 빠져나가고 말 것이다. 통일을 해야 하는 이유는 두 번 다시 이 땅에 전쟁의 비극이 없어야 하기 때문이다. 그러나 남북한 그리고 미국은 그 비극을 향해 가고 있는 것처럼 보인다.

미국이 북한을 침공해 이라크처럼 점령할 수도 있다는 가정은 불가능한 것이라고 나는 생각한다. 이라크와 북한은 다르다. 이라크는 인구가 2000만 명도 안 된다. 국토는 북한보다 넓을지 모르지만 생존능력은 더 약하다. 북한에는 막강한 군대가 있고 더욱이 전 국민이 똘똘 뭉쳐 있다. 하늘에서 집중포화를 해도 피해갈 수 있게끔 땅굴을 파뒀다. 군사적으로 북한을 과소평가하는 것은 위험하다.

남북은 전쟁을 전제로 군비확장을 계속하고 있다. 이는 통일을 위해 전혀 바람직하지 않다. 아니 반대로 가는 행동이다. 우리 국민들은 이 땅에 다시는 전쟁이 없게 하는 유일한 길은 평화로운 통일을 이루는 것임을 깨달아야 한다. 진정한 통일은 협상과 정치적 결단이 아니라 모든 국민이 화해와 용서로 마음의 문을 여는 상호이해를 바탕으로 할 때 비로소 가능하다. 모든 분야들이 서로 접촉하면서 이해하고 하나하나 구체적인 프로그램을 통해 믿음을 쌓으면 반드시 통일의 그 날이 올 것이다. (이일하)

2장

북한 경제개혁 현장을 가다

경제관리 개선조치의 시작

"문철이는 잘 있나?" 내내 나를 먼발치에서 바라만 보던
한 안내원이 아는 척을 해왔다. 2002년 6월 30일 김일성 주석의 생
가인 만경대 경내에서였다. 당시 북한을 처음 방문한 나는 동아일보
기자임을 공식적으로 밝히지 않고 굿네이버스의 후원 회원이자 이
일하 회장의 양아들로 행세하고 있었다. 그러나 '문철'은 전직 동아
일보 기자였다.

"제가 누군지 아십니까?"

"그럼 우리가 모르는 것이 무에 있나."

그는 나를 안심시키려는 듯 문 기자가 1990년대 후반 평양을 방
문했을 때의 추억담을 늘어놓았다. 그리고 초청장을 보낼 때부터 나
의 정확한 신원을 파악하고 있었다고 말했다.

이렇게 북측은 〈동아일보〉 기자의 '불법 입국'을 공식적으로 승
인했다. 이후 남측 기자로서 본격적이고 공식적인 취재가 시작됐다.
난생 처음 평양에 온 나의 눈에는 모든 것이 신기했다. 북한 거리의

풍경, 안내원과 북한 주민의 말 한마디, 북측에 와서 울고 웃는 대표단 일행의 흥분과 감동 등 모든 것을 취재수첩에 담았다. 경제부 기자로서 북한의 경제 상황을 유심히 살펴본 것은 물론이다.

그러나 이 기회에 고백하건대 첫 방문에서 세계적인 특종을 잡을 기회를 눈앞에서 놓쳤다. 전 세계의 관심거리가 된 7.1 경제관리 개선조치는 내가 평양에 체류하던 2002년 7월 1일부터 시행됐다. 나는 토지개혁 이후 가장 큰 경제적 사변이라고 하는 변혁의 한가운데 있었으면서도 그 사실을 몰랐던 것이다.

나를 합리화할 변명거리는 충분하다. 아무것도 모른 채 처음으로 방문한 북한이었다. 내내 몹시 흥분됐고 조심스러워 북측 인사들에게 자유롭게 질문하기도 어려운 상황이었다. 그러나 어떤 상황에서도 본능적 감각으로 특종을 낚아야 한다고 배운 기자로서 결과적으로 낙종을 했다는 사실은 언제까지나 아픈 기억으로 남아있을 것이다.

북한의 경제 현실은 상상 이상으로 어려웠다. 인민의 낙원이라는 곳이 왜 이 지경이 되었느냐고, 이렇게 되도록 국가는 무엇을 했느냐고 북측 당국자들을 붙잡고 묻고 싶었다. 울분이 치솟았다. 하지만 그 물음은 입 밖으로 나오는 대신 취재수첩 한 귀퉁이에 묻혀버렸다. 당시의 취재수첩에는 그런 나의 울분과 함께 이런 다짐도 적혀있었다. "그래. 지금부터가 중요하다. 과거만 한탄 말고 앞으로를 생각하자. 남측이 어떻게 도울 수 있을까를 생각하자."

만약 당시에 젊은 혈기를 참지 못하고, 다시는 북한 땅을 밟지 못할 각오로 안내원들에게 "도대체 당신들은 무엇을 했는가"를 따져 물으며 대들었다면 그들로부터 "우리 경제는 오늘부터 확 바뀐다"는 실토를 받아낼 수 있었을는지도 모른다. 하지만 나는 그러지 못했다. 나는 2002년 7월 3일 중국 선양을 통해 서울로 돌아왔다.

7.1 경제관리 개선조치란

북한에 7.1 경제관리 개선조치라는 경제 변화가 일어났다는 것은 2002년 7월 11일자 〈교도통신〉을 시작으로 알려지기 시작했다. 〈교도통신〉 1보의 내용은 북한이 임금과 물가를 인상하고 배급제와 외화환전표 등을 폐지했다는 것이었다.

남측 전문가들이 이 조치의 정체를 밝히는 데 많은 시간이 걸렸다. 1년 뒤 전문가들이 합의한 이 조치의 큰 윤곽은 이렇다.

7.1 조치의 핵심 내용은 임금과 물가를 크게 인상하고, 공장과 기업소(기업)의 평가 방법을 바꿔 독립채산제를 완성, 강화한다. 그 목적은 '고난의 행군' 시절에 무너진 국가 계획경제를 복원하고 생산을 늘리자는 것이다. 이 조치는 2002년 10월 신의주 경제특구 지정과 같은 대담한 대외개방 조치와 함께 진행됐다.

김일성종합대학 교수 출신인 대외경제정책연구원 조명철 박사는 "7.1 경제관리 개선조치는 북한 역사에서 가장 실질적인 경제개선조치"라고 평가했다. 과거에는 국가가 경제에 대한 권한과 책임을 모두 가졌다면 이제는 국가 경제의 주체인 개인(가계), 기업, 정부가 권한과 책임을 나눠 갖게 됐다는 것이다.

우선 국가 배급제의 범위가 축소된 가운데 임금과 물가를 크게 올려, 그전에는 일터에 나가지 않고 배급으로 생활하던 주민들을 생산 현장으로 돌아오게 했다. 또 다른 사람보다 더 많이 생산한 노동자에게는 더 많은 임금을 주도록 해, 같은 기업소나 협동농장의 노동자라도 임금 차이가 5배나 벌어졌다. 북한 당국은 이를 두고 "이제 건달꾼은 허용될 수 없으며 분배의 평균주의를 청산해야 한다"

고 말한다.

과거 공장과 기업소는 생산품의 질에 관계없이 국가가 계획에 따라 할당한 만큼만 생산하면 됐다. 그러나 이제는 번 수입(총 판매수입에서 생활비 이외의 생산원가를 뺀 것)에 따라 평가를 받기 때문에 팔릴 물건을 만들어야 한다. 계획보다 더 많이 생산하면 노동자들에게 성과급을 주고 물건을 자유롭게 처분도 할 수 있게 했다.

북한은 이렇게 생산을 정상화하고 고난의 행군 시절에 만연하게 된 사경제(농민시장과 장마당)를 공식경제 영역으로 흡수해 사회주의 계획경제를 정상화할 목적이었던 것이다.

인정할 건 인정하고

돌이켜보면 7.1 경제관리 개선조치에 대해 가장 빠르고 정확하게 보도한 매체는 조총련계 신문인 〈조선신보〉였다. 이 신문은 2002년 7월 19일 이후 일련의 시리즈 보도로 경제관리 개선조치의 윤곽을 구체적으로 알렸다.

이 조치가 사회주의 원칙을 지키면서 실리를 추구하는 것을 기본방향으로 삼고 있다는 점과, 공장이나 기업소를 벌어들인 수입에 의해 평가하고 평균주의의 청산하며 아래 단위의 창발성을 존중해 계획의 권한을 이양한다는 등의 내용이 이 신문 2003년 7월 19일자에 보도됐다. 보도를 인용해 보자.

조선에서는 지난해 '경제관리를 개선 강화하기 위한 획기적인 조치'(최고인민회의 제10기 제5차 회의, 홍성남 내각총리 보고)가 취해졌다. '획기적인 조치'에서 명시된 개선의 기본방향은 사회주의 원칙을 지키면서 가장 큰 실리를 얻을 수 있는 경제관리 방법을 해결하는 것이다.

공장과 기업소의 책임 일군들은 경영활동을 더욱 깐지게 하지 않으면 안 되게 되었다. 나라가 세운 경제계획을 실리 보장의 원칙에서 어김없이 집행하기 위하여 공장과 기업소들에서 '번 수입에 의한 평가방법' 을 취하게 되었기 때문이다.

종전에는 '노력에 의한 평가방법' 이었다. 중앙에서 내려오는 계획의 수행 여부에 관계없이 아래 단위에 대한 분배가 이뤄졌다. 예컨대 어느 공장이 계획을 달성하지 못했다고 해도 노동자들의 생활에는 크게 제한되는 것이 없었다.

새로운 경제관리에서는 계획을 넘쳐 달성한 몫에 따라 공장과 기업소의 분배 몫이 결정되게 된다. 즉 아래 단위는 이문을 내어야 그만큼 분배받을 수 있다는 것이다.

이 신문은 새로운 변화가 자본주의 경제와 다른 점은 실리를 추구하되 집단주의 원칙을 유지하는 것이라고 분명하게 밝혔다.

"조선에서 추진되고 있는 경제관리 개선작업은 다른 사회주의 나라들에서 있었던 개혁개방과는 차이가 난다. 사회주의 경제의 절대적 우월성은 개인주의에 비한 집단주의의 우월성이라는 것이 조선의 당과 정부의 입장이다. 일련의 개선작업도 생산의 무정부성과 경제적 혼란을 주기적으로 동반하는 자본주의 경제제도를 배격하고, 평양기초식품공장의 실례가 보여주듯이 경제관리 문제를 집단주의 원칙에서 풀어 나가려는 관점에 기초하여 추진되고 있다."

일한 만큼 분배하는 사회주의 분배원칙을 제대로 구현한다는 7.1 경제관리 개선조치의 기본 골격도 해설기사에 실렸다. 그동안의 평균주의 분배의 폐해도 솔직하게 인정했다.

많은 일을 하고 많이 번 사람에게는 많이 분배하고, 적게 번 사람에게는 적은 몫을 분배하는 사회주의 분배원칙은 사회주의 경제관리를 개선하고 완성해나가기 위한 중요 담보로 된다. 사회주의는 생산력 발전 수준이 아직 수요에 의한 분배(공산주의 분배원칙: 저자 주)를 실시할 정도에까지 이르지 못하고 있고 노동에서의 차이도 존재한다. 그런데 생산물의 분배에서 차이를 두지 않고 힘든 일을 한 사람과 헐한 일을 한 사람, 기술기능이 높은 사람과 낮은 사람에게 꼭 같은 보수를 주는 평균주의를 하게 되면 결과적으로 노동집단의 노동적 열성을 떨어뜨릴 수 있다.

조선에서도 평균주의의 피해가 전혀 없었던 것은 아니다. 현재 경제관리 개선을 위한 일련의 대책들이 취해지면서 노동의 질과 양에 따르는 분배를 실시할 데 대한 문제가 특별히 강조되고 있다.

신문은 2002년 7월 26일자에서 이상의 내용을 다시 한번 확인하면서 임금과 가격의 인상을 구체적으로 보도했다. 과거에는 농민들이 생산한 쌀을 국가가 킬로그램당 80전에 수매해 주민들에게 8전에 팔았다. 중요 공산품도 마찬가지로 국가가 비싸게 사서 싸게 팔았다. 인민들은 좋았지만 국가는 적자였고, 이것이 경제에 부담으로 작용했다. 이제는 나라가 쌀 1킬로그램을 40원에 사서 44원에 판다는 것이었다. 공산품도 마찬가지다.

이런 쌀값을 기준으로 임금도 다시 책정됐다. 생산 노동자의 경우 110원이던 기본 노임이 2000원으로 올랐다. 비록 축소되긴 했지만 교육, 의료 등 최소한의 사회보장은 계속될 것임도 분명하게 밝혔다.

종전에는 식량 가격을 비롯한 전반 가격이 국가의 재정지출에 의해 실제 가격보다 낮게 설정됐다. 사회적 시책의 차원에서 국가의 부담으로 인민들의 생활을 돌보았던 것이다.

이번에 취해진 조치는 모든 가격을 원래의 가치대로 계산했다. 킬로그램당 8전이던 쌀의 가격은 44원으로 되었다. 이처럼 새로 정해진 가격에 기초해 근로자들의 생활비를 산출하고 그에 따라 기본 노임을 정했다. 나라가 인민들의 생활을 돌본다는 측면에서 보면 같으나 그 형태가 달라진 것이다. 국가가 부담을 할 때는 근로자들이 자기 생활을 꾸리는 데 실제로 얼마나 돈이 드는가를 알 수 없었으나, 이제는 자기가 일한 것만큼 받게 되는 노임의 액수로 직접 확인할 수 있게 된 것이다.

국가가 근로자들에게 돌려주는 혜택의 범위를 조정한 것은 사회주의 분배원칙이 자기의 기능과 역할을 원만히 수행할 수 있도록 하기 위한 조치라고 볼 수 있다. 그러나 동시에 나라에서는 무료 의료와 교육, 무상 치료제, 사회보험제와 휴양제, 영예군인 우대제를 비롯하여 사회주의 제도의 우월성을 집중적으로 보여주는 사회적 시책들은 보다 강화 발전시켜 나갈 방침을 제시하고 있다.

임금을 다시 정하는 데는 '생산자 우대 원칙'이 적용됐다.

나라의 경제 발전에서 중요한 몫을 차지하며 어렵고 힘든 부분에 종사하는 노동자에게는 더 많은 노임을 주도록 했다. 사회와 집단에 얼마나 기여했는가에 따라 노임의 액수가 결정된다는 것이다. 예컨대 채취공업 부문에서 일하는 탄부들은 기본 노임이 6000원 수준이다.

7.1 조치의 정체를 밝혀라

이 정도 정보면 조치의 정체를 파악하고도 남는다. 그러나 그것은 결과론이다. 남측의 전문가들은 북측에 대한 정보가 제한적이라는 판단 아래 이 조치의 실제 내용과 전개 과정을 놓고 그 후 상당한 기간 서로 다른 의견을 내놓았다.

경남대학교 부설 극동문제연구소는 2002년 8월 1일 북한에 대한 '경제관리 개선'이 무엇을 의미하며 어떻게 될 것인지를 놓고 25차 통일전략포럼을 열었다. 상당수 북한 경제 전문가들은 "개혁조치의 성패는 생산과 공급의 확대에 달렸다"며 "따라서 북한 정부는 한국, 미국, 일본 등의 지원을 필요로 할 것"이라고 입을 모았다.

그러나 경제관리 개선이 '시장지향적 개혁'인지에 대해서는 의견이 엇갈렸다. 김연철 고려대 아세아문제연구소 연구위원은 "북한이 임금과 물가를 인상한 것은 과거의 현물배급을 화폐배급으로 바꾸고 암시장의 시장조정 체제를 공적 영역으로 흡수하려는 것"이라며 "이는 사회주의적 시장개혁의 출발로 해석할 수 있다"고 말했다. 이종석 당시 세종연구소 연구위원도 "이번 조치는 체제 강화를 위해 실리를 추구할 목적으로 시작됐지만, 주민들에 대한 정치 도덕적 자극보다 물질적 자극에 초점을 두고 있고 분배보다 생산과 성장으로 논의를 전환하고 있다는 점에서 시장의 확대로 이어질 수밖에 없다"고 주장했다.

오승렬 통일연구원 경협실장은 생산 주체의 의사결정권과 가격의 자유화 없이는 시장화로 볼 수 없다고 말했다. 조동호 한국개발연구원(KDI) 북한 경제 팀장은 "북한 정부는 계획경제의 정상화를 위해 주민들이 장롱 속에 있는 달러를 꺼내 쓰든지 더 열심히 일하든지 둘 중 하나를 선택하게 함으로써 자본과 노동을 더 동원하겠다는 것"이라고 진단했다.

중국식 개혁 모델인가에 대해서는 아니라는 의견이 많았다. 김연구위원은 "개혁의 리더십이 없고 국제시장에 수출을 하거나 해외에서 돈을 빌릴 수 없다는 점에서 북한은 중국과 다르다"고 말했다.

서진영 고려대 정치외교학과 교수도 "중국은 이것저것이 섞인 잡종 사회주의여서 시장개혁이 가능했다"며 "북한은 구소련과 유사하게 정치경제 이데올로기가 긴밀하게 짜여진 체제 강화여서 중국처럼 경제만 따로 떼어 개혁할 수 없을 것"이라고 분석했다.

토론자들은 북한의 경제관리 개선이 성공하려면 생산과 공급이 늘어나 인플레를 피해야 한다고 입을 모았다. 구갑우 극동문제연구소 통일문제연구실장 등 5명은 서방의 물자 및 자금지원이 필요하다고 말했다.

호랑이는 어디로 갈 것인가

7.1 경제관리 개선조치가 어떻게 진행될 것인지에 대한 의견은 더욱 다양했다. 전문가들은 이 조치 시행 이후의 북한을 '호랑이 등에 탄 사람'에 비유하며 각자 나름의 전망을 밝혔다. 아주 적절한 비유임에 틀림이 없는 호랑이론을 처음 들고 나온 사람은 발제자인 김연철 고려대 아세아문제연구소 연구위원이었다.

"고든 화이트(Gordon White)는 현실 사회주의에서의 시장개혁을 '호랑이 등에 올라타기'로 비유한 바 있습니다. 호랑이 등에 올라타는 것을 선택할 수는 있지만 일단 호랑이가 달리기 시작하면 내리고 싶어도 내릴 수가 없습니다. 시장개혁도 마찬가지입니다. 계획경제에서 시장 메커니즘의 도입은 자연발생적인 확산효과가 있습니다. 부분적인 개혁조치는 연관 분야에 파급효과를 미치면서 시장개혁으로 진화하는 경향이 있습니다. 북한은 호랑이 등에 올라탔습니다. 다만 아직은 호랑이가 달리고 있지 않습니다. 지금이라도 내릴 수 있습니다. 내릴 것인가, 아니면 호랑이가 달리기 시작하도록 할 것인가. 이제 북한 당국의 본격적인 고민이 시작되었습니다. 문제는 하염없이 고민을 하도록 호랑이가 기다리지는 않을 것이라는 점입니다."

이종석 당시 세종연구소 연구위원의 생각은 달랐다. 그는 마이크를 잡자 김 연구위원을 향해 "일단 호랑이에 올라타면 내리기 어려운 것 아닙니까"라고 물었다. "북한 경제개혁의 전국적 시행 여부나 규모를 알아야 하겠지만, 일단 시작한 이상 죽이 되건 밥이 되건 호랑이를 타고 달리는 수밖에 없다"는 게 그의 진단이었다. 이 연구위원은 이 조치가 시장의 확대로 이어질 수밖에 없다는 적극적인 견해를 밝혔다. 오승렬 통일연구원 경협실장은 시장경제화로 보는 시각을 경계하며 "북한이 호랑이 등에 탄 것은 맞지만 그 호랑이는 자연산이 아니라 에버랜드산"이라는 새로운 호랑이론을 폈다.

조동호 한국개발연구원 북한경제팀장은 더 조심스러웠다. 그는 "북한은 아직 호랑이 등에 타지 않았고 호랑이 등에 탈지 말지를 고민하며 기초체력을 다지고 있다"고 주장했다. 기초체력 다지기란 계획경제의 정상화를 말하는 것이었다.

구갑우 경남대 극동문제연구소 통일문제연구실장은 "북한이 일부러 호랑이 등에 탈 이유가 없다"며 "북한 지도부는 스스로가 호랑이가 되고 싶어 한다"고 말했다. 북한이 사회주의 계획경제를 개선해서 실리를 추구해 사회주의를 강화하려 하고 있다는 뜻이다.

토론자 가운데 유일하게 민간단체 소속인 김창수 민화협(민족화해협력범국민협의회) 실장은 "자연산 호랑이든 에버랜드 호랑이든 북한이 호랑이 등에 탄 것만은 확실하다"고 말했다.

호랑이 등에 타고 안타고가 왜 중요한 것일까. 김 연구위원이 중국 속담을 인용해 자상하게 설명한 바에 따르면 "호랑이 등에 타면 이제 어디로 가는지를 알 수 없고 오로지 호랑이에게 키를 맡길 수밖에 없기 때문"이다.

어디로 가는지도 모르고 가는 것처럼 긴장되는 일도 없다. 당시 북한 경제는 실제로 그런 상황이었다. 북한과 남이 아닌 우리도, 그리고 나도 가만히 앉아만 있을 수 없다고 생각했다.

나는 고승철 당시 〈동아일보〉 경제부장의 도움을 얻어 2002년 9월 1일 경남대학교 부설 북한대학원의 북한 경제 전공 석사과정에 입학했다. 호랑이 등에 탄 북한 경제를 따라가기 위해서였다.

북한의 실리사회주의

1995년 나는 수습을 마친 뒤 〈동아일보〉 법조팀의 서울지방 법원 출입기자로서 기자 생활을 시작했다. 그 뒤 6년 동안 법원과 검찰, 변호사 업계 등을 돌아다녔다. 그러는 동안 법조인들이 먹고 사는 법을 어깨 너머로 배웠다. 우선 사실을 확정해야 한다. 수사나 재판의 대상이 된 일이 실제로 어떻게 진행됐는지를 진술과 서류, 증거 등으로 확정해야 한다. 그리고는 법률을 적용한다. 이런 사실 과 저런 인과관계가 있었으므로 이는 민법 몇 조 또는 형법 몇 조의 어떤 법률행위 또는 어떤 범죄에 해당한다고 판단하는 것이다.

7.1 경제관리 개선조치의 정체를 파악하고자 달려든 내게도 같은 작업이 필요했다. 실제로 북한 경제에 어떤 변화가 일어나고 있는 것인지, 북한 당국자들은 애초에 어떤 변화를 의도한 것인지, 의도 한 대로 되어가고 있는 것인지, 아니면 뜻대로 안되고 있는지를 알 아야 했다. 또 그것이 이전의 북한 경제와 어떤 차이가 있는지, 이미 사회주의에서 자본주의나 그 밖의 다른 형태의 경제체제로 변화시

켰거나 변화하고 있는 나라들과 북한은 어떻게 다른지도 살펴봐야
했다. 역사와 비교의 접근법이 필요했던 것이다.

사실을 확정한 다음에는 과연 7.1 경제관리 개선조치와 같은 사
회주의 경제의 변화를 뭐라고 정의하는지를 연구하기 위한 '이론적
지도(theoretical map)'를 찾는 것도 필요했다. 그래서 나는 2002
년 9월부터 북한 경제 전문기자가 되려는 직업인으로서, 그리고 북
한대학원에서 북한 경제를 전공하는 학생으로서 사실을 취재하고
이론적 지도를 찾는 데 온 힘을 기울였다.

나는 사실을 확인하기 위해 국내외 북한 관련 문헌과 언론 보도
를 주기적으로 체크했다. 아울러 2002년 10월과 2003년 3월에 북
한 현지를 방문해 취재했다. 그리고 2003년 봄 학기에 수강한 양문
수 경남대 북한대학원 교수의 '북한 경제 특강' 과목에서 코르나이
(János Kornai), 샤방스(Bernard Chavance), 라비니(Marie
Lavigne) 등 사회주의 경제 이론가들을 만났다.

더 정교한 연구는 계속 진행 중이다. 그러나 대체로 7.1 경제관리
개선조치는 소련과 동유럽 등의 현실 사회주의 국가들이 경제개혁
(reformation)을 시행하기 이전 단계의 조치로 볼 수 있다는 것이
나를 포함한 많은 북한 경제 전문가들의 잠정적인 결론이다. 이는
바로 코르나이가 '통제의 완성(the perfection of control)'이라고
부른 시기에 해당한다. 코르나이는 1992년에 낸 저서《사회주의 체
제: 공산주의의 정치경제학(The Socialist System: The Political
Economy of Communism)》에서 이미 이 단계를 거쳐 간 사회주의
국가들의 경험을 일반화해 설명했다.

2001년에 김정일 국방위원장이 당정의 경제관리들에게 지시한
것으로 알려진 〈사회주의 경제관리를 개선 강화할 데 대하여〉란 문

건을 코르나이의 설명과 대비해 보면 유의미한 결론을 이끌어낼 수
있다. 2002년 8월 2일자 〈중앙일보〉를 통해 한국에 알려진 김정일
국방위원장의 이 지시 문건은 내가 찾고자 했던 사실의 한 부분이었
다. 거기에는 북한 당국자들이 어떤 방향으로 경제관리 개선을 하고
싶었는지를 보여주는 내용이 들어 있었다.

이 문건에 나타난 대로 실행된 것도 있고 실행되지 않은 것도 있
다. 그리고 실행은 됐지만 외부 세계에 제대로 알려지지 않을 것이
있을 수도 있고, 알려지기는 했지만 사실과 다르게 알려진 것이 있
을지도 모른다. 어쨌든 이 문건은 7.1 경제관리 개선조치의 이념형
(Ideal Type)인 것이다.

자 그럼 미술 시간에 토르소를 그리는 것처럼 가벼운 마음으로
코르나이의 이론과 김정일 국방위원장의 문건을 비교해 보자.

계획 완성의 일반적 경향

코르나이는 '경향의 일반적인 묘사'를 통해
통제 완성 단계의 대체적인 모습을 이렇게 그리고 있다.

"당국자들은 고전적 사회주의 체제에 무언가 문제가 있다는 사실
을 깨닫는다. 그리고 무언가를 해야 한다고 생각한다. 그러나 그들
은 체제의 기본 원칙들이 옳고 우월하다고 확신하고 있다. 그래서
사회주의의 올바른 원칙들을 잘 적용하지 못했기 때문에 문제가 나
타났다고 주장한다. 사회주의의 1차적 원칙들은 그대로 둔 채 부수
적 원칙이나 법과 제도 등을 보다 효율적인 것으로 바꾼다. 당국자
들은 그런 결정들이 보다 일관적으로 적용되면 체제가 더 잘 작동할
것이라고 생각한다."

코르나이는 "당국의 공식적 결정과 경제 연구서들은 '계획체제를

완성시키자'거나 '업무조직을 완성시키자'고 주장한다. 이를 두고 일부 학자들은 '통제의 완성'이나 '계획의 완성'이라고 부르기도 한다"고 적었다. 이 글에서는 '계획 완성'이라는 표현을 쓰기로 한다.

김 위원장의 지침에서도 완성의 필요성을 강조한 부분이 도입부에 나온다.

"지금 사회주의 경제 건설에서 제일 걸린 것이 경제관리 문제다. 아직도 경제는 정상궤도에 올라서지 못하고 있으며 사회주의 경제관리 체계와 질서도 많이 힘들어졌다. 이는 우리 일꾼들이 당의 사상과 의도에 맞게 경제 지도와 관리를 바로 하지 못한 데 원인이 있다. 경제관리에서 혁신을 일으키지 못하면 경제를 치켜세울 수 없고 경제강국도 건설할 수 없다. 사회주의 경제관리를 개선 완성하는 데 틀어쥐고 나가야 할 종자는 사회주의 원칙을 확고히 지키면서 가장 큰 실리를 얻을 수 있도록 하는 것이다. … 사회주의 경제관리를 개선하고 완성해 나가는 것은 사회주의 경제 발전의 합법칙적 요구다."

상위 단계의 재조직

그 다음에 나타나는 경향은 상위 단계를 재조직하는 것이라고 코르나이는 말한다. 문제가 있다면 그 문제를 없애는 국가 기관이나 제도를 만들어 책임을 위임한다는 것이다.

소련은 국영기업이 생산하는 물자의 질이 낮아지자 1986년에 상품 질을 감시하는 국가 조직을 만들었다. 사회주의 국가들의 경험에 따르면 재조직은 지역 중심으로 이뤄지기도 하고, 때로는 기능 중심으로 이뤄지기도 한다. 어느 방향이냐에 따라 평양시나 함경남도 등 특정 지역을 관할하는 기구가 힘을 쓰기도 하고, 북한 전역의 철강 공업이나 화력발전소 등의 특정 기능을 관할하는 부서가 힘을 쓰기도 한다는 것이다.

김 위원장의 지침에도 이런 흔적이 나타난다.

"내각과 중앙 경제기관들은 쥘 것을 틀어쥐지 못하거나 여러 규정으로 아래를 얽어 매어놓은 것도 많으므로 중앙, 지방, 기관, 기업소의 임무를 전반적으로 검토해 경제관리 원칙과 현실적 조건에 맞게 바로 규정해 나가야 한다. … 중앙기관들은 맡은 부분에 대해 당과 국가 앞에 전적으로 책임지며 당의 경제정책 관철을 위한 내각의 결정 지시를 어김없이 집행해야 한다."

지방공업에 가격 제정권을 부여한 부분도 있다.

"지방공업은 시, 군의 책임성과 창발성을 높이도록 권한을 주고 풀어줄 것은 풀어줘야 한다. 지방공업에서 생산한 소비상품의 가격 규정 등은 국가적으로 재정 원칙과 기준을 정해주고 상급기관 감독 하에 공장 자체로 제정해 생산 판매토록 해야 한다. 이런다고 해서 가격 일원화에 저촉될 것도 없으며 도리어 수요에 맞게 품목을 늘리고 같은 상품이라도 여러 규격과 형태로 생산 판매해야 한다."

기업의 합병

아래 단위의 재조직 가운데 중요한 것은 국영기업이나 협동농장 등을 합병하는 것이다. 이런 합병으로 인해 사회주의 국가에서의 생산집중이 자본주의에서보다 크다.

자본주의 국가에서도 규모의 경제를 노린 생산집중을 선호하기도 하지만, 그 반대 방향의 힘도 작용한다. '규모의 불경제'를 피해야 할 필요성도 있고, 작거나 중간 규모의 기업이 생명력이 더 클 수도 있다. 자본주의에서는 작거나 중간 규모인 기업이 자유로이 시장에 진출할 수 있고, 그들의 생존 여부는 시장이 판단한다. 많은 나라들에서 법으로 독과점을 금지하고 소규모 경제 집단을 보조하고 있기도 하다.

사회주의 체제에서는 상황이 다르다. 관료적인 조정(Bureaucratic Coordination)에 따라 작은 기업들은 큰 기업에 합병된다. 관료들이 기업을 감시하려면 그 기업의 내용을 들여다 볼 수 있기 위한 투명성이 요구되며, 이런 투명성 확보를 위해 독점기업을 선호하게 되기 때문이다. 동유럽 여러 나라에서는 기업집중이 여러 형태로 나타났다.

북한도 1973~1974년 연합기업소 제도를 시범 실시하고, 1985년에 이를 전면적으로 도입했다. 연합기업소는 생산이나 경영이 밀접하게 연관된 여러 기업들을 수직적 수평적으로 통합해 하나의 경영 단위로 만든 기업조직 형태로, 산하 기업들의 생산 활동을 장악하고 통제하는 기능을 수행한다. 국가계획의 범위 안에서 나름의 독자성을 갖고 산하 기업들을 지도 관리하는 것이다. 정무원의 부, 위원회는 연합기업소의 계획 작성과 실행자재 공급 등을 지도 감독한다. 이런 체제는 중앙정부가 직접 지도 감독해야 할 기업의 수를 줄여, 각종 계획 수립 작업을 용이하게 하는 효과가 있다.

실험적인 조치들

코르나이에 따르면 재조직과는 별도로, 계획과 직접 통제의 방법에도 변화가 추진된다. 그 일반적인 모습은 계획 과정의 과학화다. 김 위원장이 지침을 통해 정보기술의 중요성을 강조한 것은 바로 이런 측면에서 의미를 갖는다.

"사회주의 경제관리에서 과학기술을 빨리 발전시키고 널리 받아들여야 하며, 인민경제 모든 부분에서 과학기술을 중시하는 기풍을 세워야 한다. 인민경제의 현대화, 정보화를 적극 실현해야 한다. 공장 개건과 첨단 과학기술, 특히 정보기술과 정보산업의 발전을 이룩해야 한다."

더욱 상징적인 조치는 계획지표(plan indicators)의 체계를 변화시키는 것과, 계획 과정의 분권화를 더욱 폭넓게 보장하는 것이다. 이런 방향에서 강조되는 조치들은 다음과 같다. ① 강제적인 계획지표의 수를 줄이고, 계획지표들을 집합화하는 것이 필요하다. 집합지표는 실패 없이 수행돼야 한다. ② 물리적 단위가 아닌 가치 단위로 표현되는 지표가 더 많은 영역에 적용돼야 한다. ③ 고전적인 사회주의 체제에서는 총생산(gross output)이 계획지표로 사용됐다. 이 지표는 생산자들에게 많은 양을 생산하도록 자극하지만, 많이 생산하는 데만 주력하는 데서 부작용이 초래된다. 이제는 순생산이나 이익과 같은 지표에 비중을 더 두어야 한다.

김 위원장의 지침 가운데 계획의 분권화와 관련된 부분은 다음과 같다.

"변화된 환경과 현실 발전의 요구에 맞게 계획사업 체계와 방법을 개선해야 한다. 계획지표들을 중앙과 지방의 위아래 단위 간에 합리적으로 분담해야 한다. 국가계획위원회는 전략적 국가적인 중요 지표들을 계획화하고, 소소한 지표들과 세부 규격지표들은 해당 기관이나 기업소에서 계획화하도록 해야 한다. 연간 분기계획을 월별 분할하는 것도 성 중앙기관이나 도에 맡기는 것이 합리적이며, 특히 지방경제 부문은 도별 공업 총생산액, 기본건설 투자액 등 중요 지표 외에 세부 지표들은 도 시 군 자체 실정에 맞춰 계획하도록 해야 한다."

다음은 질적인 생산을 강조한 부분이다.

"질적 기술경제적 계획을 소홀히 하는 편향을 없애고 원가 이윤 재정계획을 현실성 있게 바로세우고 집행 감독을 엄격하게 해야 한다. 경제부문 일꾼들이 노력, 물자, 자금의 낭비여부에 상관없이 생산과 건설만 하면 된다는 식으로 경제관리를 하는 것이 최대의 결함인데 이는 기술 경제적 지표계획과 재정계획을 홀시하는 것과 관련된다. 결과를 종합적으로 평가해 자금, 물자, 노력 투입 대비 실리를 얼마나 얻었는지를 파악할 수 있도록 재정계획 방법과 계산체계를 바로세우며 재정이 달라지면 생산경영 활동이 걸리도록 원에 의한 통제를 강화해야 한다."

기업이익과 독립채산제도 강조된다.

"인민경제 모든 부분에서 공장 기업소들을 계획적 합리적으로 조직, 관리, 운영해야 한다. 연합기업소 협동농장 등 모든 공장 기업소들을 생산 전문화 원칙에서 조직운영 지도관리하며 공장기업소간 연계와 협동을 강화해야 한다. 생산 경영에 대한 계획적 지도관리를 확고히 보장하면서 기업관리를 과학적 합리적으로 해서 최대실리를 얻도록 하고 독립채산제를 강화해야 한다."

7.1 경제관리 개선조치의 핵심 내용인 분배의 평균주의 배제와 임금 및 물가 인상 조치는 코르나이의 책에서는 '계획 완성'이 아닌 '고전적 사회주의 체제' 부분에서 다뤄진다. 실제로 분배의 평균주의를 배제해야 한다는 것은 사회주의의 분배원칙인 일한 만큼 분배한다는 것을 실천하는 것에 불과하다. 또 임금과 물가를 인상하는 것 역시 고전적 사회주의 체제에서 일상적인 화폐 사용의 한 사례다.

계획지표의 변화에는 보상체계(incentive scheme)의 변화가 수반된다. 분배의 평균주의 해소에 대해 지침은 이렇게 말한다.

"사회주의 노동생활 기풍을 확립해 건달을 부리거나 놀고먹는 사람이 없도록 해야 하며 근로자들의 생활을 안정 향상시켜야 한다. 아직 많은 공장 기업소들이 제대로 가동되지 못해 일감이 없는 실정에서 남는 노동력은 다른 작업이나 국토 농촌건설 등 사회적 과제에 동원해 작업과제를 똑똑히 주고 수행 정도에 따라 반드시 보수를 줘야 한다. 물질적 평가에 정치적 평가를 잘 결합시켜 노동량과 질이 높은 사람은 물질적 정치적으로 응당 평가를 받게 하며 분배에서 평균주의를 철저히 배제해야 한다."

임금 인상과 무상 지원 축소에 대해서는 이런 지침이 내려졌다.

"현실의 발전에 따라 노동에 대한 새로운 평가 분배방법을 연구 도입해 사회주의 노동보수제를 더욱 개선하고 완성시켜 나가야 한다. 경제생활에서 공짜가 많은데 이런 것들을 정리해야 하고 무상공급, 국가보상과 기타 혜택들도 검토해 없앨 것은 없애야 한다. 앞으로 식량과 소비품 문제가 풀리면 근로자들은 자기 수입으로 식량도 제 값에 사먹고 살림집도 사서 쓰거나 온전한 사용료를 물고 쓰도록 해야 하며 이를 위해 상품 가격과 생활비를 전반적으로 다시 정해야 한다. 무상교육, 무상치료, 사회보험 등 사회주의 우월성을 집중적으로 보여주는 것들을 제외한 일부 불합리한 사회적 시책들은 현실적 조건에 맞게 정리해야 한다."

이후 7.1 조치의 정체를 드러내는 북한의 문건이나 당국자 발언이 잇따라 공개됐다. 북한 무역성의 김용술 부상은 2002년 9월 2일 도쿄 국제포럼에서 열린 '북한 경제 세미나'에 참석해 7.1 조치에 대해 설명했다. 그는 "이번 조치는 사회주의에 기초한 것으로 그 핵심은 완전한 독립채산제의 도입과 가격조정"이라고 설명했다.

〈조선일보〉는 2002년 10월 16일 북한 당국이 일선 당정기관 간부들과 군관들에 대한 강연 및 학습 자료용으로 배포한 7.1 조치 관련 문건을 입수해 보도했다. 이 문건은 "지금 국가가격이 농민시장 가격보다 눅은(낮은) 데로부터 장사 행위가 성행해 국가에는 상품이 부족하나 개인들에게는 상품이 쌓여 있는 현상이 초래되고 있다"면서 "솔직히 말해 지금 국가에는 돈이 없지만 개인들에게는 국가의 2년분 예산액이 넘는 돈이 깔려 있다"고 조치의 배경을 설명했다. 문건은 또 "국가에서는 근로자들이 실제 자기가 일하고 번 것만큼 생활비를 엄격하게 계산해 주도록 기준을 다시 정했다"며 "이제부터는 그 누구를 막론하고 모두 자기가 탄 생활비를 가지고 생활하게 된다. 절대 공짜 평균주의는 없다"고 썼다.

〈조선일보〉는 이 자료를 원문 그대로 12월호 〈월간조선〉 특별부록에 소개했다. 일본의 〈마이니치신문〉도 같은 자료를 입수해 2002년 12월 19일자에 보도했다.

실리사회주의

북한 당국은 2002년 11월 25일 7.1 조치로 변화하는 북한 사회주의를 '실리사회주의'라는 말로 개념화했다. 이 말은 조총련계 신문인 〈조선신보〉가 쓴 표현이지만 그 배경에 북한 당국자들의 의도가 숨어있다는 분석이 많다.

〈조선신보〉는 "조선에서는 생산 현장에서의 증산 노력과 더불어 사회주의 이론을 재정립하는 작업들이 추진되고 있다"며 "조선은 자본주의 경제와 공존할 수 있는 사회주의 경제를 모색하고 있다"고 보도했다.

실리사회주의는 경쟁과 차별 등 자본주의적 요소를 도입했지만 그것은 개개인을 위한 것이 아니라 사회 전체와 집단을 위한 것이라고 이 신문은 주장했다. 사회주의 특유의 집단주의를 강조한 것이다.

실리사회주의는 사회주의 원칙을 고수하되 실리를 챙긴다는 7.1 경제관리 개선조치의 목적이기도 하다. 〈조선신보〉가 김일성종합대학 교수들의 말을 빌린 보도의 핵심적인 내용은 다음과 같다.

"돈을 벌기 위해 예비 생산능력을 다른 곳에 돌릴 수도 있지요. 그 경우도 무엇을 생산하려는가, 그것이 국가와 인민생활에 유익한 것인가 아닌가를 통계기관에서 심사합니다. 인정되면 새로 국가계획적인 사업으로 등록됩니다. 예컨대 구두공장이 창발성을 발휘한다면 로인용 어린이용 등 다양한 신발을 더 많이 생산할 생각부터 해야지, 카카오(초콜릿)를 만들겠다고 나서면 되겠습니까. 자본주의 시장에서 원료 연료를 사들이자면 외화가 있어야지요. 우리도 상품을 팔아서 돈을 벌어야 한다는 말인데 그러자면 나라의 경제를 세계적인 수준으로 일떠세워서 질 높은 상품을 만들어낼 수 있어야 합니다. 우리는 이 과제를 개인주의에 기초한 시장경제가 아니라 집단주의 방법으로 해결하려 합니다."

〈조선신보〉는 "공통의 거래수단이 돈이라면 그를 위한 수단과 방법은 모두 동원한다. 다만 거기에 이르는 과정이 자본주의와 다를 뿐이다. 교수들은 '근본적인 차이는 집단주의에 있다'고 강조한다. 그 원칙을 견지하면서 생산성과 효율성을 추구한다는 것"이라고 말했다.

한편 북한은 1990년 김일성종합대학에 무역경제학과를 신설해 자본주의를 본격적으로 공부하기 시작했으며, 1990년대 중반 이후 자본주의 국가들과 협력하는 방향으로 대외 경제정책의 큰 방향을 전환했다고 이 신문은 보도했다. 김일성종합대학 무역경제학과는 1990년대 중반에 1기 졸업생을 배출했으며, 학과 설립 직후에는 조총련의 조선대학교에 의뢰해 3년 동안 초빙강의를 진행했다.

김일성종합대학 경제학부 무역경제학과 이명숙 부교수는 2002년 11월 13일 〈조선신보〉와 가진 인터뷰에서 "앞으로 조선의 자주성을 존중하는 세계의 모든 나라들과 경제교류를 진행할 것이며 그 준비가 돼있다"면서 이렇게 밝혔다.

"(자본주의 나라들과의) 거래 방법과, 형식에서의 무역의 방법뿐만 아니라 합영 합작도 하고 차관도 받고 여러 갈래의 관계를 가져야 한다는 필요성이 제기됐고, 1990년대 중엽부터 본격적으로 대외 경제 전반의 방향 전환을 이루었다"고 말했다.

이렇게 된 배경에 대해서 그는 "1980년대 말까지 거래 대상은 주로 사회주의 나라로 그 양이 70퍼센트를 차지하였는데 사회주의 시장이 소멸하면서 이제는 자본주의 시장을 뚫고 나가는 문제가 긴요하고 절실한 문제가 되었다"고 설명했다.

이 교수는 또 "자본주의 시장을 뚫고 나가기 위해서는 제품의 질을 높여야 하고 질적 수준을 담보하는 과학기술을 발전시켜야한다"며 "이를 위해 앞선 기술을 제때에 받아들여야 한다"고 강조했다. "기술개발에 100년 들였던 것을 1, 2년 동안에 받아들일 수 있다면 응당 그렇게 해서 시간과 자금 노력을 낭비하지 않아야 하고, 다른 나라의 것을 사들이는 것이 실리를 보장할 수 있고 효과도 높다고 판단될 경우는 그 공정을 다 쓰게 돼있다"는 것이다.

결국 북한이 다년간의 고민 끝에 내놓은 실리사회주의 처방은 생산성과 효율성을 높여 실리를 추구하되 개인의 이익이 아니라 집단의 이익을 추구한다는 것이다. 자본주의는 개인의 탐욕을 인정해 생산성과 효율성을 높인다. 북한의 주장처럼 개인의 탐욕이 아니라 집단주의적 이익을 추구하도록 해서 같은 목적을 달성할 수 있을지, 그것이 문제인 것이다.

구빈리 협동농장의 사계(四季)

평양 중심가에서 차를 타고 두 시간을 가면 강동군 구빈리가 나온다. 북한의 행정구역상 도시 안에는 도시와 농촌이 함께 있다. 강동군은 평양시의 농촌 지역이고, 구빈리는 이 군의 외곽이자 평양시의 동북쪽 경계에 근접해 있다.

이곳에는 염소를 키워 젖을 짜고 농사도 지어 먹고 사는 구빈리 협동농장이 있다. 굿네이버스는 이곳에 물자를 지원하고 있다. 이일하 회장에게 이곳이 특별한 곳인 것처럼 나도 이곳에 남다른 애착을 가지고 있다. 나는 2002년 6월 30일 이곳을 처음 방문한 뒤 2002년 10월과 2003년 3월에도 다시 방문을 했다.

사정을 모르는 일행은 "기자가 가보지 않은 곳을 가야지 왜 간 곳을 또 가느냐"고 물었다. 맞는 말이었지만, 내 생각은 달랐다. 어차피 북한 방문 일정은 북측이 보여주는 곳들만 보도록 돼 있었다. 그럴 양이면 간 곳을 또 가고, 또 보면서 변화라도 감지하고 싶었다.

내 생각은 대체로 들어맞았다. 북한 방문은 매우 강렬한 인상과

남포시 대안목장

기억을 남긴다. 그래서 한참 뒤에 북한을 다시 방문해 지난번 갔던 곳을 또 가보면 아주 미세한 것이라도 달라진 무언가를 감지해 낼 수 있다. 건물의 색과 도로 등 주변 환경이 변했을 수도 있고, 그곳에 사는 사람들의 말과 표정이 변했을 수도 있다.

나는 구빈리에서 북한 경제가 변해가는 모습을 보았다. 날로 사정이 나아지는 구빈리 협동농장의 살림살이와 그곳 사람들의 바뀐 표정이 그것을 말해주었다. 그 변화를 읽는 가운데 북한에 대한 내 생각도 변해갔다.

소가 넓혀준 남북교류의 문

굿네이버스는 1998년부터 북한의 5개 목장에 380마리의 소를 지원했다. 1998년 9월 1차분 104마리가 인천항을 출발해 남포시 대안구역의 대안젖소목장에 새 보금자리를 마련했다. 그 해 11월에는 96마리가 남포시 용강군 용강젖소목장과 중화군 교잡소목장으로 보내졌고, 2002년 4월에 100마리가 추가로 지원됐다.

2002년 7월 당시에는 그때까지 지원된 젖소가 낳은 새끼를 포함해 남한에 호적을 둔 소 480마리가 연간 3만 명의 북한 어린이들에게 매일 200밀리미터씩의 우유를 공급하고 있었다. 굿네이버스는 2003년에도 구빈리 협동농장에 80마리의 젖소를 더 지원했다.

나는 2002년 6월 30일 굿네이버스 방북 대표단과 함께 바로 그 구빈리 협동농장을 방문했다. 구빈리 가는 길은 소형 승합차를 타고 비포장도로를 2시간이나 가야하는 험한 길이어서, 대표단에서 나이가 어린 쪽 절반이 '농장팀'이 되어 구빈리를 방문했다. 나이가 많은 쪽 절반은 '병원팀'으로 갈라섰다. 실향민인 원로 목사 2명이 "시골 고향의 모습을 보고 싶다"고 농장팀에 자원했고, 2명의 젊은 목사가 기꺼이 자리를 양보했다.

구빈리 협동농장은 1999년에 굿네이버스가 지원한 우유 멸균기, 치즈 제조기, 우유 포장설비, 우유 운반용 냉장차량 등을 활용해서 염소젖을 가공해, 매일 산유(요구르트) 2톤과 치즈 800킬로그램을 인근 육아원, 탁아소, 인민학교 등에 공급하고 있었다. 2001년 총 생산량은 310톤, 2002년 생산목표는 400톤이었다. 우유 가공공장 뒷산에는 '풀로 고기를 만들자'는 구호가 커다랗게 씌어 있었다.

가공공장에서 생산된 요구르트와 치즈는 바로 옆 천연동굴에 하루 동안 보관됐다가 소비자에게 전달된다. 전기와 냉장시설이 부족하기 때문에 천연동굴 옆에 공장을 지은 것이다. 이 동굴은 사계절 내내 한결같이 섭씨 15도의 실내온도를 유지한다.

구빈리 주민 2700명 가운데 1200명이 이 농장에서 일하고 있다고 했다. 그 가운데 젖 가공공장에서는 10명이 하루 2교대로 일하고 있었다. 이곳에서 4년 동안 일했다는 김종실씨는 "보람이 크다"고 짧게 말한 뒤 수줍게 얼굴을 숙였다. 이곳에서 생산되는 산유는 품질이 좋다고 평양 시내에 소문이 나, 6월 19일에는 북한 주재 러시아 대사도 이곳을 방문해 격려했다고 한다.

처음 인사를 나눈 임귀남 지배인은 흔히 생각하는 북한의 중년 시골 남자 그 자체였다. 허름한 황토색 잠바 차림에 검게 탄 얼굴이 인상적이었다. 그는 "굿네이버스가 지원한 물품들을 요긴하게 쓰고 있다"며 "인민들의 건강을 위해 내년에는 총생산량을 1000톤으로 늘릴 욕심이며, 이를 위해 굿네이버스의 추가 지원이 필요하다"고 말했다.

북한 낙농인이 무엇을 필요로 하는지를 알아보기 위해 그에게 좀 더 자세히 물어보았다. 임 지배인은 "젖소도 젖소지만 사료를 만드는 분쇄기와 전동기, 그리고 사료 가공기술과 사료에 들어가는 첨가제를 배합하는 기술 등이 필요하다"며 이렇게 말했다.

"첨가제를 만드는 방법을 반드시 알아야겠습니다. 강냉이와 풀, 콩기름 등 사료를 만들 원료는 있는데 비타민과 영양제 등 첨가제가 없어 문제입니다. 배합하는 기술도 물론 중요합니다."

구빈리 대안목장 지배인 임귀남

굿네이버스는 이 마을에 낙농 기계와 기술 외에도 현대자동차가 만든 스타렉스 자동차와 경운기 10대도 지원했다.

이 회장은 북한의 낙농업이 활성화되면 토지를 알칼리성으로 변화시켜 농업 생산량을 증가시키는 데도 기여할 것으로 기대하고 있다. 게다가 농장은 인민들에 일거리도 제공한다.

낙농 지원사업은 젖소를 보내는 것만으로 끝나지 않는다. 오히려 시작이다. 임 지배인이 털어놓은 고민처럼 우선 젖소가 먹을 사료가 필요하다. 젖소가 아프면 치료해주는 데 필요한 수의학 기술과 의약품도 있어야 한다. 우유와 산유 치즈를 만드는 기술도 필요하다.

이 모든 점에서 북한은 초보 단계다. 이 때문에 2002년 4월 말에는 서울우유의 지도소장, 수의병원장, 사료회사 사장 등 남측 낙농 관계자들이 굿네이버스 집행부와 함께 북한을 방문했다. 소들이 남북 낙농인 교류의 폭을 점점 더 넓혀가고 있는 것이다.

이런 낙농 지원사업은 1995년부터 북한에 대해 인도적 지원사업을 벌이기 시작한 굿네이버스가 옥수수나 빵 같이 '당장 먹을 것'을 지원하는 것도 중요하지만 '먹을 것을 만드는 방법'을 지원하는 게 더 중요하다고 판단하고 1998년부터 시작한 사업이다. 북한의 낙농업이 낙후한 상태여서 낙농업 지원은 투자 효과가 높을 것으로 기대됐다. 게다가 생산된 우유가 북한 어린이들의 식량과 영양 문제를 해결하는 데 크게 기여할 수도 있다.

모두가 발동이 걸려야

그로부터 불과 석 달 후 구빈리를 다시 방문했을 때 나는 너무도 많은 것이 변해 있음을 목격했다. 평양 시내 중심가에서 2시간을 힘겹게 달려야 했던 울퉁불퉁한 비포장도로는 그새

노면이 잘 다듬어져서 포장도로나 다름없게 됐다. 얼룩덜룩하던 주택들 외벽에는 하얀 페인트가 칠해졌고, 산등성이마다 염소 떼가 쉴 수 있는 축사들이 예쁘게 지어져있었다.

구빈리는 북한에서도 가장 낙후한 지역이었다. 그러나 지금은 상황이 완전히 달라졌다. 염소젖으로 만든 산유와 치즈를 내다 팔면서 수입이 높아져, 이젠 다른 지역 인민들이 구빈리를 선망의 눈길로 바라보고 있다. 북한 당국은 1996년에 구빈리를 축산단지 시범지구로 지정했다.

구빈리 협동농장은 출범 초기에는 농장 전체가 젖염소를 공동으로 사육했지만, 1999년부터는 마을(20~50가구) 단위의 경쟁체제를 도입했다. 마을 단위로 생산을 하도록 한 뒤 더 많이 생산한 마을에 더 많은 수입을 나눠주는 방식이었다. 따라서 같은 마을 사람들은 똑같은 분배를 받았다. 그러나 최근에는 생산성을 더 높이기 위해 생산 경쟁의 단위를 마을에서 개인으로 세분화했다. 이에 따라 농장에서 주민 한 명에게 20마리 안팎의 젖염소를 나눠준 뒤 매일 산출되는 젖의 양을 개인별로 기록해 두었다가 실적에 따라 농장 수입을 분배한다.

이처럼 경쟁과 인센티브라는 자본주의적 경영 방법을 활용해 이곳에 기적을 일군 사람은 임귀남 지배인이다. 나는 그에게 작은 선물을 주었다. 첫 방문 때 함께 찍은 사진이었다. 액자를 미처 준비하지 못하고 출발해 베이징 공항에서 그다지 정교하지 못한 나무 액자를 샀다. 그래도 그는 선물을 건네자 무척 쑥스러워하며 고맙다고 했다.

이날 나는 임 지배인에게 북한에서 한창 진행되고 있던 7.1 경제관리 개선조치에 대해 꼬치꼬치 캐물었다. 덕분에 다른 일행들이 각자 궁금했던 것들을 그에게 물어볼 수 없었다. 임 지배인은 마치 기다렸다는 듯이 답변을 했다. 하고 싶은 말이 많았던 모양이었다. 그는 개인별 경쟁체제로 변화한 효과에 대해 "남보다 열심히 일하지 않으면 생필품을 구입할 돈을 많이 분배받을 수 없기 때문에 모든 농장 주민들이 젖을 더 많이 생산하려고 노력한다"고 말했다.

그와 다음과 같은 대화를 나눴다.

"7월 1일 경제관리 개선조치로 살림살이가 더 좋아졌습니까?"

"예. 쌀과 옥수수 가격이 올라 수입이 많이 늘었습니다. 전에는 수입의 70퍼센트가 산유에서 나왔는데 이제는 산유와 곡물 수입이 반반씩입니다. 지난해 농장 수입이 400만 원이라면 올해는 2000만 원 정도 될 겁니다."

"남한식으로 얘기하면 최고경영자(CEO)이신데, 최고경영자로서 어떤 경영 철학과 원칙을 갖고 계십니까?"

"더 많이 생산하자면 모두가 발동이 걸려야 한다고 봅니다. 어떤 자극을 주어 능력을 개발할 것인지가 문제입니다."

"개인별 경쟁체제와 물질적 보상이 주민들의 생산의욕에 '발동'을 건다고 생각하시는군요?"

"맞습니다. 지금은 연말에 한 해의 수입을 나눠주는데, 앞으로는 월말마다 한 달 수입의 절반씩이라도 지급해 생산의욕을 더 높일 생각입니다."

"실제로 주민 개인별로 생산과 소득에 큰 차이가 납니까?"

"지난해 생산량을 놓고 보자면 '똑똑하게 한 사람'과 '건달뱅이'의 수입은 다섯 배 차이가 납니다. 2만 5000원을 받은 사람이 있는가 하면 5000원밖에 못 받은 사람도 있습니다."

"똑똑하게 한 사람의 비결은 뭔가요?"

"묵묵히 열심히 하는 겁니다. 생산을 많이 하는 사람은 오전 8시에 도시락을 싸들고 염소와 함께 산 위로 올라갔다가 오후 8시에야 내려옵니다. 그렇지 않은 사람을 보면 아침에 늦잠 자고 느지막이 산에 올라갔다가 점심을 먹는다면서 염소를 데리고 내려옵니다. 그리고는 낮잠을 자고 두시 넘어서야 다시 산에 올라갔다가 해지기 전에 내려옵니다."

임 지배인은 "하루 종일 풀을 뜯은 염소가 젖을 많이 내고 주인 따라 왔다갔다만 한 염소는 젖을 많이 내지 못하는 것은 당연하지 않으냐"고 반문했다. 그는 최근에는 세균 실험실을 만들어 산유와 치즈에 사용되는 다양한 균을 배양하는 데도 관심을 쏟고 있다고 말했다.

"균을 대량으로 만들어 다른 농장들에도 나눠줄 생각입니다. 그 대가로 돈을 받으면 주민들이 사는 데 도움도 되고 좋잖아요?"

그가 최고경영자라는 말의 의미를 알고 있는지는 모르겠으나, 그의 머릿속은 남측의 여느 최고경영자 못지않게 더 많이 생산해 더 많이 버는 방법을 궁리하는 생각으로 가득 차있는 듯했다.

이 농장에는 사업장책임 제도가 도입된 지 오래다. 한 해의 생산 목표는 국가가 아니라 주민 대표들이 모인 관리위원회에서 정한다. 이런 개혁의 효과로 염소 수도 날로 늘어나 2002년 10월 당시 모두 3300마리로 늘어났고, 그 가운데 2000마리가 젖을 내고 있었다. 이에 따라 도심과 주변 농가에서 70여 가구가 이곳으로 이주해 인구도 599세대 1200여 명으로 늘어났다.

내가 구빈리 대안목장을 세 번째로 방문한 것은 2003년 3월 22일이었다. 첫 번째와 두 번째 방문 때와 달리 이번에는 임 지배인이 머리에 기름을 말쑥하게 바르고 나타나 남측 손님들을 맞았다. 그는 정말로 최고경영자가 된 듯했다. 남측에서도 기업 최고경영자는 투자유치를 위해 외부 손님을 만날 때 멋지게 치장을 하고 나오지 않는가.

이번에도 그를 위해 서울서 직접 마련한 세련된 사진 액자를 준비했다. 거기에 지난 가을 그와 내가 함께 찍은 사진을 끼워 넣었다. 그날은 그를 붙잡고 질문을 할 분위기가 아니었다. 농장 뒷산에 설치된 마이크에서 미국의 이라크 침공 사실을 알리고 주민들의 경각심을 촉구하는 목소리가 울려 퍼지고 있었다. 그러나 나는 농장 건물 복도에서 잠시 그의 손을 잡고 경제 상황을 물었다.

"지난해 생산이 좋았다지요?"

"사상 최대로 잘됐습니다. 지난해 농장 수입은 모두 4500만 원 정도입니다. 1800만 원이 젖 수입이고 나머지는 알곡 수입입니다. 농장원 한 사람이 한 해 동안 평균 5만 원을 벌었습니다. 가장 많이 번 사람은 9만 원, 좀 떨어지는 사람은 2만~3만 원 정도를 벌었지요."

"월급은 어떤 방식으로 줍니까?"

"매월 벌어들인 수입의 20퍼센트 정도를 주고, 나머지는 연말에 모아서 정산해주고 있습니다."

"지난해 7.1 경제관리 개선조치 이후 가장 많이 달라진 것이 무엇이라고 생각합니까?"

"모두 다 스스로 계획을 세우고, 얼마나 달성했는지를 평가받습니다. 일하는 만큼 대가를 받기 때문에 더 벌어 더 쓰기 위해 일할 의욕이 생겼다는 것이 가장 중요합니다."

한 안내원은 "구빈리 협동농장은 공화국 인민들에게 자력갱생의 표본으로 알려져 있습니다. 이 농장은 〈로동신문〉에도 나서 유명한 곳이 됐습니다"라고 말했다.

임 지배인과 헤어진 뒤 일행은 평양 시내에 있는 삼석 닭공장과 평안남도 남포시의 대안 젖소목장을 방문했다. 대안목장의 송재수 지배인은 "지난해 한 사람이 월 평균 1800원 정도 벌었습니다. 많은 사람은 3000원, 적은 사람은 1500원을 벌었습니다. 결근하고 꾀부린 사람은 그렇지 않은 사람보다 적게 받습니다"라고 말했다. 초면이라서 그런지 그는 매우 조심스러워했다.

2003년 7월 나는 이일하 회장에게서 네 번째 평양 방문 제의를 받았다. 구빈리 협동농장이 또 어떻게 변했을지 매우 궁금했다. 멋지게 머리를 올린 임 지배인의 사진도 지난번보다 더 좋은 액자에 넣어 준비했다. 그러나 개인적인 사정이 있어 동행할 수 없었다.

당시 대표단에는 북한 경제 전문가인 남성욱 고려대 북한학과 교수가 포함돼 있었다. 길이 막히면 돌아서라도 가야 한다. 나는 남 교수에게 꼭 구빈리를 방문해 그곳의 최근 상황을 취재해 달라고 부탁했다. 그는 흔쾌히 받아들였다. 그는 돌아와서 내게 소식을 전해주었다.

"농장원들에 대한 월급 지급방식은 염소의 젖 생산량에 따른 노동보수로 결정되는 철저한 성과급제입니다. 이제 더 이상 과거처럼 빈둥거리는 건달도 없고 공짜도 없습니다. 열흘, 한달, 분기별로 각 개인의 성과를 따져서 보수를 정하기 때문에 누구도 놀고먹을 수가 없습니다. 결국 개인들이 일을 깐지게(철저하게) 하자는 것입니다."

남 교수의 취재에 따르면, 구빈리 농장의 김경호 사무장은 지난해 7.1 경제관리 개선조치 이후 달라진 농장원들의 근로자세 변화를 이렇게 표현했다.

"개인별로 20마리의 염소와 젖소를 관리하는데, 7.1 조치 이후 젖 생산량이 연간 320톤으로 과거의 100여 톤에 비해 3배로 많아졌습

니다. 현대식 축산설비가 도입된 덕분이기도 하지만, 무엇보다 일한
만큼 받는다는 원칙이 확고해짐으로써 주민들의 근로의욕이 높아졌
기 때문입니다."

김 사무장의 말은 7.1 조치가 인민들의 근로 현장에 확실히 정착
되고 있다는 뜻이었다. 그는 평양기계대학을 졸업하고 10년째 일하
고 있다고 한다. 그는 2003년도 연봉이 2만 5000원에서 3만 원은
될 것으로 기대하고 있었다.

7.1 조치 이후 농장원들의 월급은 개인의 능력에 따라 차등적으
로 인상됐다. 염소에게 풀만 먹이는 농장원은 2000원 선의 월급을
받는 데 비해 염소의 발육과 젖 생산을 책임지는 기능직 관리원은
3500원의 월급을 받는다. 이처럼 '농장 전체가 벌어들이는 수입에
기여한 정도'에 따라 월급이 차등 인상된 것은, 사회주의에 실리를
접목시키려는 노력의 일환이라고 한다.

특히 7.1 조치 이후 물가가 올랐기 때문에 그 이전보다 수입의 중
요성이 커졌다. 과거에는 무상으로 공급됐던 의식주의 상당 부분이
유상으로 전환됐기 때문에 누구나 월급에 신경을 쓰지 않을 수 없게
됐다는 것이다. 전력 요금의 경우 과거에는 1킬로와트에 3.5전이었
으나 이제는 2.1원이라고 한다. 협동농장에 공급되는 휘발유도 리
터당 40원에서 2800원으로 인상됐다.

인플레이션이 심하지 않느냐는 지적을 하자 한 안내원이 "일부
품목의 가격이 많이 올랐지만 그런 품목은 소비를 줄이면 된다"라
고 다소 비경제학적인 대답을 했다고 남 교수는 전했다.

구빈리 농장의 임 지배인은 "이제는 1200명의 농장원들에게 월급
을 제대로 주기 위해서는 수입을 늘리고 지출을 줄이는 데 주력하지
않을 수 없다"고 말했다고 한다. 과거에는 협동농장이 적자를 내면

농업성에서 보전해 주었으나, 이제는 협동농장이 자체적으로 해결해야 한다.

임 지배인은 기업소 지배인들이 경영을 잘하기 위해 노력하는 것은 7.1 조치 이후 어디서나 볼 수 있는 공통된 모습이라고 말했다. 협동농장과 국영 기업소들의 적자를 국가가 더 이상 무상으로 보조해주지 않기 때문에 책임경영이 그 어느 때보다 강조되고 있다는 것이다.

간이 매대의 경제학과 북한식 개발 모델

내가 경제관리 개선조치에 따른 북한 내 변화의 징후를 가장 많이 발견한 때는, 이 조치가 시행된 지 3개월 만인 2002년 10월 두 번째로 북한을 방문했을 당시였다. 곳곳에서 변화의 모습들이 보였고, 북한 당국자들도 의도적으로 조치의 내용과 진행 상황에 대해 이야기 해주었다. 북한 당국은 이미 2000년부터 7.1 경제관리 개선 조치 시행을 준비해왔다.

내가 방북한 2002년 10월은 그동안 비축된 물자와 돈이 풀리면서 당국의 계획이 순조롭게 진행되던 때였다. 당시는 또 핵 보유 문제로 인한 북한과 미국의 갈등이 시작되기 직전이었다. 주식시장으로 치면 단기 고점이었다고나 할까. 어쨌든 나는 두 번째 방문에서 7.1 조치와 관련된 북한 당국의 의도와 그 효과로 나타난 현상들을 구체적으로 취재할 수 있었다.

먼저 그 두 달 전인 2002년 7월에 평양 시내의 한 협동농장에서 일어난 일을 소개하고 싶다. 예전 같았으면 공무원이나 군인들이 찾아와 김매기를 도와줘야 할 때였다. 벼를 잘 키워야 식량난 해소에 도움이 되지만 농촌의 일손은 늘 부족하기 때문이다. 그런데 이번에는 농장 사람들이 스스로 다하겠으니 아무도 오지 말라고 했다는 것이다. 이유가 있었다. 전보다 많이 생산하고 비용을 줄이면 자신들의 몫이 많아지는데, 공연히 다른 사람들 일손을 빌려 일당을 주면 그만큼 손해라고 생각했던 것이다. 이 농장 이야기는 경쟁체제와 물질적 인센티브를 강화해 생산성 향상을 꾀하고자 한 7.1 경제관리 개선조치의 효과를 잘 보여준다.

비슷한 시기에 다른 경로로 북한에 다녀온 김영수 서강대 정치외교학과 교수는 "시골 협동농장에도 일손이 넘친다는 이야기를 많이 들었다"고 말했다. 2002년 10월 1일 평양시 순안공항에서 만난 한 재미교포는 "평양시에 있는 친지 집에서 일주일 묵고 돌아가는 길인데, 북한 주민들이 최근의 경제 변화를 아주 재미있게 생각하더라"고 말했다. 사람은 역시 내 것과 네 것을 갈라 주고, 내가 남보다 더 열심히 일하면 다른 사람보다 더 잘살 수 있는 길을 열어줘야 신이 나는 것 아니겠냐고 그는 해석했다.

나는 2002년 10월 평양을 방문했을 때 전철역과 버스정류장 근처 등 사람이 많이 오가는 길가에 간이 매대가 즐비하게 늘어선 것을 보았다. 간이 매대는 더 많이 팔려는 기업소들의 의지를 그대로 드러내 보여주고 있었다. 남측의 테이크아웃 가게에 해당하는 간이 매대는 처음에는 아리랑축전 기간에 한시적으로 허용됐으나 그 후 상시적인 것이 됐다.

안내원은 "한 매대에서 하루 3000원어치 이상의 청량음료를 팔기도 하고 여름철에는 정식 상점보다 길가의 간이 매대가 청량음료를 더 많이 판다"며 "많은 기업소들이 간이 매대 사업을 원하게 되어

서로 좋은 자리를 차지하려고 치열하게 경쟁한다"고 말했다.

나는 평양 거리에서 한 여성이 자전거 뒤에 간이 매대를 달고 물건을 파는 모습을 카메라에 담을 수 있었다. 묘향산 주차장에도 간이 매대 7~8개가 영업을 하고 있었는데, 석 달 전만 해도 그곳은 적막하기만 했다.

평양 시내의 자전거 간이 매대

기존 판매소들의 경쟁도 치열해졌다. 평양 시내에 있는 한 외국인식당의 여성 지배인은 "안내원들이 더 많은 외국인 관광객을 데리고 올 수 있도록 음식과 봉사의 질에 신경을 쓰고 있다"며 "그래야 다른 식당보다 수입을 더 올릴 수 있지 않겠느냐"고 말했다. 한 안내원은 "안내원은 손님들에게 좋은 서비스를 해주는 식당을 찾게 마련"이라며 "손님에게 서비스가 나쁜 식당은 안내원들도 찾지 않는다"고 말했다.

북한의 언론도 생산성 향상에 최대의 역점을 두고 보도하고 있었다. 평양으로 들어가는 고려항공 비행기 안에서 받아 본 2002년 10월 1일자 〈로동신문〉은 1면에 '기름 작물을 대대적으로!'라는 제목의 대형 기획기사를 실었다. 이 기사는 "좋은 기름 작물을 많이 심어, 먹는 기름 문제도 풀어야 합니다"라는 김정일 국방위원장의 지적을 화두로 삼아, 남포시 등 여러 지역에서 유채 등을 심어, 먹는 기름을 많이 생산한 사례들을 보도했다.

이 신문은 또 3면에 '공동사설의 요구대로 현존 발전능력을 최대

한 리용하여 더 많은 전력을'이라는 제목의 기사를 크게 실었다. 이
와 함께 평양 화력발전 연합기업소 르포 기사도 실려 있었고, 허천
강발전소에서 개발한 '잡은 물을 최대한 활용하는 방법'도 소개하
고 있었다.

두 마리의 토끼를 동시에

이틀 뒤 〈로동신문〉은 '경제관리를 잘하는
것은 강성대국 건설의 중요한 요구'라는 제목의 기사로 경제관리
개선조치의 취지를 설명했다. 이 기사는 내 눈길을 잡아끌었다. 북
한이 이번 조치의 핵심을 '사회주의 원칙을 확고히 지키면서 가장
큰 실리를 얻는 것'으로 표방하고 있다는 점을 알고 있었기 때문이
다. 이 기사의 내용을 인용해보자.

사회주의를 건설하던 일부 나라들에서는 사회주의 원칙을 지킨다고 하면서
경제적 효과성을 소홀히 하거나, 경제적 효과성을 중시한다고 하면서 사회주의
원칙을 버리는 좌우경적 편향이 나타났다.
  …
국가의 통일적 지도를 보장하면서 아래 단위의 창발성을 높이 발양시키는
것은 사회주의경제관리에서 틀어쥐고 가야할 중요한 원칙의 하나다.
  …
위대한 장군님께서는 근로자에게 일감을 똑똑히 주고 노동조건을 잘 지어줄
데 대한 문제, 근로자의 생활을 안정향상시키는 데 대한 문제, 노동에 대한 정
치 도덕적 자극과 물질적 자극을 옳게 배합하는 문제들을 전면적으로 밝혀주시
었다.

이날 〈로동신문〉 3면에는 '기업관리를 우리식으로 하여 경제적 효과성을 더욱 높이자' 는 제목으로 대동강축전지공장, 라남탄광기계연합기업소 등의 성과를 소개하는 기사가 실렸다. 이처럼 당시 북한의 신문과 방송에는 '밝은 타산' '노력과 설비의 1퍼센트 효과적 이용' '원가와 노력을 줄이자' '혁신' 등 낯익은 자본주의적 경제용어가 자주 등장했다.

한 안내원은 "과거 우리 사회에서는 '타산에 밝다' 는 것은 '이기적' 이라는 뜻으로 심한 욕이었다. 그러나 이제는 기업이나 개인이나 타산에 밝은 것이 덕목이 됐다"고 말했다.

북한 당국이 7월 1일 이후 물가와 임금을 동시에 인상한 것도 이런 변화를 가져온 중요한 원인이었다. '두 마리 토끼를 한꺼번에 잡는' 당국의 조치가 먹혔던 것이다. 물가 인상으로 인민들은 이제 일을 하거나 집에 모아둔 달러를 내놓지 않으면 살기 힘들게 됐다. 이렇게 해서 노동력과 자본이라는 두 가지 생산요소가 동시에 창출됐다. 임금 인상은 생산직 노동자들의 구매력을 늘려 소비활동 증가로 이어질 것으로 기대됐다.

7.1 조치로부터 불과 3개월이 지난 시점이었지만 효과는 기대 이상인 것으로 보였다. 10월 3일 평양역 앞에서 만난 한 주민은 "월급이 오른 뒤 인민들의 살림살이가 훨씬 넉넉해졌다"고 자신 있게 말했다. 나는 그와 대화를 나누기 위해 사진을 함께 찍는 척하며 안내원을 따돌렸는데, 나중에 허겁지겁 달려온 안내원은 그와 나를 몹시 혼냈다. 그런 안내원들도 같은 질문을 던지면 "물가는 올랐지만 기본적인 배급이 되고 월급이 더 올라 살기는 나아진 편"이라고 입을 모았다.

북한 주민들도 이용할 수 있는 평양 시내 '평양금강산판매소' 의 정성희 지배인은 "요즘 하루 판매액수가 10만~15만 원으로 과거의 두세 배"라며 주민들의 구매력이 높아졌다고 말했다. 7.1 조치로 북한 노동자의 임금은 2000~6000원으로 올랐고, 평양시 판매소에서 일하는 여성 판매원의 월급은 3000~4000원 선이었다. 아주 어렵고 힘든 일을 하는 광산노동자는 월급을 1만 원 이상도 받는 것으로 알려졌다.

사라지는 저액 화폐

7월 1일 이후 '1달러＝150원'의 환율이 엄격하게 적용되는 것도 달라진 현상이었다. 상점마다 진열대에 물건의 달러 가격과 원 가격을 써넣은 표를 붙여 놓았다. 석 달 전에는 '외화 바꾼 돈표'라는 것이 있었고, 나도 그것을 사용해 봤다. 외국인이 달러로 물건을 살 때 거스름돈은 이 돈표로 주었다. 그러나 3개월 뒤인 10월에는 이런 돈표가 모두 사라졌다.

물가가 오르면서 저액권 화폐는 유명무실해졌다. 7월 1일 이후 100전, 50전, 10전, 1전짜리 화폐는 사라졌고 대신 100원, 50원, 10원, 1원짜리 화폐가 주로 이용되고 있었다. 그 이상의 고액권 화폐는 아직 발행되지 않고 있었다.

그런가 하면 국영상점과 농민시장(장마당)의 물가가 비슷해지고 당국이 농민시장에 대한 통제를 적극화하면서 2002년 10월 현재 농민시장에서 거래되는 물품의 종류와 양은 크게 줄어든 상태였다.

한 안내원은 "장마당에서는 공산품과 쌀 등을 전혀 볼 수 없으며 가정에서 소비하고 남은 닭고기, 오리고기, 채소, 과일류 등만 조금씩 거래되고 있다"고 말했다. 그는 "아직은 개혁 초기라서 장마당이나 국영상점이나 물자가 부족하기는 마찬가지이고 두 시장의 가격

이 비슷하기 때문에 인민들이 수중에 팔 물건이 생기면 합법적이고
안전한 국영상점으로 가져온다"고 말했다.

사람들로 붐비는 거리

내가 북한에 체류한 4박 5일 동안 북한은 온통
외지 손님들로 북적거렸다. 외부인을 안내하는 안내원들은 "요즘처
럼 바쁘기는 처음"이라고 혀를 내둘렀다. 이런 북적거림은 평양에
들어가기 전부터 시작됐다.

2002년 9월 30일 오후 4시쯤 중국 베이징의 스위스호텔 안에 있
는 북한 고려항공 사무실에는 10월 1일에 평양으로 가는 비행기 두
대에 혹시 자리가 남았는지를 묻는 전화가 빗발쳤다. 한 남자 직원
은 전화에 대고 이렇게 말했다.

"선생님 말고도 화물기라도 타고 가겠다는 사람들이 많지만 그럴
수는 없습니다. 요즘 평양에 가시려면 일찍 예약을 하셔야 합니다."

옆에 있는 여자 직원에게 물어보니 "아리랑축전 때 승객이 많아
졌는데 그 후에도 줄지 않고 있다"며 "내일 비행기에는 230명이 자
리를 잡았고 50명이 대기하고 있다"고 말했다.

베이징 여행사에서 일하는 한 조선족 여성은 "미국이나 캐나다에
서 가족 방문이나 사업차 북한에 들어가는 동포 수가 늘었고 한 사
람당 방북 횟수도 늘어나고 있다"고 말했다.

10월 1일 오후 베이징공항 탑승구에는 평양에 들어가는 외국인들
이 줄지어 서있었다. 유엔개발계획(UNDP) 소속이라는 인도인 마
츠바이씨는 "북한 현지 직원들에게 '변화 관리와 커뮤니케이션'을
가르치러 간다"며 "북한이 세계경제에 편입하려는 것은 반가운 일"
이라고 말했다. 러시아정교회 소속인 포츠드니에프 신부는 "북한

당국이 평양에 러시아정교회를 세우도록 허용했다는 말을 듣고 확인하러 간다"고 말했다.

베이징에서 평양으로 들어가는 여객기는 일주일에 두 번, 화요일과 토요일에 있다. 목요일에는 화물기가 뜬다.

오후 3시 30분 고려항공 편으로 순안공항에 도착한 대표단 일행이 짐을 찾아 공항 밖으로 나오는 데는 1시간 15분이 걸렸다. 승객들이 평양에 갖고 들어온 수화물의 양이 3개월 전보다 두 배는 많아졌다. 일반 여행가방 외에 파나소닉, DVD, 중국제 컴퓨터 등 이른바 '보따리 물건' 들이 비행기 안에서 쏟아져 나왔다.

마침 중국의 건국기념 연휴를 맞아 많은 중국인 관광객들이 북한에 왔다. 우리 대표단은 10월 1일에는 평양교예극장에서, 10월 3일에는 묘향산에서 중국인 관광객 수천 명과 마주쳤다. 그들을 안내하던 중국인 여성 가이드는 "한 사람이 3박 4일 북한을 여행하는 데 중국 돈으로 2500위안(약 300달러)이 든다"며 "중국인들은 북한의 수려한 자연 경관을 좋아한다"고 말했다.

그때는 KBS와 MBC 등 남측 방송사 일행이 다녀간 뒤였고, 10월 3일에는 남측 천주교 신부 100여 명이 북한을 찾았다. 사단법인 남북어린이어깨동무 관계자 4명도 10월 1일 북한에 들어왔다. 3일에는 차를 타고 이동하던 중에 제임스 켈리 국무부 동아태 담당 차관보 등 미국 대표단 일행을 태운 벤츠 6대가 공항에서 시내 쪽으로 들어가는 것을 보았다. 켈리 차관보 등을 태운 특별기는 이틀 뒤인 5일 순안공항을 통해 출국했다.

거리를 오가는 북한 주민들의 수가 3개월 전에 비해 많이 늘어난 것 같았다. 한 안내원은 "기업소들의 생산 활동이 활발해져서 직업상 낮에 거리를 오가야 하는 사람이 많아졌을 것"이라고 설명했다.

평양역 야경

하지만 물가가 올라 돈이 필요한데 일거리가 없는 사람들이 일거리와 돈을 찾아 낮부터 거리를 오가는 것이라는 해석도 있었다.

10월 4일 밤 9시 30분쯤 평양역 외벽에 달린 조명등이 환하게 켜져 있었다. 대합실에 들어가 보니 낮에 평양에서 일을 보고 밤차로 청진이나 신의주 등으로 가려는 북한 주민 수백 명이 있었다.

우리 대표단은 묘향산과 평양 시내에서 소학교(초등학교) 학생들이 가을 운동회를 하는 모습을 두어 차례 볼 수 있었다. 또 묘향산에 있는 국제친선전람관, 그리고 평양시의 동명왕릉과 주체사상탑 등에서 관람 온 수백 명의 군인과 여대생 무리를 만났다. 이렇게 북한의 일반인들을 거리에서 무리로 만날 기회는 얼마 전까지만 해도 거의 없었다고 한다.

권한분산, 경쟁, 인센티브

한 안내원은 옥류관 냉면집에서 식사를 같이 하며 7.1 조치에 대한 자신의 생각을 자세히 밝혔다. 그는 어떻게 하면 인민들이 일을 더 열심히 하도록 할 것인가가 이번 조치의 핵심이라고 말했다. 노동자가 일터로 돌아와 더 열심히 일하게 하고, 기업소와 협동농장이 더 많이 생산하도록 하기 위한 것이라는 얘기다. 이를 위해 도입된 것이 권한의 분산, 경쟁, 그리고 인센티브와 같은 물질적 유인책이라고 했다.

다른 안내원은 북한 당국은 일 잘하는 기업소나 협동농장을 뽑아 경쟁 상대들과 차별화해 국가가 더 많이 지원하는 식으로 혁신을 꾀하고 있다고 말했다.

그런가 하면 당국이 업종별로 기업소들을 경쟁시킨 뒤 생산성과 창발성이 뛰어난 기업소를 골라 집중 지원하거나 외자를 우선적으로 배분해 다른 기업과 차별화하는 방안을 검토하고 있다고 말하는 관계자도 있었다. 이를 위해 상업은행을 새로 만들어 기업에 급한 자금을 빌려주거나, 기업에서 사업을 하고 남은 돈을 맡아 주는 기능을 하게 할 것이라고 그는 설명했다.

나는 이들의 말을 종합해본 결과, 당시 북한이 한창 진행하던 일본과의 화해, 미국과의 회담, 남측과의 대화, 신의주 특구 지정 등이 모두 경제개선 과정에 필요한 자본을 조달하는 것을 큰 목적으로 한 조치들이었다는 결론을 내릴 수 있었다.

국가가 될성부른 1등 업체를 골라 집중적으로 지원하는 방식은 과거 한국 박정희 정권의 경제개발 모델과 같다. 나는 한국에 돌아온 뒤 북한 경제 전문가들에게 기업소별 경쟁과 차별화, 상업은행 설립 등에 관한 북측 관계자의 말이 어떤 의미인지 물어봤다.

동용승 삼성경제연구소 북한팀장은 "북한 당국이 과거처럼 권력 관계와 단순한 순서 등에 따라 국가 자원을 배분하는 것이 아니라 경쟁과 생산성이라는 객관적인 기준에 따라 하겠다는 것"이라고 분석했다.

김연철 고려대 아세아문제연구소 교수는 "말 그대로 '선택과 집중'을 하겠다는 것으로 풀이된다"며 "최근 북한의 변화는 사회주의 국가가 소유권을 인정하지 않고 인센티브 제도만으로도 생산성을 향상시킬 수 있다는 점을 보여주는 아주 특별한 현상"이라고 말했다.

양문수 경남대 북한대학원 교수는 "경쟁이라는 것은 원래 자본주의와 더 친화력이 있는 시스템"이라며 "북한이 개인 단위로까지 경쟁체제를 도입하고 기업간 경쟁을 통해 1등 만들기를 한다는 것은 평등주의를 기본으로 하는 사회주의 이념과는 차이가 있다"고 지적했다.

일찌감치 생산 현장으로

북한은 경제관리 개선조치의 시작과 함께 4~7년제인 대학교 재학 연한을 선별적으로 줄이는 등 고등교육 학제 개편에도 나섰다. 전문가들은 북한이 경제관리 개선과정에 필요한 고급 노동력을 많이 확보하기 위해 수학 기간을 실용적으로 줄이고 대학 학제의 표준화를 추진하는 것으로 보고 있다.

김영수 서강대 정치외교학과 교수는 2002년 10월 나와 만난 자리에서 "지난달 북한을 방문했는데 당시 만난 고위 관계자가 '김책공대의 수학 기간을 7년에서 3년 반으로 줄이는 등 지나치게 긴 재학 연한을 선별적으로 단축하고 있다'고 하더라"고 말했다. 김 교수는 "이 관계자는 '인민들이 대학 교육을 쉽게 빨리 마치고 덕목도 갖추도록 할 필요가 있다'고 설명했다"고 덧붙였다.

당시 남측 정부도 김일성종합대학 일부 학과의 재학 연한이 5년에서 4년으로 줄어들었고 학점 제도에도 변화가 있다는 정보를 입수하고 확인 작업을 벌였다. 김영수 교수는 "북한이 경제관리 개선 조치를 실시하면서 사회주의 체제 아래서의 실리 추구를 표방한 것처럼 교육제도도 실용적으로 개선하려는 것 같다"고 말했다. 정환규 국회도서관 입법정보연구관은 "북한 당국이 경제개혁을 추진하려면 고급 노동력이 많이 필요하고 대학간 표준화도 시급하다고 느꼈을 것"이라고 분석했다.

북한은 2002년 9월 1일부터 4년제 초등교육 기관인 인민학교를 소학교로, 6년제 중등교육기관인 고등중학교를 중학교로 이름을 바꿨다. 이에 대해 차우규 한국교육과정평가원 박사는 "사회 변화를 위해서는 교육개혁이 필수적"이라며 "북한이 초등, 중등, 고등 교육의 보편적인 틀을 갖추려는 것이라고 본다"고 말했다.

내가 2003년 세 번째 방북 때 만난 한 안내원은 "과거 공과대학의 재학 연한이 6년 반이었는데 지난해부터 4년 반으로 줄었다"고 말했다. 쓸데없이 오래 학교에 있지 말고 빨리 생산 현장에 나와 배운 것을 응용하라는 실용주의의 표현이다. 대신 수업 진행이 빡빡해져 졸업 학점은 과거와 같다.

이처럼 북한이 진행하고 있는 경제관리 개선조치가 앞으로 어떤 정치사회적 변화를 유발할 것인지는 앞으로 더 지켜봐야 할 중요한 측면이다.

더 팔고, 더 벌고, 더 쓰자

핵 문제로 암울했던 겨울을 보내고 2003

평양 지하철의 여자 안내원과 노선도

년 3월 세 번째로 평양을 방문했을 때 나를 포함한 대표단 100명은 평양 지하철을 타볼 수 있었다. 우리는 3월 23일 서울행 비행기를 타기 전 마지막 일정으로 평양시 평천구역에 있는 부흥역에서 평양 지하철을 탔다.

나로서는 평양 지하철을 타보기는 처음이었다. 그 다음 역인 영광역에 내려 출구를 향해 계단을 올라서자 한 여성 판매원이 〈평양 메트로〉라는 영문 안내책자를 한 권에 1달러씩에 판매하고 있는 모습이 눈에 띄었다.

2002년 10월 미국과 핵 갈등이 시작되고 외부 지원이 줄어들면서 북한의 경제회복에 대한 비관론이 대두되기도 했지만, 5개월 만에 다시 찾아간 북한 여기저기에서는 이처럼 변화의 증거들이 완연했다.

대표단이 3월 21일에 방문한 김일성 주석의 만수대 생가 귀퉁이에서는 한 여성 판매원이 간이 매대를 열어 놓고 빵, 과자, 음료 등 간단한 군것질 거리를 팔고 있었다. 그곳은 북측 주민들이 신성하게 여기는 곳인데 초라한 매대가 있다는 것이 의외였다. 안내원은 "만경대 사적관리소가 급한 손님들을 위해 만든 것"이라고 설명했다.

냉면 맛이 좋다고 소문난 대동강변의 옥류관은 냉면을 먹고 나가는 손님들에게 '옥류관이 파는 음식 15가지'의 조리법을 담은 CD를 팔았다. 이 역시 2002년 10월에는 볼 수 없던 모습이었다.

남측 인사들이 쇼핑을 하는 대성수출품전시장 한 귀퉁이에는 2002년 10월까지도 쇼핑하다가 목이 말라 음료를 찾는 사람들을 위한 두 평 남짓한 다방이 있었다. 그러나 2003년 3월에 그곳에 다시 가보니 다방은 사라지고, 대신 그 자리에 디지털 텔레비전과 전자기기 등의 진열대가 들어서 있었다. 물을 파는 것보다 전자제품을 파는 것이 공간의 생산성이 높을 게 분명하다. 양문수 경남대학교 북한대학원 교수는 "외화난 때문이기도 하겠지만 자본주의 국가에서 온 사람들에게 돈을 벌려면 어떻게 해야 할지를 고민하고 있다는 증거로 보였다"고 말했다.

같은 날 개선문 주변에서는 나이 든 두 여인네가 길거리에 그림판을 걸어놓고 현지 주민들의 초상화를 그려주는 광경을 목격했다. '거리의 화가'도 등장한 것이다.

아직 봄바람이 차가웠지만 평양역 주변에 10개 이상의 간이 매대가 장사를 하고 있었다. 네 번째 북한 방문을 한다는 김석산 한국복지재단 회장은 "지난해 아리랑축전 때보다 길거리에 사람들이 더 많아졌다"고 말했다.

2002년 11월부터 시작된 외지인의 유로화 결제는 대체로 정착 단계에 들어선 것으로 보였다. 그러나 유로화의 잔돈이 모자라다며 중국 인민폐나 달러를 내주는 곳도 많았다. 평양시 대성수출품전시장 계산대 위에 있는 3월 19일자 환율표를 보니 달러 환율은 맨 아래에 씌어 있었다.

3월과 4월은 북한 전역에서 봄철 위생월간 행사가 진행된다. 평양을 비롯한 북한 거리 곳곳에서 봄맞이 단장이 한창이었다. 거의 대부분의 가로수 밑동에 하얀 석회가 칠해졌다. 그렇게 하면 봄을 맞아 땅속의 나쁜 벌레와 균이 나무 위로 오르지 못한다고 안내원이 설명했다.

3월 21일 고려호텔 뒤편 1층 건물에서는 일꾼들이 부지런히 파란색 페인트칠을 하고 있었다. 도시에서나 농촌에서나 '마을 꾸리기'에 동원된 학생들과 여성들이 긴 빗자루를 들고 다녔다. 평양 시내의 두 화력발전소는 쉬지 않고 흰 연기를 품어내고 있었지만, 전력 사정은 여전히 좋지 않아 보였다. 21일에 도착한 순안공항에서는 가방을 검색하는 컴퓨터 두 대에 전기가 들어왔지만 조명을 위한 전등은 모두 꺼진 상태였다.

그날 주체사상탑은 엘리베이터가 운행을 멈춰 아무도 전망대에 오르지 못했다.

2003년 7월에 북한을 방문했던 남성욱 고려대 북한학과 교수는 유통 부분의 변화를 유심히 관찰하고 돌아왔다. 그가 관찰한 유통 부분 변화의 핵심은 경쟁과 인센티브를 통한 판매량 제고에 있었다. 그는 획일적인 유로화 사용에 문제점이 있다고 보았다. 다음은 언론에 기고한 그의 방북기를 일부 재구성한 것이다.

기업소들 사이의 경영 제고 노력은 외국인 관광객들을 상대하는 금강산 판매소나 대성산 판매소 등에서 쉽게 느낄 수 있었다. 과거 방문했을 때는 제품을 친절하게 설명해주지 않았고, 제품을 요구했는데 없어도 이렇다할 해명이 없었다.

그러나 이번에는 여타 제품을 제시하며 대용품이 될 수 있다고 구매를 요망했다. 금강산 판매소의 리국화 지배인은 '이제는 경영 책임자로서 매상고에 신경을 써야 합니다. 더 많이 팔면 성과급이 있고 여타 매장보다 수입이 떨어지면 안 된다' 면서 직접 매장 안을 오가며 구매자들의 요구를 수용하느라 분주했다. 이는 북한식으로 표현하면 '번 수입에 의한 평가' 를 받는 체제로 전환되고 있는 것이다.

결국 이러한 각 개인과 기업소들의 경영개선 노력은 국가 전체적으로 긍정적인 성과를 가져다줄 것이 분명했다. 북한 당국은 7.1 조치로 국가 재정이 건전하게 되어 경제 건설에 더 많은 예산을 투입할 수 있기를 기대하고 있는 것이다. 2003년 3월 개최된 북한의 최고인민회의 제10기 제6차 회의 보고에 의하면 2002년 공업 총생산액은 2001년에 비해 112퍼센트 증가했다고 한다. 북측 안내원들은 현재의 경제 사정은 전반적으로 경제순환이 정상화되고 있는 과정이라고 보아야 한다고 주문했다.

평양 시내의 특별한 모습 중에는 지난해 5월 아리랑 축전을 계기로 생기기 시작한 우리식 포장마차인 '아줌마 매대' 가 길거리 곳곳에서 눈에 띄었다. 2002년 방문했을 때는 아리랑 축전을 겨냥한 임시 가게라고 설명을 들었으나 이제는 완전히 자리를 잡은 모습이었다.

안내원을 통해 알아보니 인민봉사총국 산하 락연합작회사가 통일거리를 비롯하여 평양 시내에 16개의 매대를 운영하고 있다. 매대 하나에 4명씩 64명의 가정주부들을 채용해 국가에 바치는 이득금과 매대 운영에 필요한 원가를 초과 달성하는 금액은 판매원들의 특별보수로 지급한다고 한다. 봉사업의 새로운 형태로서 판매원들의 성과급을 강조하는 것이 인상적이었다.

"미국의 경제봉쇄로 달러 대신 유로를 쓸 수밖에 없습니다. 외국에서 무역거래를 하려고 해도 미국이 압력을 가해 은행에 구좌를 열 수 없고 무역도 제대로 할 수 없습니다. 불편해도 어쩔 수 없습니다. 미국이 경제제재를 해제하면 다시 달러만 사용할 수 있을 겁니다."

김정민 민화협 참사는 유로와 달러의 병행 사용으로 물건을 구입할 때 불편하다는 지적에 이렇게 대답했다. 북한은 2002년 10월부터 미국의 경제압박에 대응하고 개인들이 보관하고 있는 달러를 국가 재정으로 흡수하기 위한 조치로 달러 대신 유로를 공식 거래외화로 지정했다. 그러나 현실적으로는 물건값과 서비스 요금을 표기할 때 실제 환율인 1달러당 0.85유로로 계산하지 않고 1달러를 획일적으로 1유로로 계산함으로써 상품을 구입할 경우 달러로 지불할 때보다 가격이 15퍼센트 인상됐다.

예를 들어 고려호텔의 사우나 이용요금은 지난해 9월에는 3달러였으나 이제는 3유로로 표기되고 있다. 이 때문에 유로가 없어 달러로 지불해야 할 경우 3.5달러를 내야 한다. 이처럼 달러와 유로의 가치를 일치시킴으로써 북측은 달러를 더 많이 벌어들이는 효과를 거두고 있다. 아마도 환전에 드는 비용을 유로 사용자에게 전가하는 것 같았다. 지역별, 상점별로 유로의 잔고가 충분치 못해 달러와 유로를 병행 사용함으로써 실제 거래에서 불편이 더 많았다.

불안 속 회복

7.1 조치의 전개 과정은 외부 환경과 내부 상황에 따라 몇 개의 시기로 구분할 수 있다. 우선 준비단계를 살펴보자.

북한 당국이 언제 7.1 조치의 시행을 결정하고, 그 준비에 착수했는가는 이 조치의 정체성과 관련해 매우 중요한 점이다. 나는 이 조치를 1998년 김정일 국방위원장이 집권한 이후 시작된 경제회복 전략이라는 큰 틀에서 파악해야 한다고 생각한다. 다시 말해 7.1 조치는 북한이 1998년부터 강조한 '강성대국 건설'을 위한 구체적인 프로그램인 것이다.

더 나아가 나는 북한 당국이 1948년 토지개혁 이후 최대의 사변이라는 이번 7.1 조치를 과감하게 실시하도록 촉매의 역할을 한 것은 바로 2000년 6월의 6.15 공동선언이라는 역사적 사건이었다고 굳게 믿고 있다.

김정일 위원장은 김일성 주석이 사망한 뒤 '고난의 행군'이라고 불린 처참한 경제난이 끝나갈 무렵 지금의 자리에 올랐다. 그에게는 어느 무엇보다도 바닥으로 떨어진 국가 경제를 살리는 일이 급선무였다. 그래서 들고 나온 것이 강성대국의 비전이었다. 그보다 조금 앞서 남측의 행정부 수반이 된 김대중 대통령은 '햇볕정책'이라는 화해협력 정책을 일관되게 추구했다. 그 결과가 6.15 공동선언으로 나타났다.

북측의 경제 회생과 남북간 화해협력을 원하는 남측 행정부의 '약속'은 북측으로 하여금 7.1 조치 등 일련의 경제개혁 프로그램에 뛰어들 수 있게 뒷받침하는 힘으로 작용했을 것이다. 물론 그 과정에서 훗날 남측에서 벌어진 현대그룹 대북송금 사건이라는 실정법 위반 논란과 속칭 '퍼주기'를 둘러싼 남남갈등의 씨앗이 뿌려졌지만, 이런 것들은 역사의 본질적인 흐름과는 거리가 있다. 남남갈등으로 전개된 논란은 반세기를 자기충족적으로 강화되기만 해온 남북분단 구조가 화해협력으로 서서히 약해지고 변화하는 과정에서 생겨난 파열음에 불과한 것이다.

어쨌든 북한은 7.1 조치를 시행하기 2년 전, 그러니까 2000년 중반부터 경제 일꾼들을 해외에 보내 연수를 시키는 등 준비를 시작했다. 이것이 첫 번째 시기인 '준비 기간'이다. 그리고 돈과 물자의 비축을 거쳐 2002년 7월 1일에 전격적으로 7.1 조치를 단행했다.

당국이 임금과 물가를 인상한 뒤 그동안 모아둔 돈과 물자를 풀면서 2002년 10월까지는 북한 경제에 활기가 넘쳤다. 나의 첫 번째 방북과 두 번째 방북은 각각 7.1 조치의 시작과 최고조 상태에 이뤄진 셈이었다. 북한 당국은 내부 경제 개선과 함께 신의주 및 개성 특구 개방, 북일회담 개최, 미일회담 개최 등 과감한 대외개방 조치도 단행했다. 외부에 스스로의 개혁개방 의지를 알리고 자본과 물자가 유입되기를 노린 것이다. 2002년 7~10월을 나는 7.1 조치의 두 번째 시기로 구분한다.

갑자기 불어닥친 찬 바람

그러나 평양을 방문했던 제임스 켈리 미국 국무부 동아태 담당 차관보가 10월 17일 북한이 핵 보유를 시인했다고 주장하면서 분위기가 반전됐다. 이것이 7.1 조치와 관련한 세 번째 시기의 시작이다.

일본과 미국에서 지원을 할 가능성은 사라지고, 남한을 비롯한 국제사회의 여론이 급속하게 나빠졌다. 내부 경제 시스템을 만든 뒤 외부 자본을 끌어들여 경제회복에 나서려던 북한 당국은 난처한 처지에 빠졌다. 시기적으로도 겨울이 시작됐다. 미리 모아두었던 돈과 물자가 바닥이 나면서 그 후 2003년 3월까지 북한 경제에 관해서는 어두운 소식과 전망들만 무성했다.

실제로 북한 현지에서 '에너지와 자재 부족 → 공장 가동률 하락 → 국영상점 물자 부족 → 농민시장과 장마당의 물가 폭등'이라는 연쇄 부작용이 나타났다. 물가는 오른 상황에서 임금을 받지 못하는 주민들도 생겨났다.

나는 2003년 3월에 세 번째 북한 방문을 했을 때 그곳 주민들의 표정에서 당시의 어려운 현실을 쉽게 읽을 수 있었다. 북한대학원에서 두 학기째 북한 경제를 배우고 있는 학생으로서, 그리고 남측 신문의 경제부 기자로서 나는 북측 안내원들을 만날 때마다 이렇게 물었다.

"7.1 조치는 잘 진행되고 있습니까?"

한 안내원은 "잘 돌아가고 있다"고 짧게 말했다. 다른 안내원은 "한 술 밥에 배부르겠는가. 지금은 산모가 진통을 겪고 있는 것과 같아 아들이 나올지 딸이 나올지는 제쳐두고 일단 열심히 공을 들이며 두고 보고 있다"고 말했다. 또 다른 안내원은 "사회주의는 역사가 100년도 안 돼 아직 변화 생성하는 과정이다. 우리 경제도 이렇게 저렇게 많은 시도를 해 보고 있는 중"이라고 유연한 반응을 보였다.

어쨌든 속 시원한 대답은 듣지 못했다. 왜 그랬던 것일까. 앞에서 말한 대로 경제관리 개선조치는 북한 경제 내부의 정비와 외부의 지원이라는 두 가지를 전제로 출발했다. 북한이 2002년 10월까지 신의주, 개성, 금강산을 특구로 지정하고 일본, 미국과 회담에 나선 것은 바로 외부 지원을 유인하기 위한 것이었다. 그러나 핵 문제 논란이 불거지면서 상황이 나빠져 버린 것이다.

양각도 호텔 옥상의 술집에서 한 안내원은 사정을 이렇게 설명했다.

"지난해 조치는 대외관계의 유연성을 전제로 했습니다. 일본 및 미국과 대화를 했습니다. 그 자체가 신뢰 구축의 길이었습니다. 그런데 미국이 의도적으로 핵 문제를 조작해 부풀려 발표하면서 대외관계가 뻣뻣해졌습니다. 미국은 말의 꼬리를 잘라 버리고 우리의 의도를 왜곡했습니다. 그 이후 북남관계도 어려워지고 민간 경제단체, 민간 자선단체, 국제기구 등이 사업을 취소하거나 축소했습니다. 가깝고도 먼 나라라고 했던 일본을 가깝고도 더 가까운 나라로 만들려고 했습니다. 그러나 자기들보다 앞서 간다며 미국이 일본에 제동을 걸었습니다."

때마침 이라크 전쟁이 발발한 직후여서 미국에 대한 안내원들의 분위기는 강경했다. 특히 이라크가 유엔의 사찰을 여러 차례 받고도 결국은 미국의 군사공격을 받은 것을 보고 긴장한 기색이 역력했다.

그들은 미국이 이라크에 대한 사찰에서 위협적인 것을 발견하지 못한 것과, 그럼에도 공격을 단행한 것 사이에 어떤 상관관계가 있을 것이라는 의심을 하고 있었다. 다시 말해 이라크는 실제로 아무런 대항 능력이 없다는 것을 미국에 확인시켜 주었고, 바로 그 때문에 미국으로부터 공격을 당했다는 것이다.

북한의 깜짝 대응

이런 어려운 상황에 직면해 북한 당국은 계획에 없던 몇 가지 수단으로 대응하고 나섰다. '몇 가지 조치'들은 경제개혁으로 가는 단초였다. 2003년 3월 26일 만수대의사당에서 열린 최고인민회의 제10기 6차 회의를 계기로 시작된 일련의 분위기 변화 과정을 나는 잠정적으로 7.1 조치의 네 번째 시기로 구분한다.

우선 북한 당국은 대략 2003년 3월부터 농민시장과 장마당에 대한 규제를 완화하고 '종합시장'을 운영하기로 결정했다. 북한은 2002년 7월 경제관리 개선조치 실시와 함께 농민시장과 장마당을 강력하게 규제해왔다. 그러나 2003년 3월 이들을 '종합시장'이라는 이름으로 양성화하기로 결정한 것이다. 이렇게 해서라도 부진한 물자 유통을 정상화시켜 보려는 의도에서였다.

이에 대해 북한 관영 〈조선중앙통신〉은 2003년 6월 10일 "올해 들어 회계법이 채택되고 농민시장도 종합적인 소비품 시장으로 확대됐다"며 "토산물뿐만 아니라 공업품까지 사고 팔 수 있는 이러한 종합시장이 북한 전역에 조성되고 있다"고 전했다. 또 "북한은 시장 운영에 관한 경험이 없기 때문에 외국으로부터 최대한 협조를 구할 계획"이라며 "당국이 경제개혁을 추진해왔다"는 이례적인 표현도 사용했다. 이에 대해 당시 남측의 통일부 정보분석국은 "농민시장

을 국가가 적극 관리해 급증하는 수요를 충족시키려는 것"이라고
분석했다.

북한 당국은 또 2003년 5월 1일부터 '인민생활공채'를 발행했다.
특히 북한은 이 채권의 상환 방법으로 자본주의 사회의 복권식 추첨
방식을 도입했다. 일년에 한두 번씩 채권을 추첨해 당첨된 사람에게
는 원금과 당첨금을 주고, 당첨되지 않은 채권에 대해서는 국가 예
산으로 원금을 여러 차례로 나누어 지급하겠다는 것이다.

그 배경을 추측하는 것은 어렵지 않다. 7.1 조치를 성공적으로 시
행하기 위해서는 국가에 돈이 필요한데 핵 개발 논란 때문에 대외
지원이 줄어들어 어려움이 있으니 인민들이 가지고 있는 주머니 돈
을 모아 경제를 일으키자는 것이다. 동시에 유통 화폐를 줄여 상품
부족으로 인한 인플레이션을 막자는 의도도 있는 것으로 보인다.

북한 당국은 이렇게 모은 돈을 평양시 영광거리 등의 건축공사에
주로 투자했다. 도심 거리에 건물을 신축하거나 개보수하는 것은 그
곳에 상점을 신설하는 등 경제활동을 강화하는 것을 목적으로 한 것
이다. 김연철 고려대 아세아문제연구소 교수는 2003년 6월 "이렇게
현대식 상점을 새로 만들어 기업소 등에 분양해 시장을 조성할 계획
인 것으로 알려졌다"고 말했다.

엇갈리는 평가

7.1 조치 시행 1주년을 즈음한 2003년 6월 말부터 여
러 방향에서 이 조치에 대한 다양한 평가가 나오기 시작했다. 북한
당국도 나름대로 자체 평가와 그 근거를 내놓았고, 한국 학자들과
한국 내 탈북자 단체들도 의견을 내놓았다. 또 일본과 중국 등의 재
외 동포 학자들도 외부에서 바라본 관점을 근거로 평가를 내렸다.

문제는 평가와 그 근거가 저마다 다르다는 것이다. 북한 당국은 내부 자료를 근거로 7.1 조치가 성과를 거뒀다고 주장했다. 반대로 탈북자 단체들은 주로 중국 접경지역에서 만난 탈북자나 북한 주민들을 인터뷰한 결과를 갖고 7.1 조치는 폐해가 더 많았다고 주장했다. 한국 학자들과 해외 학자들도 서로 이견이 있다.

나는 이 기회에 이런 다양한 평가와 의견들을 그 근거와 함께 정리해 보고자 한다. 진실은 그 사이 어디인가에 있을 것이다.

우선 7.1 조치 이후 북한 주민들의 근로 의욕과 기업들의 생산 의욕은 높아졌지만, 핵 갈등이 심화되는 가운데 인플레이션이 가속화하는 등 거시경제가 불안해졌다는 데는 대체로 의견들이 근접해 있다.

이 문제를 매우 신중하게 접근하고 있는 한국은행의 2003년 6월 4일자 보고서 〈2002년 북한 경제성장률 추정 결과〉부터 살펴본다.

한국은행은 이 보고서에서 2002년에 북한의 실질 국내총생산(GDP)이 전년보다 1.2퍼센트 성장해, 북한 경제가 1999년 이후 4년째 플러스 성장을 잇고 있다고 밝혔다. 기상 여건이 좋았던 가운데 수매가가 인상되면서 농림어업 생산이 4.2퍼센트 성장했고, 주택 건설을 중심으로 건설업이 10.4퍼센트 성장했다는 것이다. 공업 부문에서는 식료품, 의류 등 주민 생필품을 생산하는 경공업이 2.7퍼센트 성장했다. 도시와 농촌 곳곳에 간이 매대가 설치되는 등 상업유통이 활성화하면서 도소매업은 6.5퍼센트 성장했고, 운수업도 3.8퍼센트 성장했다.

반면 경제성장의 기초가 되는 광업, 중화학공업, 에너지산업의 성장률은 각각 -3.8퍼센트, -4.2퍼센트, -3.8퍼센트로 마이너스 수치를 나타냈다. 에너지, 기계, 원자재 등의 부족이 산업 전반의 위축을 가져온 것으로 보인다고 한국은행은 분석했다.

한국은행은 "7.1 조치는 만성적인 물자 부족과 핵 문제 이후의 대외경협 여건의 악화로 인해 산업 전반의 생산 증대로 이어지지 못한 것으로 보이나, 주민들의 노동 의욕을 높임으로써 노동집약적인 경공업과 상업유통 부문을 활성화시키는 데 기여한 것으로 평가된다"고 밝혔다.

1990년 이후 남북한 경제성장률(실질 GDP) 증가율 추이 (단위:%)

년도	90	91	92	93	94	95	96	97	98	99	2000	2001	2002
북한	-3.7	-3.5	-6.0	-4.2	-2.1	-4.1	-3.6	-6.3	-1.1	6.2	1.3	3.7	1.2
남한	9.0	9.2	5.4	5.5	8.3	8.9	6.8	5.0	-6.7	10.9	9.3	3.1	6.3

자료: 한국은행

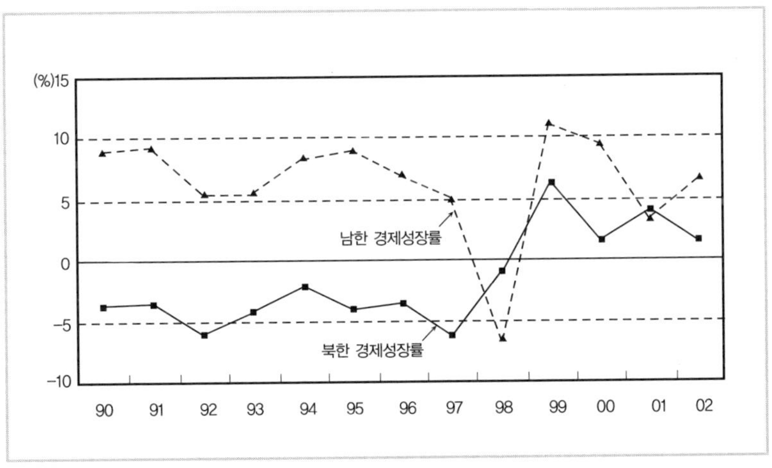

자료: 한국은행

북측의 평가는 이보다 더 일찍 나오기 시작했다. 조총련계 신문인 〈조선신보〉는 2002년 3월 14일 강경순 북한 국가가격제정국 종합처장의 인터뷰 기사를 실었다.

강 처장은 "한 정보당 67톤의 벼를 생산하던 협동농장의 논에서 100톤 이상이 생산됐다. 농민들이 10만 원 수준의 분배수입을 실현한 사례도 있다"고 밝혔다. 그는 이어 "지난해 7.1 경제관리 개선조치에 따른 가격 조정으로 노동자들의 일 욕심이 늘었고 공장과 기업소 관리 일꾼들이 머리를 쓰게 됐다"고 전했다.

그에 따르면 힘들고 어려운 노동을 하는 노동자들의 임금이 상대적으로 많이 올라 광부들은 기본 월급인 6000원보다 많은 수만 원의 노임을 받게 됐고, 석탄과 전력 생산이 크게 늘었다는 것이다. 또 공장의 부기장(경리부장)이 오전에는 생산 현장에서 일하고 오후에 부기 업무를 보는 등 기업소들이 더 많이 생산하고 실리를 추구하도록 관리기구를 합리화하고 노동력을 재배치하고 있다고 했다.

북한 당국이 2002년 7월 임금과 상품 가격을 인상한 이후 국정가격을 끊임없이 조정해 왔다는 사실도 새로이 확인됐다. 강 처장은 "수요와 공급에 따라 불합리한 가격은 고쳤고 농민시장의 가격 인상을 방지하기 위해 국정가격 조정도 제때에 진행한다"고 말했다. 분유 등 탁아소와 유치원에 공급되는 어린이용 식료품 가격을 30~50퍼센트 낮춘 반면 기호품이나 사치품의 가격은 올렸다는 것이다.

최홍규 북한 국가계획위원회 국장은 2003년 4월 1일자 〈조선신보〉와의 인터뷰에서 "지난해의 경제사업은 강성대국 건설의 진격로를 열어 놓았다"고 평가했다. 그는 "지난해 전국적으로 2907개의 공장과 기업소들이 인민 경제계획을 달성해 공업 총 생산액이 2001

년보다 112퍼센트 늘어났다"고 주장했다. 이는 한국은행의 추정치와 차이가 있는 것이다.

최 국장의 인터뷰 기사는 비록 언론 보도이긴 하지만 북한 당국자들이 7.1 조치의 전개 과정을 스스로 평가하고, 드러난 문제점을 솔직하게 인정했다는 점에서 의미가 크다. 그의 발언은 북한이 경제 관리 개선조치에서 경제개혁 조치를 시작했다는 것을 알리는 '1보'의 성격이 강하다.

그는 "국가적인 관심 속에 경제의 모든 부분에서 탄광 지원사업을 벌였다"며 "이를 통해 전력 생산을 지난해보다 129퍼센트 늘렸다"고 설명했다. 에너지가 더 많이 생산되자 경제 전반이 활기를 띠게 됐고, 이에 따라 공장과 기업소들이 전년보다 112퍼센트의 생산 증대를 이뤘다는 것이다. 그는 공업뿐 아니라 농업 생산에서도 진전이 있었다고 말했다. "이제는 인민들이 밥을 못 먹거나 굶어야 하는 현상은 없다"는 것이다.

그는 그러한 진전이 7.1 조치의 성과로 보느냐는 질문에 대한 답으로 "정확히 어느 정도 작용했다고 말하기는 힘들지만 어쨌든 크게 작용한 것은 사실"이라고 말했다. 그는 이런 말도 했다. "공장과 기업소의 책임 일꾼들부터가 수지타산에 달라붙었습니다. 어디를 가나 창발성을 발휘해 일감을 찾자는 그런 분위기가 넘쳐 있습니다."

신문은 최 국장의 말은 인용해 "지난날 중앙 행정기관에 있는 몇몇 간부들만이 나라의 경제를 어떻게 활성화시킬까에 대해 머리를 썼다면 지금은 모든 생산 현장의 일꾼들이 남아돌아가는 노력을 어떻게 효과적으로 이용해 실리를 내겠는가에 대해 머리를 쓰게 되었다"고 지적했다. 그 결과 생산이 늘었고, 주민들의 소득도 높아졌다는 것이다.

최 국장은 "기업소의 수입이 제로이면 은행에서 대부를 받도록 한다. 그런데 오히려 우리가 조절해야 한다고 생각되는 점은 국가가 정한 생활비보다 몇 배나 초과 지불하는 단위들이 더 많다는 것"이라는 말도 했다.

일각에서 제기하는 인플레이션 문제에 대한 그의 답변은 이랬다. "조선에서는 은행기관이 분기마다 내각의 비준을 받으며 현금 유통 및 대부 계획이라는 것을 세웁니다. 이달에 현금이 얼마나 나가고 얼마나 들어오겠는가를 국가가 조정하는 것입니다. 돈이 많이 나갔다면 그만큼 회수하기 위한 대책을 세워야 하지 않겠습니까. 지난해 7월 이후에도 수입과 지출의 편차가 없었던 것은 아니지만 그 폭은 상당히 좁습니다. 예를 들어 지난 시기에 편차가 2배로 생겼다면 지난해 7월 이후의 편차는 1.2배나 1.3배로, 그 이상의 수준으로는 올라가지 않았습니다."

그는 또 "지불능력이 있는 수요에 따라 국가가 능동적으로 가격을 조정한다"고 강 처장의 발언을 다시 확인했다. 그는 "2002년 10월 이후 핵 문제로 인한 조선반도의 긴장상태가 경제에 부정적인 영향을 미치고 있는 것만은 사실"이라면서 "올해부터 연료 동력의 문제를 풀기 위한 3개년 계획을 추진하려 한다"고 밝혔다.

탈북자 단체들은 전혀 다른 평가를 내리고 있다. 국가는 7.1 조치에 따라 더 많이 생산하면 더 많은 월급을 준다고 약속했지만, 에너지와 자재가 부족해 제대로 생산하지 못하는 공장과 기업소가 많다는 것이다.

"하루가 다르게 물가가 오른다. 배급은 줄었는데 노임을 못 받는 노동자들이 많다." 2003년 4월 9일 사단법인 북한민주화네트워크

와의 인터뷰에서 북한 주민 변재철(가명)씨가 한 말이다.

함경북도 무산에 살고 있다는 변씨는 "2002년 9~10월까지는 그래도 월급을 제대로 주더니 11월부터 삐걱거리기 시작했고, 2003년 들어서는 노임을 받을 수 없었다"고 말했다. 변씨는 당시 몰래 국경을 넘나들며 밀무역을 해서 생활하고 있었다.

어구공장에서 일했다는 탈북자 김영덕(가명)씨도 "2002년 7월 공장에서 선불로 2000원의 임금을 받았지만, 그 후 공장이 돌아가

2002년 2월과 2003년 2월의 농민시장 가격 비교(단위: 북한 원)

물품(단위)	2002년 2월	2003년 2월
쌀(1kg)	48~55	130~150
옥수수(1kg)	20~32	75~85
두부콩(1kg)	60~70	180~190
식용유(1kg)	160~200	600~650
달걀(1알)	10~13	22~25
돼지고기(1kg)	160~180	360~380
미원(453g, 한 봉지)	180~190	420~430
사탕가루(1kg, 설탕)	130~150	400~420
휘발유(1kg)	130~150	330~350
경유(1kg)	80~100	280~300
가루비누(중국산 450g)	60~70	165~175
담배(국산 한 갑)	45~50	70~80
담배(외국산 한 갑)	100~110	230~240
이발비(한 번)	5~10	15~20

자료: 월간 〈탈북자들〉(탈북자동지회 발행) 2003년 3월호
　　　최근 탈북자들의 증언을 종합해 작성한 것.
　　　1달러＝150 북한 원(북한 공식 환율)

함경북도 어랑군 농민시장 물가(2003년 5월 10일 현재)

물품	가격(북한 원)	단위
입쌀	220~230	1 kg
강냉이쌀	170~180	〃
통강냉이	130~140	〃
사과	250~300	〃
중국산 마늘	150~160	〃
북한산 마늘	200	〃
북한산 고추가루	500~530	〃
사탕과자	450	〃
술(알콜농도 25퍼센트정도)	140~150	〃
명태	100	한 마리
달걀	30	한 알

자료: 월간 〈Keys〉(북한민주화네트워크 발행) 2003년 6월호

지 않아 임금을 받지 못했다"고 증언했다.(월간 〈탈북자들〉 2003년 3월호)

평양시 등 중심부와 함경북도 등 변두리는 경제 상황이나 여타 제반 상황에서 차이가 날 수밖에 없다. 변두리 주민들의 상황이 중국과 러시아 등 인접지역을 통해 더 잘 알려질 수 있다는 점도 고려해야 한다.

어쨌든 7.1 조치 시행에 따라 북한의 공식 물가는 물론 장마당과 농민시장 등 제2경제의 물가도 오른 것은 사실이다. 사단법인 북한민주화네트워크가 2003년 4월 이후 중국으로 넘어온 탈북자들을 대상으로 조사한 결과 2002년 7월에 국정가격이 44원으로 올랐던 쌀 1킬로그램은 현재 농민시장과 장마당에서 180(함경남도 단천

시)~250(함경북도 청진시)원에 거래되고 있는 것으로 나타났다.

암시장 환율도 급등했다. 이북도민중앙연합회가 발행하는 〈동화신문〉은 2003년 2월 "1달러는 지난해 농민시장에서 220원에 거래됐으나 2003년 2월에는 670원"이라고 보도했다. 1달러의 공식 환율은 150원이다. 2003년 하반기부터는 공식 환전소에서 암시장의 환률에 따라 1달러에 900원을 바꿔주는 등 '변동환율'이 도입됐다. 그러나 대외적으로는 1달러에 150원이라는 고정환율이 유지되고 있다. 일종의 '이중환율제'인 셈이다.

이에 대해 남성욱 고려대 북한학과 교수는 "물가가 오른다는 것은 국가가 억눌렀던 가격이 수요와 공급에 따라 변한다는 것이어서 오히려 바람직한 현상으로 볼 수도 있다"고 말했다. 그는 이어 "무엇보다 북한 주민들이 경쟁과 인센티브, 시장의 수요공급 원리 등 자본주의의 작동원리를 배우고 경험하는 것이 7.1 조치 시행의 가장 중요한 성과"라고 말했다.

경제관리 개선에서 경제개혁으로

북한의 경제 변화가 개선이냐 개혁이냐에 대해서는 7.1 조치가 시작된 이래 내내 논란의 대상이었다. 그러나 북한 당국은 물론 북한과 가까운 국내외 인사들도 공식적으로는 한번도 개혁이라는 용어를 쓰지 않았다.

개선이란 기존 사회주의 경제체제를 보완 강화한다는 뜻이고 개혁은 사회주의 체제의 문제점을 고치기 위해 다른 길을 모색한다는 의미여서 큰 차이가 있다. 앞에서 살펴본 대로 실제 7.1 조치의 내용은 개혁과는 거리가 있고, 계획 완성에 가깝다.

코르나이는 계획경제의 개선 또는 완성(perfection)과 개혁(reformation)은 엄밀히 구분해야 한다고 말했다.

코르나이에 따르면, 사회주의 경제의 변화를 개혁으로 부르려면 ① 공산당 독재와 공식 이데올로기의 지배 ② 사적 소유를 부정하는 국가소유제 ③ 시장에 대한 관료적 조정의 우위 등 사회주의 체제를 지탱하고 있는 세 가지 가운데 한 가지 이상에 중대한 변화가 일어

나야 한다. 세 가지를 그대로 유지하면서 진행되는 변화는 기존 체
제의 개선 혹은 완성의 과정에 불과하다는 것이다.

'경제개혁'에 관한 보도들

북측에서 개혁에 관한 언급이 나오기 시작한
것은 앞에서 소개한 최홍규 북한 국가계획위원회 국장의 〈조선신보〉
인터뷰 기사에서였다. 이 인터뷰 기사는 그 말미에서 북한 당국이
시장을 허용했다는 사실을 언급하고 있다. 당시까지 시장은 북한 당
국이 7.1 조치를 통해 극복하려는 대상인 것으로 알려져 있었다. 기
사의 내용은 이렇다.

지불능력이 있는 수요를 보장하지 못하면 가격이 오른다. 예를 들면 인민들은 신
발을 요구하는데 신발을 계획대로 생산하지 못하면 시장에서 신발값이 오른다. 그
런데 이제는 지불능력이 있는 수요에 따라서 국가가 전반 가격을 능동적으로 조정
하기로 되어있다.

국장에 의하면, 내각에서는 매일 매달 인민들 속에서 일어나는 반향, 그리고
현실적으로 시장에서 거래되는 상품의 가격에 이르기까지 다 종합해 대책을 세
우고 있다고 한다. 신발이 모자라면 공장에서 생산을 늘리기 위한 대책을 세운다.
겸해서 말하면, 나라에서는 시장을 통제의 대상으로 보지 않고 사회주의 상
품 유통의 일환으로 인정하고 있다. 3월 말부터는 평양에서도 각 구역마다에
있는 농민시장을 시장으로 부르게 되었다. 농산물만이 아니라 각종 공업제품도
거래되고 있는 현실에 맞게 이름을 고친 셈인데, 주목되는 것은 시장의 기능에
대한 관점을 전환시킨 점이다. 명칭의 변경은 시장이 사회적 수요를 충족시키
는 공간으로서 제대로 기능하도록 나라가 보다 적극적인 관리정책을 실시해 나
가자는 의지의 표현으로 보인다.

비록 최 국장의 말을 직접 인용하지는 않았지만. 이 기사는 북한 당국이 국영상점 이외에 농산품과 공산품이 유통되는 시장을 허용하고 시장을 바라보는 관점을 바꾸었다고 상세하게 서술하고 있다. 구소련과 동유럽 사회주의 경제의 경험을 보면 국가가 시장을 인정하는 것은 경제개혁 과정에서 나타나는 공통적인 현상이다. 코르나이에 따르면 '시장에 대한 관료적 조정의 우위'에 중대한 변화가 생기는 것이다.

〈조선신보〉의 보도에 대한 해석이 구구한 가운데 2003년 5월 1일부터 북한 당국은 인민생활공채의 대대적인 판매에 나섰다. 정영춘 북한 재정성 국장은 4월 30일 〈조선신보〉 기자와 만나 공채 발행의 목적과 방법 등에 대해 자세히 설명했다. 그는 공채의 발행 목적을 다음과 같이 설명했다.

"조선에서 공채는 나라의 부강 발전과 인민들의 복리 증진에 이바지하기 위하여 발행하게 된다. 최근 더욱 노골화되고 있는 대조선 고립압살 책동 등으로 인하여 경제 건설에서 일련의 난관들이 조성되었다. 그래서 이 난관을 극복하고 자력갱생의 원칙에서 우리 힘으로 기어이 강성대국을 건설하기 위해서는 나라의 모든 화폐자원을 동원해서 경제 건설과 인민생활 향상에 효과적으로 이용해야 할 문제들이 제기되고 있다. 조선에서 공채는 본질상 인민경제 발전과 인민생활 향상에 주민들의 여유 화폐자금을 동원하기 위한 것이다."

2003년 6월 10일 이번에는 북한 관영 〈조선중앙통신〉이 직접 종합시장과 경제개혁에 관한 사실들을 확인하고 나섰다. 이 통신은 논평을 통해 "올 들어 회계법이 채택되고 농민시장도 종합적인 소비품 시장으로 확대됐다"면서 "경제와 인민생활을 획기적으로 개선하기 위해 우리 자체로 할 수 있는 여러 가지 실천적 조치들이 취해졌다"고 보도했다.

중앙통신은 이어 농산물이나 토산물뿐만 아니라 공업품까지 사고 팔 수 있는 종합시장이 북한 전역에 조성되고 있다고 전했다. 북한은 시장 운영에 관한 경험이 없기 때문에 외국으로부터 최대한의 협조를 구할 계획이라고 통신은 덧붙였다.

통신은 "공화국 정부는 내각 결정 22호, 128호, 129호를 비롯한 결정들에서 인민생활을 높이기 위한 조치의 일환으로 근로자 생활비를 인상하도록 했고 여러 기회에 걸쳐 경제개혁을 추진시켜 왔으며 다른 나라들과 합영 합작도 적극 장려하고 있다"고 밝혔다.

〈조선신보〉는 2003년 6월 16일자에서 이 보도를 인용했다.

최근에 조선의 경제행정 일꾼들은 시장도 상품유통의 한 형태라고 하면서 사회주의를 하지만 시장의 기능을 소홀히 해서는 안 된다고 강조한다. 사회적 견지에서 볼 때 시장이 인민들의 수요를 충족시키는 공간으로 기능하고 있는 것만은 사실이다. 현재 추진되고 있는 경제개혁은 그 활력을 인민경제의 부흥을 위해 적극적으로 활용해 나갈 방침을 세운 것으로 보인다.

전인미답의 길

2003년 6월 26일 고려대 북한학연구소는 해외 각지에서 연구 활동을 벌이고 있는 학자들을 초빙해 제4회 국제 학술세미나를 열었다. 주제는 '7.1 경제관리 개선조치의 평가와 향후 전망' 이었다.

해외 연구자들 가운데 가장 눈길을 끈 사람은 조총련 산하 재일본 조선사회과학자협회 연구기획부장인 강일천 전 조선대학교 교수였다. 그는 일본의 '합영경제위원회' 위원이자 지금까지 16차례 북한을 다녀온, 북한 경제 현실과 이론의 권위자였다. 그가 한국에 들어온 것은 이번이 처음이었다.

강 전 교수는 7.1 조치를 북한의 새로운 국가전략의 한 고리로 보고 그 위치와 성격을 재해석하는 시도를 했다. 그는 7.1 조치의 기원을 1998년의 강성대국론에서 찾고 있다.

공화국의 새로운 국가 건설전략이란 다름 아니라 '사회주의 강성대국 건설 전략'이며, 그 경제적 목표는 '경제강국'의 건설이다. '강성대국'이라는 새 개념이 처음으로 쓰인 시기를 확정할 수는 없으나, 공개적으로는 1998년 7월의 〈로동신문〉 논설을 그 출발로 보는 경우가 많다. 이는 제10기 최고인민회의와 현행 내각의 출범과 거의 시기를 같이한다.

제10기 제1차 최고인민회의에서는 시정방침이 제시되지 않았으나, 현 시점에서 돌이켜 볼 때 회의가 있은 후 12일 만에 발표된 〈로동신문〉과 정치이론지 〈근로자〉의 공동사설 '자립적 민족경제 건설 노선을 끝까지 견지하자'(9.17)는 경제 부문의 시정방침이라고 해야 할 중요성을 띠고 있었던 것으로 보인다. 공동 논설이 제시한 것은 어디까지나 총론의 틀을 벗어나지는 않고 있지만 이것이 바로 최근 몇 해 동안의 경제관련 시책이나 동향들을 근저에서 방향 짓고 있다고 보아야 할 것이다.

공동 논설이 자립적 민족경제를 발전시키기 위한 기본 방향 또는 방도로 제시한 것은 요컨대 두 가지다. 하나는 자체의 경제 토대에 의거해야 한다는 것이고, 다른 하나는 경제사업을 실제적인 이익이 나게 해야 한다는 것이다. 실리주의 방침이 제기된 것이다.…

부연한다면 강성대국 건설의 총 노선이라고 할 수 있는 '선군정치'도 그 경제적 측면에 착목할 때 그 기능은 매우 실리적이다.… 냉담한 경제학자라는 비난을 각오하여 말한다면, 조직력과 기동력에서 월등 우월한 군대를 경제 재건의 선봉대로 투입한 것은 한정된 자원의 효율적인 배분이라는 각도로 보아 당시의 상황에서 가장 실리적인 선택이었을 가능성이 높다. … 또한 현 내각이 임기 중에 주요 유럽 나라들과 국교 정상화를 이룩하고 경제실무적 외교의 스타일로 변모를 엿보인 것도 새로운 국가전략을 바탕으로 한 것으로 어겨진다.

1946년 토지개혁 이래의 사회경제적 변화라고도 표현되는 7.1 조치며, 50여 년 만에 발행된 국채(인민생활공채)며 현 내각이 직면하여 온 과제들은 참으로 아름찼다. 흔히 공화국에서는 건국 과정을 전인미답의 길로 묘사하여 왔지만, 앞으로 경제 운영이야 말로 다른 의미에서 초행길이라고 하겠다. 냉전 시기의 소련식이나 동구식은 애당초 아니고 현대의 중국식이나 월남식도 아닌, 새 세기 조선 사회주의 경제의 대안 모색은 아직 겨우 시작한 데 지나지 않는다.

강 전교수는 이런 큰 구도 아래 북한 당국이 연합기업소의 재편성, 물자교류 시장의 설립, 기업 운영의 상대적 독자성 제고 등의 조치들을 시행한 뒤 물가와 임금 인상을 골자로 하는 7.1 조치를 시행했다고 분석했다.

그는 이 조치가 노동 의욕의 증대와 경제 활동의 활성화로 이어지는 긍정적 효과를 낳았다고 평가했다. 인민들의 구매력도 나아졌다고 진단했다. 다만 "구매력은 인상된 기본 생활비가 제대로 지급되거나 그에 해당하는 수입이 있다는 것을 전재로 한다"며 "그 전제를 충족시키려면 안정된 소득을 획득할 수 있는 취업 기회를 보장해야 하며, 그것은 결국 경제활동 전반의 정상화와 활성화의 실현과 결부돼 있다"고 말했다.

남성욱 고려대 북한학과 교수는 "7.1 조치는 국가 재정지출의 불합리 및 비합리성을 제거해 국가경제 회복을 위해 필수적"이라며 "또한 당과 수령에 의존하던 인민들이 돈의 가치와 중요성을 새롭게 인식한 것은 당국이 의도했든 의도하지 않았든 북한의 개혁개방을 위해 매우 바람직한 현상"이라고 평가했다.

북한 당국이 7.1 조치와 같은 대책 마련의 필요성을 느끼기 시작한 것은 제10기 인민최고위원회에서 김정일을 국방위원장에 재추대한 1998년으로 거슬러 올라간다. 1999년에 발표된 인민경제계획법은 예산 분야에서 중앙정부의 지방 통제를 완화해 예산의 분권화를 도입했다. 2000년 새로운 세기를 맞이하면서 새로운 사고를 강조하는 논조가 〈로동신문〉 등 기관지에 등장하기 시작한 것도 이러한 흐름과 무관하지 않다.

북한의 고위 당국자는 7.1 조치가 즉흥적으로 시작된 것이 아니라 2년여 동안의 치밀한 준비 끝에 실시한 것으로서, 준비 과정에서 유럽 등 외국의 사례를 참고했다고 말한 바 있다.

남성욱 교수는 회계법 제정, 종합시장 설립, 인민생활공채 발행 등을 두고 "북한은 사실상 국가소유제를 제외하고 경제 전반을 변화시키는 경제개혁을 추진하고 있다"며 "역설적인 것은 북한이 이러한 경제개혁을 한국을 비롯한 자본주의 국가에서 권유하여 수용하기보다는 자신들의 필요성에 의해 스스로 추진하고 있다는 것"이라고 말했다.

김경일 베이징대학 교수는 "북한의 변화를 현 단계에서 규명한다면 자유경제가 아닌 계획경제와 집단화를 전제로 한 구조조정이며, 그 틀 속에서 농촌과 기업이 창발성을 발휘하도록 생산 방식과 배분 방식에서 어느 만큼의 자주권을 부여한 것"이라고 분석했다.

그는 1990년대의 심한 경제난이 북한 경제 변화의 배경이며, 북한은 최악의 상황을 어느 정도 극복한 2000년을 계기로 강성대국 건설이라는 슬로건을 내걸고 경제부흥을 국가적인 목표로 설정했다고 지적했다. 김 교수는 특히 "대외적으로 결정적인 요소는 남북관계가 획기적인 전환을 이루었고 그것을 바탕으로 대일, 대미 관계에서 새로운 전환을 이룰 것으로 판단하였다고 볼 수 있다"고 지적했다. 그는 또 "물가 인상은 많은 문제점을 야기하지만 물기가 오른다는 것은 결국 시장경제의 원리에 따라 시장이 움직인다는 것을 말하는 것"이라고 말했다.

이찬우 일본 사사가와 평화재단 주임연구원은 북한과 중국의 경제 변화를 비교한 뒤 북한 당국이 아직 시장지향적인 경제개혁 정책을 취하지 않고 있고, 다만 '명령형 계획경제'를 '지도형 계획경제'로 개선하는 단계에 머무르고 있다고 진단했다. 현물 중시의 배급경제를 화폐경제로 전환하는 개혁도 지도형 계획경제의 범위 안에서 이뤄지고 있다는 것이다. 그는 이어 "우선 북측의 선택이 중요하지만 민족경제의 문제라는 시각에서 남측이 할 수 있는 일이 없는지 더 생각해 보아야 할 때"라고 지적했다.

북한의 변화에 대한 부정적인 시각과 발언이 없었던 것은 아니다. 신지호 한국개발연구원 박사는 "합영법을 실시했다가 실패하자 나진선봉, 신의주 특구를 개방한 것처럼 7.1 조치가 생각대로 되지 않자 종합시장을 열게 된 것"이라고 분석했다.

시장을 지향하는 생산

이날 강일천 전교수의 발표는 통상적인 내용이었다. 하지만 1부 발표가 끝나고 2부 발표를 기다리며 함께 차를 마시는 동안 그는 나에게 몇 가지 중요한 사실들을 알려주었다.

우선 북한의 기업들이 계획 외로 생산한 물품을 '종합시장'에서 시장가격으로 파는 것이 허용되는 등 시장 메커니즘 도입의 폭이 확대된다는 것이었다. 또 외국과 북한이 함께 만든 합영합작 기업과 무역회사들이 국영상점을 통하지 않고 일반 주민들에게 직접 물건을 팔 수 있게 될 예정이어서 사실상 내수시장이 개방된다는 것이 골자였다.

북한이 종합시장을 설치하고 거기서 공산품 판매를 허용한 것은 이미 알려진 사실이나, 기업의 '계획 외 생산 및 처분권'의 허용과 사실상의 내수시장 개방조치가 예정돼 있다는 게 확인된 것은 처음이었다. 강 교수는 "전국에 개설되는 '종합시장'에서는 개인과 기업이 합법적으로 생산한 물건을 수요와 공급에 따른 시장가격에 팔 수 있다"며 이같이 확인했다. 그는 또 "기업 내 판매 담당 부서가 종합시장에 부스(점포)를 내고 물건을 팔게 된다"며 "생산재 이외의 모든 물건이 종합시장을 통해 거래될 것"이라고 설명했다. 북한 당국은 종합시장에 점포를 낼 개인과 기업의 신청을 받고 있는데, 신청자가 많아 추첨을 통해 점포를 배정할 예정이라고 강 교수는 말했다.

당시 정보당국의 관계자도 "그것은 기업소 자율권의 실질적인 부분이 종합시장을 매개로 처음으로 현실화되는 것"이라며 "현재 종합시장의 상황을 예의주시하고 있다"고 확인했다. 양문수 경남대 북한대학원 교수는 "기업의 생산과 유통을 촉진하기 위해 시장 메커니즘을 도입하는 것은 경제 개선이 아닌 실질적 개혁을 하고 있다는 증거"라고 평가했다.

북한 당국은 기업이 시장에 물건을 팔려면 국가가 할당한 계획생산량을 달성해야 하고 판매가격에 상한선을 두는 등 당분간 일정한 제한도 둘 방침을 정했다. 그러나 기업들이 시장에서 비싼 값을 받고 물건을 팔아 수입을 더 올릴 수 있는 합법적인 길이 열리면 더 생산하려는 자극을 받게 될 것이 분명했다.

강 교수가 내게 알려준 내용은 북한 당국이 학문적으로 보거나 실질적으로 보거나 경제개혁을 시도하고 있다는 것을 의미하는 것이었다. 기업의 계획 외 생산과 그 시장 판매를 허용하고 내수시장 개방조치를 단행하는 것은 7.1 조치와는 질적인 차이가 있기 때문이다.

당시까지 북한이 종합시장을 설치하고 공산품 판매를 허용한 것은 알려졌지만, 어떻게 시장에서 공산품이 유통되는지에 대해서는 알려진 것이 없었다. 그러나 이제 강 교수의 확인에 따라 '종합시장'은 기존의 농민시장이나 장마당을 활성화하는 차원이 아니라, 명실상부한 시장조정 메커니즘의 도입인 것으로 드러났다.

이는 북한 당국이 기존의 관료적 조정을 포기한 것은 아니지만 시장 기능을 공식적으로 확대 인정한 것을 의미한다. 특히 기업이 시장을 지향하는 생산을 하게 된다는 점이 핵심이다. 정부의 정보당국자는 "북한 당국은 기업이 종합시장에 더 많은 물자를 공급하도록 독려하기 위해 계획생산량을 줄였다"고 말하기도 했다.

달라진 회계법

이 즈음 북한 당국이 2003년 3월 제10기 6차 최고인민회의에서 채택해 시행 중인 '회계법'의 전문이 국내에 공개됐다. 강 교수의 발언보다 보름 늦은 7월 16일이었다. 한국무역투자진흥공사(KOTRA)가 재외 공관을 통해 입수한 이 법은 7.1 경제관리 개선조치에 이어 올 3월부터 경제개혁의 단계로 접어든 경제정책 변화를 법률적으로 뒷받침하는 것이라는 데 의미가 있다.

이 법은 사회주의 경제의 특성이자 고질적인 문제점인 '연성예산

제약(soft budget constraint, 경제주체들이 예산의 제약을 약하게 받는 것)' 현상을 고쳐서, 기관과 기업소 등 경제주체들의 '경성예산제약(hard budget constraint, 경제주체들이 예산의 제약을 강하게 받는 것)'을 확보함으로써 독립채산제를 완성한다는 데 중점을 두고 있다.

사회주의 체제 속에서 국가와 기업은 마치 부자(父子) 관계와 비슷하게 되고 온정주의가 만연한다. 기업들은 예산을 낭비한 뒤에도 국가에 떼를 써서 돈을 더 타낼 수 있기 때문에 예산의 제약을 크게 받지 않는다. 북한 경제가 쇠락한 이유 가운데 핵심적인 것들 중 하나는 바로 이러한 '연성예산제약'이 낭비와 비효율을 낳고, 이것이 '부족의 경제'로 이어졌기 때문이었다.

회계법은 회계보고와 결산보고를 통해 이런 낭비와 비효율을 철저하게 막겠다는 의지를 담고 있다. 이 법 1조는 "경제활동의 재정적 이익을 보장하는 데 있다"고 그 목적을 밝혔다. 기업의 회계 및 결산 보고는 지방 재정기관과 중앙 재정기관에 의해 엄격한 심사를 받도록 해 이익을 내지 못하고 적자를 낸 기업소 지배인들이 누구인지 확연히 드러나게 한다는 것이다. 회계보고서를 고의 또는 과실로 잘못 작성한 사람은 모두 직위 해제된다.

법 26조는 "기관과 기업 및 조직들은 자본 이용과 보존의 효율성 및 경제활동, 예산활동, 통화흐름, 외환수지, 국제수지 등에 대해 분석해야 한다"고 규정해 시장경제적인 개념과 자본주의 외부경제 상황에 대해 주의를 기울일 것을 의무화했다.

8조는 "국가는 재무회계 분야에서 외국 및 국제기구들과의 교류 및 협력을 발전시킨다"고 규정했다. 또 유명무실했던 은행의 기능이 강조되고(14조), 재무회계 감사 권한을 지방에 둠으로써(31조)

중앙집권적 계획경제의 분권화를 촉진하는 조항도 포함됐다.

남성욱 고려대 북한학과 교수는 이 법에 대해 "1978년에 개혁개방을 시작한 중국이 1985년에 채택한 회계법 내용을 다수 도입한 획기적인 내용"이라고 평가했다. 신지호 한국개발연구원 초빙연구위원은 "어떻게 실천하는지가 중요하다"고 말했다.

홍보에 나선 북한 당국

북한의 경제개혁을 증언하는 목소리들이 잇따르고 있는 가운데 북한 당국은 '7.1 경제관리 개선조치'의 시행 1주년을 맞은 2003년 7월을 전후해 다양한 매체를 통해 북한의 경제변화를 적극적으로 홍보했다. 특히 조총련계 〈조선신보〉는 평양에 사는 북한 주민들의 집을 직접 찾아가 그들의 경제와 생활에 일어난 변화를 사례별로 보여주었다.

〈조선신보〉의 기자는 다른 외국인 기자들보다 북한 내 활동이 자유롭지만, 그들도 기본적으로 북한 당국의 허락을 받아 취재를 하는 것으로 알려져 있다. 따라서 〈조선신보〉 기자의 평양 가정 방문기는 북한 당국이 외부에 전하고 싶은 메시지를 담고 있다고 봐야 한다.

김지영 기자는 최세화 평양시 인민위원회 도시경영국 부국장의 가정을 방문하고 6월 28일자 〈조선신보〉에 '7.1 조치로부터 1년, 최씨일가 가정 방문기'라는 기사를 실었다. 기사를 보면 최세화씨는 아내 김옥련씨와의 사이에 평양호텔 간이 매대에서 일하는 최윤주와 금성청년출판사에서 일하는 최윤화 등 두 딸을 두었다.

2003년 이 가정에 일어난 최대의 변화는 전업주부였던 아내 김씨가 평양시 승강기작업소에 다시 나가 일을 하기 시작했다는 것이다. 과거 국가가 모든 것을 배급할 때는 생활비가 많이 필요하지 않았으

나, 2002년 7월부터 물가와 임금이 크게 오르고 일한 만큼 분배한
다는 사회주의 분배 원칙이 강조되면서 주부들의 직장복귀가 늘어
났다.

이 가정은 최씨의 월급 3500원, 김씨의 월급 2000원, 두 딸이 버
는 4500원 등 모두 1만원으로 생활을 한다고 하니 비교적 넉넉하게
살고 있는 편이다. 참고로 2002년 7월부터 북한에서 쌀 1킬로그램
은 44원에 판매됐다.

최씨의 가족들은 북한이 종합시장을 만들고 농산품이 아닌 공산
품도 팔도록 한 것이 사회주의 원칙에 위배되는 게 아니라고 주장했
다. 아마 이 대목이 북한 당국에서 이 보도를 통해 홍보하고자 한 핵
심이었던 것으로 판단된다.

최씨는 "자본주의 나라에서는 시장을 돈벌이의 관점에서만 보겠
지만, 우리의 국영상점과 시장은 대치되는 것이 아니라 서로 보완하
는 관계"라고 말했다. 우선 시장을 허용하고 거기서 잘 팔리는 상품
이 무엇인지 파악한다면 국영기업에서 더 싸게 그것을 만들어 공급
할 수 있게 된다는 것이다. 계획에 따라 기업이 물건을 생산하는 사
회주의 생산체제는 유지하되 무엇을 만들어야 팔릴지, 즉 수요자의
욕구를 파악하는 데는 시장을 활용한다는 뜻이다.

역시 〈조선신보〉 소속인 문성희 기자는 평양정보센터 임신도 과
장의 집을 방문한 뒤 7월 9일자에 '평양 가정주부의 하루' 라는 르포
기사를 실었다. 임씨의 임금은 2750원이고, 탁아소에서 일하는 그
의 부인 이춘하씨는 2000원을 번다.

이 부부는 평양시 보통강구역 경흥동 제65인민반의 14층짜리 아
파트에 사는데, 집 사용료는 한 달에 380원이다. 그 외 난방비, 수도
사용료 등이 나간다. 주식은 배급을 받고, 부식물을 사는 데 약간의

돈이 들어간다. 딸의 학비는 무료이지만, 교과서 값으로 10원씩 낸다. 이 부부는 2003년 5월부터 북한 당국이 발행한 복권식 인민생활채권을 샀다고 한다.

조총련계 월간지인 〈조국〉, 북한 사회과학원이 발행하는 〈경제연구〉 등의 잡지도 북한 경제 변화의 현실과 이론을 자주 보도했다. 문화와 관련된 한 잡지는 "영화인들도 창작성을 높이고 비용을 줄여 영화 제작에서도 실리를 추구해야한다"고 주장했다.

이런 북한의 경제개혁 홍보공세를 두고 북한 전문가들은 그만큼 변화의 폭이 크고, 개혁을 통해 경제를 살리려는 북한 당국의 의지가 강한 것이라고 해석했다. 그러나 핵 개발 문제로 국제사회에서 고립이 심해진 가운데 내부의 개혁 의지를 외부에 알리려는 북한 당국의 의도도 크게 작용하는 것으로 보인다.

평양을 방문한 남측 인사들에게도 북한 안내원들이 그곳의 경제 변화상을 적극 홍보했다. 2003년 7월 말 북한을 방문한 남성욱 고려대 교수는 안내원에게 종합시장을 보여 달라고 부탁했다. 그러자 안내원은 이렇게 말했다고 한다.

"이제 과거처럼 국가 몰래 물자를 거래하던 형태의 장마당은 평양에서는 사라지고 있습니다. 장마당은 규모가 큰 인민시장으로 바뀌고 있습니다. 국가가 종합시장을 건설하고 있고, 과거 열흘에 한 번 장이 서던 것과는 달리 상설시장이 될 것입니다. 전에는 송신농민시장이 제일 컸으나 앞으로는 더 큰 시장이 나올 것입니다. 현대식 시장이 건설되고 있기 때문에 조만간 새로운 모습을 나타낼 것입니다. 통일거리, 광복거리, 문수거리, 락랑거리, 대성거리, 평천거리 등 평양 시내 11곳에 시장이 건설되고 있으며, 지금 건설되는 종합시장이 금년 중에 완공되면 한번 보여드리겠습니다."

안내원이 시장이 완공되면 보여주겠다고 약속하는 모습은 남 교수가 2002년 6월과 11월에 방문했을 때와는 달라진 것이었다. 당시만 해도 장마당은 남측 방문자들이 가볼 수 없는 금기의 지역이었다. 계획경제를 바탕으로 하는 사회주의 경제에서 사경제 영역인 장마당이란 것은 그리 큰 자랑이 아니었기 때문이다.

지금까지 독자 여러분들은 북한 경제가 '개선'의 단계를 거쳐 '개혁'으로 넘어가는 과정을 지켜보았다. 그리고 2004년 현재 북한은 시장을 중심으로 경제 개혁을 진행하고 있다. 나는 이 과정을 '두 단계의 현실화' 모델로 설명한다. 북한 당국이 1994년부터 1997년까지의 '고난의 행군' 시절에 자연스럽게 형성된 시장경제적 요소를 두 단계에 걸쳐 추인 내지는 공식화함으로써 경제 회복을 꾀하고 있다는 것이다.

이일하 회장도 여러 차례 언급한 것처럼 고난의 행군시절 북한에서는 국가가 인민을 내동댕이치는 상황이 계속됐다. 국가 계획경제가 무너지면서 주민들은 시장에서 돈을 벌고 먹을 것을 조달했다. 기업도 국가 계획과 관계없이 시장에서 조달한 기계와 자재로 물건을 만들어 시장에 내다팔아 생존을 유지했다. 일부 학자들은 이런 상황을 '자연경제' 또는 '원시적 시장경제'라고 부른다.

7.1조치는 이런 현상 가운데 시장 그 자체를 제외한 것들을 현실화해 공식적으로 인정한 조치로 풀이할 수 있다. 물가와 임금을 과거의 시장 수준으로 인상하고 기업의 자율적 경영도 인정한 것이다. 이를 통해 북한은 생산을 정상화해 시장을 국가 유통망으로 흡수하려 했지만 국내외 여건상 불가능했다. 결국 북한은 경제 회복을 위해 시장 그 자체를 공식적으로 인정하는 두 번째 단계의 현실화 조치를 단행했다.

화해와 협력의 창구 NGO

2002년 5월 이일하 굿네이버스 회장이 방북을 제의했을 때 나는 그 진정한 의미를 잘 몰랐다. 당시 내 판단이 어떠했는지는 잘 기억나지 않지만, 특별한 뜻 없이 걸어놓은 좋은 인연 덕분에 아무나 갈 수 없는 북한이라는 곳에 출장을 가게 됐다고 생각했을지도 모른다. 그러나 2002년 7월부터 세 번이나 이 회장을 따라 북한에 갔다 오면서 나는 내 일생의 진로를 뒤바꿔 놓은 그 첫 방북의 의미를 조금씩 깨닫게 됐다.

북측은 2002년 아리랑축전 개최를 즈음해 그동안 자신들을 인도적으로 지원해온 남측 민간단체들의 대규모 방북을 허락했다. 굿네이버스의 경우 이전까지는 사업에 꼭 필요한 기술자와 거액 기부자 등 핵심 관계자들만이 7~10명 정도의 소규모로 북한을 갔다 왔다. 굿네이버스에서 40명 이상의 대규모 방북단이 입북한 것은 2002년 7월이 처음이었다. 북한 당국이 필요해서이기도 했겠지만, 북한 당국과 굿네이버스 사이의 오랜 신뢰관계 없이는 불가능한 일이었다.

이후 2002년 10월 40명, 2003년 3월 100명이 입북할 때마다 나에게도 자리가 돌아왔다. NGO가 닦아놓은 널찍한 화해와 협력의 길이 있었기에 나 같은 남한의 기자도 수월히 북한을 다녀올 수 있게 됐던 것이다.

북측이 남한 NGO와 종교단체들의 대규모 방북을 허용하기 시작한 것은 7.1 경제관리 개선조치의 시작과도 관계가 있다. 북한은 2002년 아리랑축전과 7.1 조치를 계기로 남측에 대해 문을 활짝 열었다. 내적 자신감의 표현일 것이다. 그 해 5월 한민족복지재단의 방북단 300명이 전세기 편으로 방북한 후 NGO들의 대규모 방북이 줄을 이었다.

남측 인사들의 방북은 2002년 10월에 최고조에 달했다. 북한 사람들은 '확 푼다'는 말을 잘 쓴다. 2002년 10월이 바로 그랬다. 다양한 부류의 남측 인사들에게 방북의 문이 확 풀렸다. 북한 스스로도 남한으로 가는 문을 확 풀었다. 부산 아시안게임 때는 북한의 미녀 응원단이 남한으로 내려와 남한 총각들을 마음을 설레게 했다. 켈리가 방북하기 전까지는 일본과 미국을 향한 문도 확 열렸다. 그들이 확 풀기로 작정한 때마다 나는 북한에 갈 수 있었다.

그러나 그런 것만은 아니었을 것이다. 특수한 직업인인 기자가, 또 보수성향으로 분류되는 〈동아일보〉 기자가 몇 번이나 북한을 들락거릴 수 있었던 데는 다른 이유도 있었을 것이다. 아마도 북측은 7.1 조치 등 자신들의 변화상을 믿을 만한 남측 기자에게 보여주고, 그 기자가 남측의 여러 사람들에게 자신이 보고 들은 것을 널리 알려주길 원했던 게 분명하다. 그들의 이런 의도는 맞아 떨어지지 않았는가. 나는 그들이 열어준 문으로 들어가 보고 듣고 온 것들을 기사로 썼고, 게다가 이 책까지 쓰니 말이다.

클라우제비츠(C. V. Clausewitz)의 전략론을 빌어 좀더 지성적으로 이야기한다면, 북한은 2002년 아리랑축전 때부터 남한의 '힘의 중심부(center of gravity)'를 제대로 파악하고 공략하기 시작했다고 평가할 수 있다. 남한은 민주주의 사회이고 민주주의 사회에서 힘의 중심부는 국민의 여론이다. 북측은 그 여론을 형성하는 남측의 보통 사람들과 언론에 자신을 직간접으로 알리기 시작한 것이다. 특히 사회의 더 많은 지원을 받기 위해서는 다수를 형성하고 경제력을 가지고 있는 남측 보수층의 마음을 얻어야겠다고 판단한 것으로 보인다.

2000년까지만 해도 북한은 남한의 힘의 중심부를 오해했다고 볼 수 있다. 정권을 가진 정부와 돈을 가진 재벌을 힘의 중심부로 보았던 것이다. 그 결과는 6.15 공동선언으로 나타났다. 그러나 공동선언에 대해 남과 북 양측에서 다른 현상이 일어났다. 북한에서는 김정일 위원장이 남측의 김대중 대통령과 손을 잡은 것에 대해 주민들 사이에 특별한 반대의 흔적이 나타나지 않았다. 그들 스스로 말하듯이 '당이 결심하면 우리는 한다'는 사회이기 때문일지 모른다.

반대로 남한에서는 이른바 '남남갈등'이라고 하는 격렬한 여론의 분열이 일어났다. 더 줘야 한다는 정부의 외침은 '퍼주기'에 반대한다는 보수여론의 함성 속에 파묻혔다. 북한 당국의 내심을 확인할 수는 없었으나, 그 과정에서 북한은 남한 사회의 진정한 힘은 여론에 있다는 값진 교훈을 얻었을 것이라고 나는 추정한다. 북한 당국이 아리랑축전과 7.1 조치를 계기로 남북을 오가는 문을 점점 크게 열면서 '민족공조'를 전보다 더욱 강하게 외친 것도 이런 큰 틀의 전략적 차원에서 해석할 수 있다.

어쨌든 2002년 이후 북한의 문은 점점 더 크게 많이 열렸다. 2003

년에도 NGO는 물론 방송, 지자체, 종교단체 등 다양한 부류의 사람들이 북한을 다녀왔다. 2003년 8월에 정몽헌 현대아산 이사회 회장이 갑자기 사망했다. 그럼에도 개성공단 건설은 예정대로 추진됐고, 대구 유니버시아드 대회에서는 1년 전에 보았던 아리따운 북한 응원단의 모습을 다시 볼 수 있었다. 북한과 아무런 채널이 없는 남측의 일반인들도 평양과 백두산 일대를 돌아볼 수 있는 관광 코스가 열렸다. 10월에는 평양에서 열린 류경정주영체육관 개관식을 이유로 남측의 각계인사 1100여 명이 경의선 육로로 북한을 방문했다.

아직도 북한이 문을 꼭꼭 잠그고 있거나 변하지 않고 있다고 생각하는 사람이나, 북한의 모든 이벤트는 일회성이며 그들은 언제든지 꽁꽁 얼어붙은 과거로 되돌아갈 수 있다고 믿는 사람이라면 그는 아마도 두 부류 가운데 하나일 것이라고 생각한다. 생업에 바빠 2000년 6.15 공동선언 이후에 달라진 남북관계를 잘 모르는 사람이거나, 남북의 화해협력을 애써 못 본 체하려는 사람일 것이다. 설마 자신의 이해관계를 따져 긴장과 대결로 점철된 과거를 그리워하는 사람은 이제 없을 것이라고 믿지만.

어쨌거나 나는 2003년 3월까지 세 번의 북한 방문으로 북한 사회를 봤다. 또 나와 함께 북한을 방문해 울고 웃는 남한 사람들도 기자로서 지켜봤다. 그러면서 나는 민족이란 과연 무엇인지를 깊이 고민했다.

백두산 장군봉에서의 작은 기도회

2002년 7월 2일 화요일 오전 11시 30분, 천지가 한눈에 내려다보이는 북쪽 백두산 장군봉 정상에 올랐다. 1950년 고향인 함흥을 떠나 남하한 뒤 북녘 땅을 다시 밟아보

장군봉에서 찍은 백두산과 천지

지 못하고 2001년 12월 세상을 떠난 김설봉 옹의 넋을 달래기 위한 작은 기도회가 열렸다.

열두 살 때 아버지를 따라 남쪽으로 내려온 아들 남국씨가 아버지의 영정을 꺼내들었다. 그 옆에 남국씨의 초등학교 동창인 최기서씨가 섰다. 최재화 목사의 기도가 시작됐다.

"지난해 당신의 품에 안긴 어린 양이 이제 아들의 지극한 정성으로 백두산 정상에 올라, 살아서 이루지 못한 꿈을 이루었습니다. 더 이상 이들과 같은 안타까운 이산의 한이 없도록 이 땅에 사랑과 평화를 내려주시옵소서…."

김남국씨는 눈을 감고 조용히 울음을 삼켰다. 기도가 끝나자 최기서씨도 손수건을 꺼내 눈물을 훔쳤다. 그는 "내 친구는 효잡니다.

저는 아버지를 위해 아무것도 준비하지 못했습니다"라며 먼 하늘을 쳐다봤다. 그의 아버지도 북녘 땅을 그리다 세상을 버렸다.

김남국씨와 최기서씨는 아버지가 생전에 고향을 방문할 수 있도록 애를 썼다. 그러나 정부에 낸 이산가족 상봉 신청은 번번이 기각됐다.

두 아버지가 떠난 뒤 두 아들이 북측을 방문할 기회가 우연히 찾아왔다. 북측 민화협이 굿네이버스의 대규모 방북단 입국을 허용한 덕분이었다. 방북 목적은 1997년부터 굿네이버스가 지원해온 목장 5곳, 육아원 14곳, 병원 1곳 가운데 목장과 병원을 방문해서 그동안 지원한 물품이 제대로 쓰이고 있는지를 확인하는 것이었다.

두 친구는 굿네이버스와 함께 북측을 지원하고 있는 한국복지재단 후원회원 자격으로 굿네이버스와 함께 고향땅을 밟았다. 기도를 마친 김남국씨는 백두산 장군봉 어딘가에 아버지의 유품 하나를 묻었다. 그것을 통해 하늘에서 백두산 천지의 기운을 받으시라면서.

하늘에서 본 고향땅

　　　　북한에 들어간다는 예정된 사실에 대표단은 실제로 들어가기 전부터 몹시 흥분했다. 김남국씨와 최기서씨와 같은 실향민들은 더 말할 나위도 없었다.

김남국씨는 2002년 6월 28일 인천 국제공항에서부터 "굿네이버스와 같은 민간단체가 실향민들이 고향을 방문할 수 있도록 길을 마련하는 일을 해주어야 한다"고 주장했다. 평안북도 철산이 고향인 김용상 원주 제일교회 목사도 "실향민들에게 그냥 고향에 다녀오시라고 할 수 있다면 얼마나 좋겠느냐"고 말했다. 물론 그들도 이산가족 상봉은 현재로서는 민간단체들이 할 수 없는 일임을 잘 알고 있었다.

북한에 들어가기 전에 실향민들은 저마다의 사연을 기자인 나에게 털어놓았다. 우세근 의정부 신촌교회 목사는 중학교 3학년 때의 일을 또렷이 기억한다. 황해도 옹진에서 태어나신 할아버지가 장손인 자신을 불러 두 시간 동안이나 고향 이야기를 들려주었다고 한다.

"고향 마을 어귀에는 밤나무가 있고 우리 집 옆에는 언제나 맑은 물이 흘러나오는 샘이 있었단다. 지금은 어떻게 변했을지 모르지만…."

그렇게 장손의 기억에 고향을 심어준 할아버지는 그 다음날 아침 아무도 모르게 하늘나라로 떠났다.

6월 29일 북녘 땅을 밟자 실향민들의 기억은 더욱 생생해졌다. 평양시 사동이 고향이라는 유상국 안산 광림교회 원로목사는 평양시가 한눈에 내려다보이는 만수대 동산에 오르자 고향 마을을 가리키며 "지금은 길이 많이 났지만 옛 모습이 기억난다"고 감격스러워했다.

김남국씨와 최기서씨 두 친구는 다행히도 하늘에서 고향인 함흥 땅을 볼 수 있었다. 김남국씨는 2002년 7월 2일 대표단이 평양에서 백두산까지 비행기로 이동한다는 것을 알게 되자 "비행기가 함흥 상공으로 선회해 가면 좋으련만" 하면서 기도했다.

그의 꿈은 이루어졌다. 그날 오전 8시 17분 대표단을 태운 고려항공 '뚜벡33' 기가 이륙하자 북한의 산하가 한눈에 들어왔다. 그 후 잠시 운해 위를 나는 비행기 안에서 김남국씨가 외치는 소리가 들려왔다.

"함흥이다! 기서야, 함흥이야!"

김남국씨의 바로 뒤 창가에 앉아있던 사람이 복도쪽 자리에 앉아
있던 최기서씨에게 자리를 양보했다. 두 친구는 축구공만한 창문에
얼굴을 밀착시키고 어린 아이처럼 기뻐하며 기억을 되살려 나갔다.

"야, 저건 청천강이구나. 저건 신포비행장이고."

"그래, 근데 물이 많이 말랐네."

두 친구는 눈을 크게 뜨고 창문에 얼굴을 더 밀착시켰지만 고향
집은 찾을 수 없었다. 10여 분 뒤 비행기는 벌써 홍남 상공을 날고
있었다. 최기서씨는 "고향땅 위를 날 줄은 꿈에도 생각지 못했다"고
말했다.

사연 많은 사람들

대표단은 울산 감리교회, 익산 영생감리교회, 안산
감리교회 등 굿네이버스에 많은 후원금을 내는 교회의 목사와 신도,
그리고 한국복지재단 후원회원 등으로 구성됐다. 그 누구도 이번 방
북과 관련해 사연이 없는 이가 없었다.

서기석 영실애육원장은 당뇨병성 신부전증으로 병원에 입원해
있었는데 의사의 만류도 뿌리치고 대표단에 합류했다. 그의 고집을
꺾지 못한 의사는 "약을 꼭 챙겨 먹고, 다녀온 뒤 바로 다시 입원할
것"이라는 조건을 걸었다.

대표단 중 최연소자인 최진우씨는 한양대학교 재학생이었다. 그
는 안산 광림교회 청년회의 대표 자격으로 방북단에 포함됐다. 그는
한국에 돌아가면 북한에 대해 궁금해 하는 친구들에게 많은 것을 알
리겠다면서 부지런히 발품을 팔아가며 선배들에게 조언을 구했다.

대표단 방북 일정의 절정은 7월 2일 백두산 등정, 북한에서의 마
지막 공식 일정이었다. 오전 8시 50분 비행기가 삼지연공항을 향해

고도를 낮추자 운해를 뚫고 장백의 거봉들이 모습을 드러내기 시작
했다. 일행은 원시림이 빼곡히 들어찬 백두고원의 웅장함에 매료됐
다.

9시 정각. 비행기가 해발 1400미터인 삼시연공항에 사뿐히 내려
앉았다. 기다리고 있던 버스 3대가 일행을 나눠 태우고 달리기 시작
했다. 키가 1미터 남짓한 침엽수가 길 양옆에 들어차 있어 마치 끝
없는 잔디밭 위를 달리고 있다는 착각이 들었다.

9시 46분. 해설원과 관리인이라며 인민군복 차림을 한 20대 여성
과 30대 남성이 선도차에 올랐다. 여성 해설원은 "참 좋은 날씨에
오셨습니다. 아침에는 비가 왔는데"라며 일행을 반겼다. 버스가 움
직이기 시작하자 해설원의 백두산 자랑이 이어졌다.

"백두산은 정확히 해발 2750미터입니다. 북한 주민과 해외동포

백두산 관광 때 만난 해설원

등을 합해 한 해에 10만 명이 다녀갑니다. 겨울에는 눈이 많이 내려서 눈 위를 걷다가 신발을 잃어버리면 봄에 신발이 나무 위에 걸려 있습니다."

10시 7분. 나무가 자랄 수 있는 마지막 고도인 해발 2000미터를 넘으면서 비로봉과 장군봉이 지척에 나타났다. 자동차가 장군봉 바로 아래까지 오를 수 있도록 길이 나있었다.

10시 35분. 장군봉 바로 아래에서 차에서 내린 일행의 입에서 "와!" 하는 함성이 터져 나왔다. 천지가 한눈에 들어온 것이다. 일행은 허겁지겁 짝을 찾아 카메라 셔터를 눌러대기 시작했다. 10분쯤 흘렀을까. 어디선가 구름이 몰려오더니 천지를 삼켜버렸다.

우리는 하나

막간을 이용한다며 해설원이 백두산과 천지를 소개하기 시작했다.

"백두산에 화산이 분출한 것은 100만 년 전인데, 마지막 분출은 1898년에 있었던 것으로 보입니다. 1116~1167년 사이의 분출이 지금의 분화구를 형성했습니다."

1930년대에 일본인들이 탐사를 왔다가 겁만 먹고 돌아갔다는 이야기, 1981년 무게가 500킬로그램이나 되는 곰이 내려와 괴물 소동이 빚어졌다는 이야기, 1984년에 산천어가 방류돼 그곳에서 살기 시작했다는 이야기, 날씨가 하루에 열두 번이나 변해 시집 못간 노처녀에 비유된다는 이야기 등이 이어졌다.

11시 30분이 되도록 해설원의 구성진 백두산 자랑이 이어졌지만 천지를 삼킨 구름은 걷히지 않았다. 일행은 그래도 즐거운 듯 입가에 웃음이 가시지 않았다.

　김남국씨의 '작은 기도회'가 끝나자 자연스럽게 대표단 전체의 기도회가 시작됐다. 남과 북의 화해와 협력을 기원하는 모두의 마음이 모아졌다. 기도가 끝나자 누가 선창했다고 할 것도 없이 모두의 입에서 '우리의 소원은 통일' 노래가 흘러나왔다. 여기에 화답해 북한 안내원과 여성 해설원들이 '우리는 하나'를 불렀다. 그러는 사이에 우리 일행과 그들은 서로 어깨를 겯고 하나가 되었다.

　흥분을 가라앉힌 일행은 12시 30분쯤 장군봉에서 내려와 백두고원 위에 자리를 폈다. 가까이 백두산 고봉들을 바라보며 끝없이 넓게 펼쳐진 풀밭에 앉아서 먹는 김밥 도시락의 맛은 그 어떤 말이나 글로도 표현할 수 없을 듯하다.

　나는 마음속으로 기원했다. 내가 누리는 이 즐거움이 머지않아 우리 민족 모두의 것이 되기를.

앞으로도 잘 도와 달라

　　　　　　첫 방북 때 나는 '농장팀'에 소속돼 구빈리 협동농장을 다녀왔다. 나머지 '병원팀'은 평양 시내에 있는 평양시 제2인민병원을 방문했다. 그날 오후 나는 병원에 다녀온 일행에게 귀동냥을 했다.

　평양시 제2인민병원은 평양시 대성구역에 있고, 4층짜리 병동 6개에 병상이 700개인 종합병원이다. 굿네이버스는 2001년 3월부터 이곳에 앰뷸런스 2대, 초음파기, 내시경, 심전도기, 가습기 등 의료기구와 다량의 의약품을 지원해왔다. 지붕도 고칠 수 있도록 돕고, 창문에 알루미늄 창틀도 달게 했다. 최근에는 주방설비 일체를 지원하기도 했다.

　일요일 오후인데도 박기석 원장과 여의사 등 의료진과 소아과 병

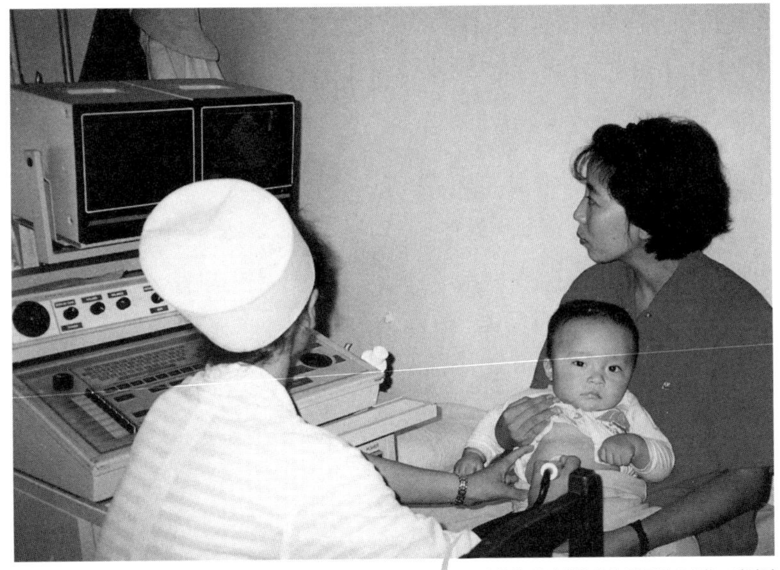

평양제2인민병원에서 진료받고 있는 어린이

동과 산부인과 병동에 입원 중이던 환자 7~8명이 일행을 맞았다고
한다. 박 원장은 굿네이버스가 지원한 물품들을 일일이 소개하며
"건물과 기계가 낡아 어려움이 많았는데 남측의 지원으로 진료 여
건이 많이 좋아졌다"며 "앞으로도 잘 도와 달라"는 말을 잊지 않았
다.

　여기까지가 병원팀이 전해준 객관적인 사실이다. 하지만 현장을
본 일행의 평가는 개인마다 조금씩 달랐다. 이장우 이메이션코리아
사장은 "생각했던 것보다 병원이 깨끗하고 시설도 잘 돼있었다"고
했다. 그러나 일부는 표정이 우울해 보였다. 북한에서 가장 좋은 병
원이라고 하는 곳이 한국의 보통 병원과 비교하더라도 설비가 많이
부족해 보였기 때문이었다. 대학에서 임상병리학을 가르치고 있는
김영옥 영생감리교회 전도사는 "병원에 소모품이 많이 부족하고 건

234

물 자체도 너무 낡아 마음이 좋지 않았다"고 했다.

"보통 심전도기를 쓰면 기록기가 결과를 기록하는데 거기엔 기록기가 없었어요. 의사에게 물어보니 '우리는 보기만 하고 기록하지는 않는다'고 하더군요. 또 측정기를 몸에 붙이는 전극풀이 다 떨어졌다며 지원을 부탁하더군요."

실제로 의료기구마다 다양한 소모품이 필요하므로 때맞춰 소모품을 지원하는 것도 굿네이버스가 해야 할 중요한 일이다. 양소영 굿네이버스 간사는 이날도 내시경 램프를 네모난 종이상자에 넣어 전달했다. 내시경 램프는 보통 200시간 쓰면 수명이 다한다. 교체가 늦어지면 내시경 자체를 쓰지 못하게 된다.

굿네이버스는 한국복지재단, 동방사회복지회 등과 함께 남포, 해주, 사리원, 원산, 해산 등 북한 전역에 있는 육아원 14곳을 지원하고 있다. 지원의 혜택을 보는 어린이들은 모두 4700명. 지원하는 물품은 분유와 밀가루 등 영양식과 아동의류 등 육아용품이다. 평양 시내 평양육아원도 지원하고 있지만 당시 방문 일정에서는 제외됐다.

화해와 협력으로 가는 다리

사회복지법인 굿네이버스는 1991년 3월에 설립됐다. 국내외 아동지원 사업 및 도시 빈곤가정 복지사업이 그들의 주된 사업내용이다. 방글라데시, 소말리아, 르완다에서 난민 구호사업 등을 펼쳐 1996년에 유엔 경제사회이사회(ECOSOC)에서 NGO로서는 최상의 지위인 '포괄적 협의 지위(General Consultative Status)'를 획득했다. 북한지원 사업은 1995년부터 시작했다. 북한의 식량 부족으로 기아가 심각하다는 판단에서였다.

굿네이버스의 이일하 회장은 1997년 5월부터 당시까지 17번 북한을 방문하면서 북한지원 사업을 지휘했다. 나는 묘향산을 다녀오는 차 안에서 그를 인터뷰했다.

신석호 : 북한에 대한 인도적 낙농지원이 남북통합에 어떤 영향을 준다고 생각하십니까?

이일하 : 소를 주면 소를 키우는 기술과 우유를 가공하는 기계와 기술도 지원해야 합니다. 전문가와 물품이 오가고 그만큼 교류의 폭이 넓어집니다. 민간단체는 정부와 달리 여론의 부담도 받지 않습니다. 북한 주민들이 스스로 살아나갈 수 있도록 하는 비용이 남북대치에 들어가는 비용보다 적다고 확신합니다.

신석호 : 낙농지원 사업의 성공을 다른 경제분야로 확대할 수 있다고 생각합니까?

이일하 : 그렇습니다. 농업이건 공업이건 남측에서 남는 것을 북측에 주면 북측이 경제를 회복하는 데 도움이 되고 남북의 왕래와 통합에도 도움이 된다고 믿습니다. 유사한 기관과 영역끼리의 교류는 정부 차원의 어떤 교류보다 쉽고 효율적입니다. 그렇게 개별 경제영역과 사회영역이 서로 신뢰를 쌓으면 전체적인 민족통합 작업이 더 빨리 진행될 것입니다.

신석호 : 지원사업을 성공적으로 진행하고 있는 비결은 무엇입니까?

이일하 : 비정치, 비영리, 투명성이라는 3대 원칙을 지키는 것이 필수적입니다. 1997년 처음 방북했을 때 북측은 우리를 몹시 의심했습니다. 그러나 이런 원칙들을 지켜나가자 믿기 시작했습니다. 남을 돕는 것이 도움을 받는 것보다 어렵습니다. 이해하고 섬기는 자

세로 임해야 화해와 협력으로 가는 다리 역할을 할 수 있습니다.

신석호 : 1997년 첫 방북 당시와 현재 북한의 경제 상황은 어떻게 달라졌습니까?

이일하 : 1997년에는 1994년부터 시작된 '고난의 행군'이 계속되고 있던 상황이어서 그야말로 비참한 지경이었습니다. 그러나 정부와 민간의 지원 덕분에 2001년 이후에는 농촌과 도시가 동시에 몰라보게 회복하고 있습니다. 북한 관계자들도 조금만 더 도움을 받으면 스스로 잘해 나갈 수 있다고 말합니다. 그들이 39명의 우리 대표단에게 시골 모습을 그대로 보여준 것도 이와 같은 자신감 때문입니다.

정성제약연구소 사람들

굿네이버스와 함께 북한 현지를 오가며 사업을 진행하는 남측 기술자나 기업인들도 남북 화해와 협력에 중요한 역할을 하는 사람들이다.

평양 시내에서 개성을 향해 가다가 평양시 남쪽 관문 격인 3대헌장 기념탑 직전에 우회전하면 대지 3만 제곱미터에 건평 1만 제곱미터인 마름모꼴 건물이 눈에 들어온다. 바로 정성제약연구소다. 나는 2003년 3월 23일 오전에 이명수 일성기공 사장, 황지연 한미기계 사장과 함께 그곳을 방문했다. 두 분은 굿네이버스의 부탁으로 이곳에 기술지원을 하고 있다. 북측의 전영란 소장과 정태균 부소장이 우리를 반갑게 맞으며 인사를 했다. 여성인 전 소장은 평양의학대학을 나왔고, 정 부소장은 함흥과학대학을 나온 엘리트다.

"일요일에도 우리 때문에 쉬지도 못하고 정말 열정적으로 일하십니다. 두 분은 제약공장이 완공된 뒤에도 영원히 기술고문으로 추대

하겠습니다."

전 소장은 이 사장과 황 사장 두 사람에 대해 "열정적"이라는 말을 다섯 번이나 썼다. 두 사장이 북측 주민들에게 싸고 좋은 약을 공급하겠다는 생각으로 열심히 일해 주어 고맙다는 것이다. 그리고는 내게도 "남측에 가면 두 선생님 기사를 잘 써달라"고 여러 차례 '민원' 까지 했다.

북측은 의약품 생산기술이 크게 부족한 상태로, 스스로 필수 의약품을 만들어 쓰는 것이 국가적 과제다. 한 안내원은 "과거 사회주의 나라들이 살아 있었을 때는 우리나라에서 나는 물건을 주고 그들이 만든 약품을 받는 교환을 했다. 사회주의 나라들이 망한 뒤에는 비싼 달러를 주고 사올 수밖에 없게 됐다. 그래서 의약품을 우리 손으로 만드는 일이 시급하다"고 말했다.

정성제약연구소 간부들과 굿네이버스 회원들이
공장설계도에 대해 토론하는 모습

그래서 정성제약이 세워졌고, 그 완성 과정에서 남측이 도움을 준 것이다. 1995년에는 남측의 한 제약회사가 북측과 합작해, 사람 소변에서 의약품 재료를 추출하는 공장을 세웠다. 굿네이버스는 그 옆 건물에 항생제 등 병 주사제를 만드는 설비를 지원하기로 2002년에 북측 민화협과 약속했다.

굿네이버스는 적임자를 수소문한 끝에 이 사장과 황 사장을 찾아냈고, 두 사람은 2003년 1월 이곳에 와 병 주사제를 만들기 위해 어떤 설비가 필요한지, 북측은 어떤 설비를 원하는지를 파악했다. 두 사람이 이를 바탕으로 열심히 도면을 그려서 이번에 들고 온 것이다.

인사가 끝나자 양측이 도면을 놓고 마주 앉았다. 이날 두 남측 전문가는 기계설비에서부터 경영 전반에 걸쳐 북측 직원들이 알기 쉽게 설명해주었다. 상대방은 꼼꼼히 메모했다. 나는 제약 분야에 대해서는 문외한이지만, 사업협상 차원을 넘어 북측 전문가들을 정열적으로 가르치는 두 분의 활약을 보고 가슴이 뿌듯해짐을 느꼈다.

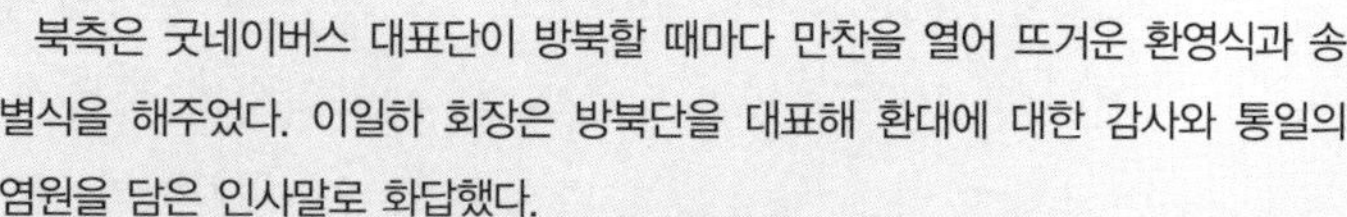

북측은 굿네이버스 대표단이 방북할 때마다 만찬을 열어 뜨거운 환영식과 송별식을 해주었다. 이일하 회장은 방북단을 대표해 환대에 대한 감사와 통일의 염원을 담은 인사말로 화답했다.

여기서는 2003년 7월 방북 때 북측이 열어준 환영식과 송별식에서 이일하 회장이 한 인사말 전문을 소개한다.

2003년 7월 28일 방북 인사

존경하는 북측 민화협 김성일 상무위원 조현주 실장님 그리고 관계자 여러분, 오늘 이렇게 다시 뵙게 되어 기쁘기 한이 없습니다. 지난 3개월 남짓한 기간 동안 사스로 인해 왕래가 끊겼었습니다. 하지만 오늘 이렇게 다시 서해 직항로를 통해 100여 명의 남측 굿네이버스 관계자들이 북녘 땅을 방문했습니다. 이는 우리에 대한 민화협 관계자 여러분들의 특별한 신뢰가 있었기에 가능했습니다.

우리 민족에게 국제적인 이목이 집중되어 있고, 정치 외교적으로 긴장이 한창인 이 때에 순수 민간 운동으로써 남북의 화해와 협력에 노력을 기울이는 저희 굿네이버스를 이렇게 환대해 주시고 저희의 활동에 적극 협조해 주셔서 정말 감사드립니다. 오늘 우리는 남과 북이 한민족으로서 서로 할퀴었던 과거를 모두 잊고 화해와 협력으로 통일을 이루어야 한다는 데에 뜻을 같이하고 여기 왔습니다. 어떠한 경우에도 이 땅에 두 번 다시 전쟁이 일어나서는 안 될 것입니다.

이번 방북 기간에 저희 방북단은 그리운 조국의 영산인 백두산을 둘러보고 그동안 굿네이버스와 민화협이 힘을 합쳐 이룩해 놓은 남북 화해와 협력의 여러 성과물들을 돌아보면서 뜨거운 민족애를 느끼고, 통일의 한복판에 우리가 서있음을 깨닫고 돌아가렵니다. 차려주신 귀한 음식을 잘 먹고 건강하게 방문 일정을 잘 소화하겠습니다. 그럼 저는 제가 믿는 하나님께 기도드림으로써 인사말을 마치겠습니다.

하늘에 계신 하나님 아버지, 오늘 저희들이 이렇게 남북의 화해와 협력의 바라는 뜨거운 열기 속에 여기 함께 모여, 음식을 차리고 한데 어울릴 수 있는 자리를 갖게 하시니 감사드립니다. 3박 4일의 짧은 방문이지만 유익하고 귀한 시간이 되게 하시고 서로를 충분히 이해하고 협력하는 마음을 얻게 도와주십시오. 오늘 귀한 음식을 베푸는 사람들에게 만 배로 갚아주시고 저희는 음식을 먹는 대로 힘을 얻게 축복하옵소서. 모든 말씀을 예수 이름으로 기도드립니다.

2003년 7월 30일 환송 작별인사

존경하는 민화협 김성일 상무위원님 그리고 관계자 여러분 오늘 저희가 초청하는 만찬에 참석해주셔서 감사합니다. 방금 전에 평양 순안공항에 도착한 것 같은데 3박 4일의 일정이 순간에 지나고 벌써 마지막 저녁을 맞아 작별의 만찬을 갖게 되니 서운함과 아쉬움을 금할 길 없습니다.

굿네이버스가 앞장서서 이룩해 놓은 남과 북의 화해의 열매를 시기라고 하듯 궂은비가 쏟아졌습니다. 그러나 억수 같은 비는 깨끗이 멎고 백두산이 활짝 열렸으며, 시퍼런 천지가 우리 대표단을 깨끗한 자태로 맞이하는 기적을 맛보았습니다. 이는 평생 감격으로 기억될 것입니다.

그리고 오늘 그동안 이룩해 놓은 화해와 협력의 현장을 돌아보며 북녘 동포들의 국가와 민족을 위한 뜨거운 조국애와 열성적인 복무 자세를 확인했습니다. 또 우리가 서로 뭉치면 못할 일이 없을 것이며 50여 년의 긴 세월 동안 가로막은 모든 장벽을 허물고 통일의 새 역사를 만들 수 있을 것이라는 확신도 가지게 됐습니다.

짧은 일정 동안 한 가지라도 더 보여주고 불편 없이 안내하려 애쓰신 민화협 관계자 여러분께 뜨거운 감사의 인사를 전합니다. 다시 만날 때까지 모두 건강하십시오. 저희는 새로운 각오와 정신을 가지고 화해와 협력 사업을 더욱 열심히 수행하여 조만간 더 좋은 소식들을 가지고 여러분을 찾아뵙겠습니다.

이 모든 일을 가능하게 해 주시는 하나님께 기도드림으로써 인사를 마치겠습니다. 하늘에 계신 우리 아버지 당신의 이름이 거룩합니다. 당신을 믿는 남녘의 많은 무리가 민족의 아픔을 해결하고자 이렇게 북녘을 찾아와 뜨거운 민족애로 서로 부둥켜안고 화해와 협력의 장을 갖게 하시니 감사드립니다. 비록 보잘것없고 작은 시작에 불과할지 모르나 우리의 노력은, 민족이 갈라선 채 외세에 의한 전쟁까지 일어날지 모르는 엄중하고 위태한 이 시국에 평화와 화해의 사절로서 조금도 손색이 없는 줄 믿습니다. 여기 앉은 우리 모두에게 지혜와 용기를 주시어 통일의 그 날까지 지금의 마음을 유지하며 할 수 있는 모든 일을 수행할 수 있도록 축복하옵소서. 이 엄중한 시절에 남쪽의 노무현 대통령과 북쪽의 김정일 장군님과 함께 하시어, 그들이 신념으로 조국의 평화 통일을 향해 진력하게 하시고 건강과 총명으로 남북의 국민들에게 희망과 용기를 줄 수 있도록 축복하옵소서. 주신 음식을 감사드리며 예수 이름으로 기도드립니다.

신 기자의 북한사회 리포트

구빈리 농장으로 가는 길 주변은 한국의 1960~1970년대 시골 모습을 연상시켰다. 구빈리는 행정구역상 평양시 동북부인 강동군 소속이다. 북측 안내원은 "산세가 험해 개발이 제대로 안된 곳"이라고 설명했다. 굿네이버스가 이 농장을 지원하게 된 것도 낙후된 이 지역을 개발해달라는 북측의 요청 때문이었다.

평양 시가지를 벗어나자 똑같은 모양으로 지어진 3, 4층짜리 집단가옥들이 길옆에 늘어서 있는 게 보였다. 페인트가 부족한 탓인지 외벽은 시멘트 색 그대로였다. 가끔씩 나타나는 터널에는 불이 들어오지 않아 마치 기차 터널 같았다.

도심에서 조금 더 벗어나자 넓적한 돌을 얹은 기와집들이 듬성듬성 서있고, 주변 밭에는 옥수수와 담배, 벼 등이 자라고 있었다. 어떤 밭 한가운데는 무덤과 비석이 서있었다.

길을 따라 흐르는 맑은 개천에는 어린이들이 10여 명씩 모여 먹을 감다가 일행이 탄 차를 바라보며 밝은 표정으로 손을 흔들었다.

답례로 어린이들에게 손을 흔들어주고 돌아보니 머지않은 곳에 오리와 소, 돼지 등이 개천 주변에서 먹이를 찾고 있었다.

반갑게 손을 흔들어주기는 길을 지나는 어른들도 마찬가지였다. 어른이나 어린이나 차려입은 옷가지는 형편이 그다지 좋지 않음을 보여주고 있었다. 그러나 손을 흔드는 그들의 순박한 얼굴엔 외지인에 대한 호기심과 반가움이 해맑은 웃음 속에 가득 배어있었다.

평양 시내 보통강과 대동강 유역에는 일요일을 맞아 물고기를 낚으러 온 강태공들이 즐비했다. 시가지는 잘 알려진 대로 질서정연하고 반듯하게 계획됐고, 도로의 너비에 비해 자동차와 행인은 그리 많지 않았다.

나는 건축물과 탑 등에 씌어진 구호들에 주목했다. 4박 5일 동안 관찰한 결론은 '쳐부수자' 거나 '박살내자' 는 식의 부정적 구호는 거의 없고, '뭉치자' 거나 '한다' 는 식의 긍정적 구호가 많아졌다는 것이다. 이때 보고 취재수첩에 메모해뒀던 구호들은 다음과 같다.

'오늘을 위한 오늘을 살지 말고 내일을 위한 오늘을 살자'

'당이 결심하면 우리는 한다'

'선군정치의 위대한 활력을 발휘하자'

'위대한 장군님을 혁명적 신념과 사랑으로 받들자'

이일하 회장은 "1997년 처음 방북했을 때는 보기에도 섬뜩한 구호가 많았지만, 2000년 6.15 남북 공동선언 이후에는 한국을 비방하는 내용이 거의 사라졌다"고 말했다. 한 안내원은 "공동선언은 우리에게도 놀라운 일이었다"며 "새로운 시대에는 사고방식도 새롭게 바꾸어야 하지 않겠느냐"고 말했다.

아리랑축전의 감동

　　　　　나는 2002년 7월 1일 능라도5월1일경기장에서 열린 아리랑축전을 관람했다. 애초에는 6월 29일에 열린 폐막식을 보기로 돼있었지만 공연이 연장되면서 일정이 바뀌었다.

아리랑축전의 형식을 간단히 설명하면 이렇다. 경기장 반쪽 스탠드에는 관객이 앉고, 맞은편 반쪽에는 북한의 학생들이 앉아 카드섹션을 벌인다. 운동장에는 한 번에 수백 명씩 학생들이 나왔다 사라지며 다양한 집단 안무와 묘기를 펼친다.

모두 10만 명에 이르는 학생들이 스탠드와 운동장에서 '서장'을 포함해 '6장 11경(경은 장을 이루는 세부 단위)'으로 구성된 거대한 악극을 연출한다. 1장의 제목은 아리랑민족이고 2장은 선군아리랑, 3장은 아리랑무지개, 4장은 통일아리랑, 그리고 종장은 강성부흥아리랑이다.

이 '아리랑'이 남측에서 논란이 됐던 이유는 2장 4경 '인민의 군대'에 잠깐 나오는 인민군의 총검술 시범 때문이었다. 대표단 가운데서도 섬뜩했다는 반응이 있었지만, 대부분은 전체 구성이 너무나 예술적이어서 그 가운데 일부만 따로 떼어내 문제 삼을 수 없다는 반응이었다. 나는 당시 스탠드에 앉아 관람하면서 1시간 30분 동안 다음과 같이 취재수첩에 기록했다.

"능라도5월1일경기장. 파란 잔디 위와 거대한 스탠드에서 북한의 젊은 남녀 10만 명이 춤과 카드섹션으로 1시간 20분 동안 펼치는 거대한 악극. 한민족의 시작에서 북한의 정권 수립과 국가건설 과정 등 북한의 현대사를 그린 듯. 역사에 대한 자긍심과 사랑을 표현.

색색의 한복을 곱게 차려입고 때로는 강하게 때로는 부드럽게 춤을 추는 북한의 젊은이들이 환상적인 분위기를 자아냄. 앗, 앙증맞

아리랑축전

은 어린 아이도 나오네. 그런데 덤블링과 줄넘기가 거의 프로 수준
이다. 비록 멀리 관중석에 앉아 있으나 북한 젊은이들의 숨소리를
들었다. 북한의 미래는 저들의 것이 아닌가.

봉체조, 훌라후프, 덤블링, 안마, 평행봉, 부채와 장고춤, 고공 공
중곡예, 군인은 단 한 번, 잘사는 미래, 건강한 미래의 청사진과 다
짐의 한마당.

4장 통일아리랑은 6.15 공동선언으로 막을 내린다. 한민족기에
나오는 한반도의 형상. 제주도 울릉도 독도까지. 하늘색과 백색 옷
을 입은 젊은이들이 춤춘다.

종장인 5장 강성부흥아리랑은 '반갑습니다' 노래가 울려 퍼지며,
참여한 10만 젊은이가 다 함께 작별의 인사를 하는 가운데 막이 내

린다.

　저 젊은이들의 미래를 위해 어른들은 무엇을 해야 할 것인가. 내내 그들의 속에 들어가 그들의 삶과 생각을 듣고 싶었다.”

도시 풍경과 신혼부부

　　　　　　내가 북한 방문 기간 내내 취재수첩에 열심히 기록하는 동안 북한 땅 이곳저곳을 틈만 나면 화폭에 스케치하는 사람이 있었다. 바로 박병주 홍익대 도시계획학과 명예교수였다. 박 교수는 어릴 적 평양의 을밀대와 모란봉을 봤던 기억이 있지만 실향민은 아니다. 그는 2002년 6월 29일 평양행 고려항공을 타러 가는 베이징 관광버스 안에서 이렇게 말했다.

　“저는 도시계획 학자로서 북한의 도시를 보고 싶었습니다. 또 오래 전부터 그림 그리기를 취미로 삼아왔는데 북녘의 산하를 그리고 싶었습니다. 제가 일행에서 다소 떨어져서 그림을 그리고 있더라도 부디 이상하다고 생각하지 말아주세요.”

　그 후 박 교수는 자신이 원하는 대로 행동했다. 그가 무리에서 이탈해도 아무도 이상하게 생각하지 않았다. 그는 일행이 차에서 내리면 가장 먼저 경치가 좋은 곳에 달려가 자리를 잡고 스케치를 하다가 일행이 떠날 때가 되면 가장 늦게 차에 올랐다. 그는 7월 2일 백두산 방문을 위해 순안공항으로 가는 버스 안에서 평양시에 대해 자신이 매긴 성적표를 구두로 발표했다.

　“평양은 대동강과 보통강, 그리고 그 사이의 모란봉이 자연스럽게 조화를 이루고, 여기에 국가가 주도적으로 적절한 시간에 도시계획을 했습니다.”

　그는 도로 옆에 좁게 설치된 인도를 보며 “지금은 모든 것이 사람

만수대 광장에서 만난 신혼부부

중심이어서 인도를 넓히는 추세"라고 안내원에게 충고하기도 했다.

2002년 6월 29일 평양시 순안공항에 도착한 대표단 일행은 평양시 중심에 있는 만수대를 방문했다. 거대하게 서있는 김일성 주석의 동상과 그 주위에 둘러선 조각상들보다 대표단 일행의 눈을 더 잡아끄는 것이 있었다. 바로 북한의 신혼부부들이었다. 북한에서는 결혼식을 올린 뒤 만수대 김 주석의 동상 앞에서 기념사진을 찍는 것이 관례다.

이날도 신혼부부 10여 쌍이 사진을 찍고 김 주석의 상에 머리 숙여 인사를 하고 있었다. 신랑은 각이 선 정식 인민군복 차림이었고, 신부는 진달래색 한복을 입고 머리에 큰 꽃 장식을 했다. 신랑 신부 모두 가슴에 꽃을 달고 있었다. 두 사람의 양쪽 옆에는 역시 비슷하게 차려입은 남녀 들러리가 길을 안내하고 사진을 찍어주며 흥을 냈다.

첫 방북 길에 올라 긴장했던 대표단 일행은 행복에 넘쳐 보이는 신혼부부들을 보고 마음이 누그러졌다. 그랬다. 북한도 '사람이 사는 곳'이었다.

북한의 직장여성들

사회주의 국가인 북한에서는 남녀가 평등하고, 여권과 모성은 법에 따라 강력한 보호를 받는다. 북한 여성들은 자신의 의견을 당당하게 밝히도록 교육받으며, 한국 여성들에 비해 사회활동도 활발한 것으로 알려졌다.

2002년 7월 3일 외국인 상점인 수출품전시장에서 물건을 팔고 있던 이교옥씨는 "북한 여성들은 보통 언제 결혼하느냐"는 질문에 "자유롭게 살다가 내가 하고 싶을 때 하고 싶은 사람과 한다"고 우리 신세대들과 다르지 않은 대답을 했다.

방북 기간동안 대표단이 방문한 식당의 지배인들은 대부분 중년 여성이었다. 평양 시내 '평양금강산판매소'의 정성희 지배인은 "7월 1일 경제관리 개선조치 이후 인민들의 구매력이 높아져 하루 판매액수가 10만~15만 원으로 과거의 두세 배로 늘었다"고 말했다. 그는 "20여 명의 여성 판매원들에게 더 많이 팔아 더 많이 분배받도록 독려하고 있다"고 호탕하게 말했다.

관광지에서는 특히 여성들의 활약이 두드러졌다. 평양 시내 만경대나 개선문, 을밀대 등 관광지와 지방의 묘향산, 삼지연 등에서는 모두 여성이 안내와 해설을 맡았다.

한복 차림을 한 여성 해설원들은 구수한 북한 사투리로 한번도 틀리지 않고 긴 설명을 구성지게 늘어놓고, 어떤 곳에서는 자청해

순안공항 매점의 판매원

노래를 부르기도 했다.

묘향산 입구에서 산 전체를 설명하던 중년의 여성 해설원은 2002
년 7월에도 10월에도 같은 자리에서 일하고 있었다. 초여름인 7월
에는 흰색 저고리에 파란색 여름 치마를 입고 있었는데, 10월에는
짙은 고동색 바탕에 붉은 꽃무늬 한복으로 패션을 바꿨다.

2002년 10월 1일 베이징 스위스호텔 내 고려항공 대리점에서는
중년의 여성이 20대 여사원 둘을 데리고 일했다. 여사원들은 선배
여직원을 "어머니"라고 불렀다. 북한에서는 같이 일하는 여성들이
나이 차이가 많이 나면 그렇게 부른다고 한다.

북한 여인들은 마치 화가 난 것처럼 들리는 쌀쌀맞은 표현을 종
종 한다. 고려항공의 여직원이 표를 구하는 전화를 받자마자 내뱉은
대답이 대표적이었다.

"나 원 참, 바빠 죽겠는데 좀 빨리빨리 말씀하시라요."

주체사상탑 앞에서 만난 여대생들

주체사상탑 앞에서 만난 여대생들

2002년 10월 초 한국에서는 부산 아시안게임에 참가했던 북한 미인 응원단이 화제였다. 그러나 북한 현지에서 만난 북한 여성들 가운데는 체구와 표정으로 과거 북한 경제의 어두운 상황을 말해주는 이들도 있었다.

처음 북한을 방북해 백두산에 올랐던 2002년 7월 2일. 4명의 여성 해설원들이 마중을 나와 백두산과 천지를 자세히 설명했다. 4명 모두 인민군복을 입고 있었지만, 말씨와 표정은 따뜻하기 그지없었다. 나이가 대부분 20대 초중반인 그들은 같은 나이의 한국 여성들에 비해 피부가 곱지 못해 실제보다 나이가 더 들어 보였다.

2002년 10월 2일. 평양시 대동강변에 자리 잡은 주체사상탑 아래로 200여 명의 아름다운 소녀들이 줄지어 몰려들었다. 흰색 저고리

250

에 검은색 치마, 검정색 혹은 갈색 가방에 운동화를 신은 것으로 보아 학생들임이 분명했다. 평균 1미터 50센티미터 정도의 자그마한 키에 앳된 얼굴 표정을 보고 나이를 나름대로 짐작한 나는 여학생들에게 물었다.

"저어, 어느 고등중학교에서 오셨어요?"

북한의 고등중학교는 우리의 중학교와 고등학교를 합한 6년제 중등교육 기관이다. 여학생들은 내 물음에 피식 웃기만 할 뿐 아무 대답도 하지 않고 도망치듯 사라졌다. 다른 여학생에게 물어도 마찬가지였다. 이방인 앞이라 수줍어서 그런가보다 하고 생각하고, 이번에는 교사로 보이는 중년 여성에게 같은 질문을 던졌다.

"고등중학교가 아니라 피복전문대학에서 온 학생들입니다."

남측에서 온 이방인이 북측의 여대생들에게 고등학생 혹은 중학생이라고 했으니 결례를 해도 큰 결례를 한 셈이었다. 이일하 회장은 1995년 이후 북한 경제가 가장 어려웠던 '고난의 행군' 기간에 성장기를 보낸 학생들인 것 같다고 추측했다.

여성용 투피스는 2100원

북한에서도 장을 보고 가족들의 옷가지와 먹을 것을 챙기는 것은 여성의 몫이다. 나는 2002년 10월 방북 당시 북한 안내원들에게 "여성들이 생필품을 사러 가는 시장이나 상점을 볼 수 있게 해달라"고 졸랐지만 받아들여지지 않았다.

대신 외국인과 북한의 상류층이 함께 이용할 수 있는 상점 두 곳에서 북한 여성들이 즐겨 찾을 만한 상품과 그 가격을 취재할 수 있었다. 2002년 7월 1일 이후에는 '1달러＝150원'의 환율이 엄격하게 적용돼, 상점마다 진열대에 물건의 달러 가격과 원 가격을 적어

놓은 표를 붙여 놓았다. 북한 주민들이 이용하는 가격 가운데 전철 요금은 10전에서 2원으로 올랐고 성인 남자의 이발비는 10원, 옥류 관 냉면 200그램은 150원으로 인상된 것으로 확인됐다.

북한 여성들이 즐겨 찾을 만한 물건과 그 가격은 다음과 같았다.

바구니 210원, 머리물비누(샴푸) 450원, 생수 37.5원, 탄산단물 49.5원, 고추장 150원.(이상 평양시 민족식당 매대)

녀양복착(여성 양복) 5100원, 녀투피스착(여성 투피스) 2100원, 남반소매착(남성 반소매 인민복) 6300~6900원, 어린이 색동저고리 1950원, 수건 49.5원.(평양시 수출품전시장)

50밀리들이 캘빈클라인 향수 405원, 미안크림(화장품) 345원, 스테인리스냄비(법랑) 600원, 딸기사이다 97.5원, 우유과자 45원, 고뿌라면(컵라면) 150원, 어린이 색동저고리 3900원, 크림빵 30원, 멜론빵 30원, 은행나무잎차 537원.(개선문 옆 평양금강산판매소)

2002년 7월 1일 이후 물가가 오르면서 100전, 50전, 10전, 1전 등의 화폐는 유명무

북한의 고급 상점에 비치된 상품들

252

실해졌고 주로 100원, 50원, 10원, 1원짜리 화폐가 이용된다.

어린이는 북한의 왕

북한은 어린이와 청소년의 천국이다. 북한 어른들은 어린이들을 '왕'이라고 부른다. 실제로 평양 시내에는 어린이 인민궁전 등 어린이들만을 위한 각종 시설과 건물들이 즐비하다. 과거 경제난이 심각했던 시절에도 어른들은 풀죽을 먹어도 어린이들에게는 곡식으로 쑨 죽을 먹였다고 한다.

북한의 어린이를 처음으로 인식하고 취재수첩에 담은 것은 2002년 6월 30일 구빈리 협동농장으로 가는 길에서였다. 2002년 7월 1일 능라도5월1일경기장에서 열린 아리랑축전 공연에서는 10만여 명에 이르는 북한 청소년들을 볼 수 있었다. 2002년 10월 2일 대표단 일행이 방문한 평양시 모란봉과 을밀대 일대에서는 인근 소학교에서 소풍을 온 학생들 200여 명이 열심히 도화지에 풍경화를 그리고 있었다. 10월 4일 묘향산 아래 소학교에서는 가을운동회가 한창 진행되고 있었다.

대표단은 어린이들을 인근에 두고도 말을 붙이거나 그들의 머리를 쓰다듬어줄 수 없었다. 그러나 한국에 돌아와 북한의 어린이들은 어떻게 지내는지를 묻는 자녀들에게 이렇게 말해줄 수는 있었다.

"북한의 어린이들도 너랑 똑같이 가을운동회도 하고 소풍 가서 그림도 그리고 그래."

모란봉제1중학교와 학생소년궁전

북한에서는 각급 학교가 4월 1일에 개학을 한다. 세 번째 방북 기간에 북측 민화협의 특별한 배려로 개

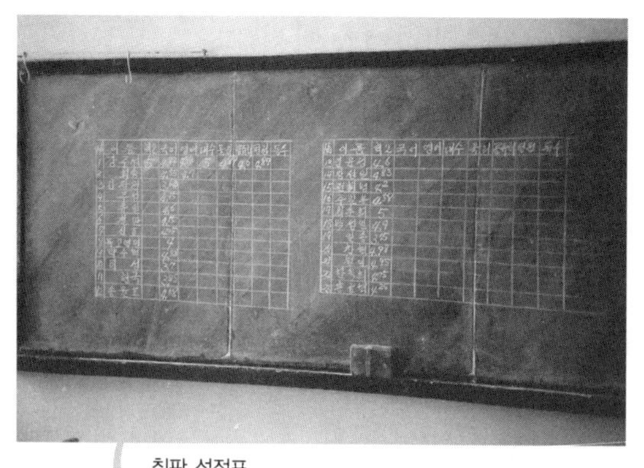

칠판 성적표

학을 앞둔 북한의 학교를 둘러보았다.

2003년 3월 23일 일요일 오전. 북한 보통강변 모란봉구역에 자리 잡은 모란봉제1중학교 교문을 들어섰다. 운동장에는 동네 어린이들이 모여 농구와 축구를 하고 있었다. 넓은 운동장 한쪽에 조금은 낡아 보이는 3, 4층짜리 교사가 서있었다. 어느 면으로 보나 우리의 학교와 비슷했다.

북한의 중학교는 우리의 중학교와 고등학교 과정을 합한 6년제 고등교육 기관이다. 대략 11살에서 17살의 학생들이 공부를 한다. 북한의 의무교육 기간은 우리의 유치원에 해당하는 학년 전 교육 1년에 소학교 4년, 중학교 6년 등 모두 11년이다.

굿네이버스는 2002년 말부터 이곳 모란봉제1중학교를 포함해 몇 곳의 북한 학교들에 시청각교육 기자재 1000대를 지원했다. 이날 이 학교를 방문한 주요 목적은 굿네이버스가 지원한 시청각 기자재가 잘 쓰이고 있는지를 확인하는 것이었다.

그러나 나는 난생 처음 보는 북한 학교의 이곳저곳에 눈길이 갔다. 가장 먼저 취재 욕구를 자극한 것은 한 교실의 칠판에 그려진 학생들의 성적표였다. 지난 학기에 그 반 학생들이 받은 성적들이 커다란 표에 그려져 있었다. 성적을 낱낱이 공개한다는 뜻이었다. 복도 한쪽에는 아예 어느 한 반의 성적표를 액자로 잘 꾸며 만들어 걸어 놓았다.

굿네이버스가 지원한 텔레비전
앞에 선 김동실 교장

"학생들에게도 인격이 있는데 이렇게 공개하면 꼴찌를 한 학생이
비관해서 영영 자신감을 잃지 않을까요?"

김동실 교장에게 심각하게 물었다. 여성인 김 교장은 "그런 걱정
마시라요. 이렇게 해야 더 이를 악물고 공부를 합네다"라고 대답했
다. 나중에 학생들을 직접 만날 기회가 생기면 정말로 그런 효과가
있는지 없는지를 꼭 확인해 보겠다고 작정했다.

어쨌든 '칠판 성적표'에 적혀 있는 그 반 학생은 모두 23명이었
고, 과목은 '혁2' '국어' '영어' '대수' '물리' '콤퓨터' 등 모두 6
과목이었다. 남측에서는 북한 학생들이 혁명과 김일성 주석 부자에
대한 것만 배우는 줄 아는 사람들도 많지만 꼭 그런 것만은 아닌 모
양이었다.

굿네이버스가 지원한 기자재는 일종의 비디오용 컬러텔레비전이다. 김 교장은 이것으로 방송 수업을 하기도 하고 각종 비디오 교육을 할 수 있다고 했다. 그는 "학생들 교육에 큰 도움이 돼 늘 감사한다"는 인사를 잊지 않았다.

우리처럼 북한도 교육열이 굉장히 높다. 김일성종합대학, 김책공대 등 이른바 명문 대학을 가면 앞으로의 출세가 보장되지만 공부를 잘 못하면 그렇게 되지 않는다. 그래서 김일성종합대학 합격자 발표가 있는 날이면 발표장에서 울지 않는 사람이 없다고 한다. 붙은 사람은 좋아서 울고, 떨어진 사람은 한스러워서 운다. 북한에서 재수란 없다. 모란봉제1중학교는 공부를 잘 하는 우수생들만 모인 곳인지, 그 해 졸업생 330명 가운데 97명이 김일성 종합대학에 합격했다.

2003년 3월 22일 굿네이버스 대표단 100명은 학생소년궁전을 방문했다. 우리로 말하면 어린이회관쯤 되는 곳이다. 어쨌든 이곳은 평양 시내 학생들이 모여 태권도, 발레, 국악, 양악, 서예 등 각종 취미를 연마하는 곳이다. 마침 방학 기간이어서 휴관 중이었지만 남측에서 온 100명의 손님들을 위해 학생들이 대거 '동원' 됐다. 덕분에 어린이들의 다양한 재주를 볼 수 있었다.

한 방에서는 열 살 남짓 돼 보이는 학생 6~7명이 붓글씨를 쓰고 있었다. 구갑우 경남대 북한대학원 교수는 한 학생이 멋지게 쓴 '백두에서 한라까지' 라는 글씨를 선물로 받았다. 내가 목장을 방문하는 동안 다른 학교를 방문했던 대표단은 미리 준비된 노래와 춤으로 큰 환대를 받았다. 북측은 자신들을 돕는 남측 사람들이 좋은 것을 많이 보고 가도록 늘 정성을 다했다.

서해 직항로로 가면서

　　　　　　　평양에 들어가려면 중국 베이징에서 하룻밤 묵고 일주일에 두 번 평양으로 가는 고려항공을 타야 한다. 평양에서 나올 때도 베이징이나 선양에서 하룻밤 묵는 게 보통이다.

베이징 거리도 구경하고 '딤섬'이라는 음식을 맛보는 재미도 있지만 낭비가 이만저만이 아니다. 서울에서 베이징을 거쳐 평양에 들어가는 데 이틀, 나오는 데 이틀이 걸리고, 쓸데없이 비행기도 두 배로 타야 한다. 육로로 차를 운전해 가면 고작 세 시간 걸릴 거리를.

그런데 2003년 3월 21일 서해 직항로를 이용하니, 인천공항을 이륙한 아시아나 비행기가 서해 공해 상으로 빠져나갔다가 순안공항에 내리기까지 단 55분이 걸렸다.

직항로는 여러모로 좋았다. 아름다운 여성 승무원들이 맛있는 기내식을 내놓았다. 안락한 새 비행기였다. 한국의 신문들도 마음껏 볼 수 있었다.

그러나 마음 한편에서는 고려항공의 낡은 비행기가 그립기도 했다. 고려항공의 비행기는 30년은 족히 넘어 보여 늘 조마조마했지만, 비행기를 타는 순간에 곧바로 북한에 간다는 것을 실감할 수 있다. 맛 좋은 북한산 '배 사이다'와 방금 찜통에서 쪄낸 것 같은 누런 손수건, "동무! 신문 좀 보자우요"하면 얼굴을 붉히며 수줍어하던 승조원(승무원)들이 잠시 떠올랐다.

바다 위로 큰 컨테이너를 실은 배들이 다도해 사이로 하얀 물그림자를 끌며 지나가더니 어느 순간 배들이 거의 사라졌다. 남포항과 민둥산들이 보이기 시작하더니 오전 11시 30분에 비행기가 순안공항에 도착했다.

남북관계, 그 긴장과 평화의 변증법

2002년 10월 3일. 백두산행 전세 비행기를 타기 위해 평양 순안공항으로 차를 타고 가는 길에 나는 제임스 켈리 국무부 동아태 담당 차관보 등 미국 대표단 일행을 태운 벤츠 승용차 6대가 평양 시내로 들어가는 것을 보았다. 순안공항의 한 구석에는 그들이 타고 온 경비행기가 서있었다.

역사적인 그 장면을 사진에 담기 위해 북측 안내원의 눈을 피해 셔터를 누르고 또 눌렀다. 당시만 해도 켈리의 방북은 7월부터 시작된 북한 경제개혁의 마지막 단계가 될 것이라는 기대 외에는 어떤 다른 상상도 할 수 없었다.

나는 켈리가 타고 온 경비행기가 훗날 북한 개방개혁 역사의 한 페이지를 장식할 것이라고 믿었다.

핵 암초에 걸린 경제개혁

두 번째 방북 기간 동안 나는 〈동아일보〉 경

제부 기자로서, 또 그 해 9월 경남대 북한대학원에 입학해 북한 경제를 막 공부하기 시작한 '학인'으로서 매우 흥미 있고 바쁜 일정을 보냈다. 가는 곳마다 7.1 경제관리 개선조치가 시작된 이후 무엇이 달라졌는지 유심히 살폈다. 변화의 조짐은 여기저기서 감지됐다.

평양시 강동군 구빈리 농장은 주민 일인당 20마리 안팎의 염소를 나눠준 뒤 더 많은 염소젖을 생산하도록 경쟁을 붙이고 실적에 따라 농장의 수입을 분배하는 체제를 도입했다. 아리랑축전 때 한시적으로 허용됐던 간이 매대는 전철역이나 버스정류장 등 사람이 많이 오가는 곳이면 어디에나 즐비하게 늘어섰다. 북한 언론은 '타산에 밝아야 산다'는 취지의 기사를 실었다. 안내원은 일련의 변화를 이러게 설명했다.

"어떻게 하면 인민들이 일을 더 열심히 하게 만드는지가 7.1 조치의 핵심이다. 국가는 남보다 일을 잘 하는 기업소를 지원할 방침이다. 문제는 국가에 돈이 많지 않다는 것이다. 외국 자본이 필요하다. 그래서 신의주 특구를 지정하고, 고이즈미와 회담하고, 이번에 켈리도 부른 것이다."

모든 것이 순조롭게 진행되고 있는 것처럼 보였다. 사회주의 원칙을 지키면서 실리를 추구한다는 '실리사회주의'가 북한의 개혁개방을 앞당기고 북한 인민들을 배불리 먹일 수 있게 할 것이라는 기대가 부풀었다.

그러나 남측으로 복귀한 직후인 2002년 10월 17일. 북한이 비밀리에 핵무기를 개발해왔다는 사실을 켈리 일행에게 시인했다는 미국 국무부와 백악관의 발표가 나오면서 기대는 절망으로 바뀌었다. 이후 핵 문제를 둘러싸고 악화된 북미관계, 북한과 국제사회의 오해와 갈등, 북한의 심각한 경제난, 현대그룹 대북송금 사건을 둘러싸고 벌어진 치열한 남남갈등에 안타까움과 혼란스러움을 느꼈다.

아리랑축전과 서해교전

북측을 처음으로 방문한 2002년 7월에도 비슷한 경험을 했다. 북측에서 보고 듣고 판단한 것과, 돌아온 뒤 직면하게 된 남측의 현실이 너무 달랐다.

대표단을 태운 고려항공 JS152편이 평양으로 가기 위해 중국 베이징 국제공항을 이륙한 것은 한국 시간으로 2002년 6월 29일 오후 12시 40분이었다. 서해교전이 시작되고 2시간 10분이 흐른 뒤였다. 하지만 대표단은 오전 10시부터 베이징 공항에서 출국수속을 밟고 있던 중이어서 교전 사실을 알지 못한 채 비행기에 올랐다.

비행기는 이륙한 지 1시간 20분 뒤 평양 순안공항에 도착했다. 공항에 마중을 나온 10여 명의 북한 안내원들은 서해교전에 대해서는 아무 말도 하지 않았다. 공항에서 고려호텔로 가는 길에 들른 평양 만수대광장에서는 신혼부부와 하객들이 결혼기념 사진을 찍고 있었다. 평양 시민들의 말과 표정에서 교전 사실을 아는 듯한 징후는 발견하지 못했다. 내내 이런 상황이 계속됐다.

북측의 방송과 신문들이 교전 사실을 보도했지만 그 내용은 제한적이었다. 오건환 삼미모피 전무는 첫날 만찬이 열리기 전 고려호텔 방에서 "서해에서 교전이 있었다"는 북측 방송 뉴스를 보고 일행에게 전했다. 오 전무는 "늘 있는 대치상태 정도라고 생각한다"고 말했다.

숙소인 고려호텔에는 신문이 없었다. 3일 백두산 아래 삼지연공항으로 가는 비행기 안에서 처음 손에 잡은 〈로동신문〉은 5면 하단에 서해교전 관련 기사를 두 건 게재해 놓고 있었다. 남측이 북측에

책임을 전가하고 있으며 사태의 근본적인 원인이 된 북방한계선
(NLL)을 인정할 수 없다는 등 통상적인 내용이어서 대표단은 큰 관
심을 갖지 않았다. 기사는 특히 "대화는 대화고 자주권은 자주권"이
라고 끝을 맺어 남북관계에 대한 북측의 인식을 나타냈다.

굿네이버스 집행부는 29일 만찬장에서 교전 사실을 좀더 자세히
전해 들었지만, 대표단이 동요할 것을 우려해 일행에게 일체 알리지
않았다. 인솔 책임을 맡은 이윤상 당시 굿네이버스 기획실장은 3일
중국 선양에 도착해서야 "우리를 초청한 민화협의 고위 관계자가
'상황이 악화되면 예정보다 일찍 출국해야 할지도 모르겠다'며 걱
정했었다"고 밝혔다.

아리랑축전이 한창인 평양은 아름다웠다. 색색의 청사초롱과 네
온사인이 초여름 밤 고려호텔 앞 창광거리를 밝혔다.

술집과 간이 매대는 밤이 늦도록 외지 손님들을 맞았다. 흑맥주
를 파는 여주인에게 '우리는 하나'라는 노래를 배우면서 가사를 자
꾸 틀린다며 핀잔을 들었던 기억이 생생하다. 굿네이버스의 지원을
받는 구빈리 협동농장과 평양시 제2인민병원 관계자들은 "한국에서
온 물품을 잘 쓰고 있다"며 "더 도와 달라"고 거듭 말했다.

6.15 공동선언에 대한 북측 사람들의 신뢰는 매우 굳은 것처럼
보였다. 거리에는 '오늘을 위한 오늘을 살지 말고 내일을 위한 오늘
을 살자'는 등의 긍정적인 구호가 넘쳤다. 평양시에서 외진 구빈리
농장으로 가는 길을 따라 흐르는 맑은 개천에는 어린이들이 10여
명씩 모여 멱을 감다가 우리 일행이 탄 차가 지나가면 손을 흔들며
해맑은 미소를 보냈다.

당시 방북 기간 중 나는 세 번이나 눈물을 흘렸다. 백두산 장군봉
위에서 돌아가신 아버지의 영정을 들고 기도하는 두 실향 노인을 취

재하면서, 봉수교회에 앉아 북측 성가단의 찬송을 듣다가, 아리랑축전에 참가한 가녀린 어린이들의 섬세한 춤 솜씨에 감탄하면서 나도 모르게 눈물이 흘렀다.

그러나 북한을 나오자 모든 것이 변해버렸다. 평양을 떠나 중국 선양에 도착한 뒤에야 서해교전의 심각성을 깨달은 대표단은 충격을 받았다. 무력충돌과 협력이 공존하는 남북관계의 현실을 직접 체험한 셈이었다. 선양에서 서울 집으로 국제전화를 걸자 아내는 "다들 당신이 돌아오지 못할까봐 걱정들을 했어. 난 그렇지 않았지만…"이라며 울먹였다.

남측에서는 그야말로 전쟁의 기운이 감돌고 있었다. 언론들은 비명에 간 국군 장병들을 애도하면서 북측 책임론의 수위를 높이고 있었다.

선양의 마지막 만찬장에서 대표단은 4박 5일 동안의 북한 방문을 통해 보고 느낀 점들, 그리고 화해와 대결이 병존하는 남북관계에 대해 허심탄회한 의견을 서로 주고받았다. 북한을 지탄하는 목소리도 나왔고, 서해교전에는 뭔가 다른 이유가 있거나 오해가 있었기 때문일 것이라는 조심스러운 분석도 나왔다. 그러나 북한에 대한 인도적 지원이 계속돼야 한다는 데는 대부분 동의했다.

서울로 돌아온 뒤 무엇보다 참기 힘들었던 것은, 내가 잘 아는 주변 사람들이 북측에 대한 증오와 편견을 드러내거나 무관심한 태도를 보이는 것이었다. 나로서는 첫 방북인 만큼 북측에 대해 궁금해할 사람들을 위해 이야기보따리를 단단히 준비한 터였다. 그러나 내게 북한이 어떤 곳이었냐고 묻는 사람은 많지 않았다.

어쩌다 같이 식사하는 자리에서 북측 이야기를 꺼내면 "그나저나 그놈들 말이야…"라는 말과 함께 이내 성토대회가 열리곤 했다. 이로 인해 나는 한동안 심한 우울증을 앓아야 했다. 달콤한 꿈을 꾸다가 억지로 잠에서 깬 것 같기도 했고, 이해할 수 없는 북측이 야속했다. 우울증은 쉬 가시지 않았다.

다행히 서해교전 사태에 따라 악화된 남측 여론은 2002년 7월 25일 북측이 유감을 표시하면서 진정되기 시작했다. 이후 북한은 남북 당국자회담 및 남북 경협사업 추진, 북일 정상회담, 신의주특구 지정 등 개방조치들을 잇따라 쏟아냈다.

이라크 전쟁과 긴장된 평양 표정

세 번째 방북은 이라크전쟁의 와중에서 이뤄졌다. 나를 포함한 굿네이버스 대표단을 태운 아시아나 전세기가 서해 직항로를 날아 평양시 순안공항에 도착한 것은 2003년 3월 21일 오전 11시 30분이었다. 미국과 이라크의 전쟁이 시작되고 나서 정확히 24시간 뒤였다.

이라크전쟁 때문에 대표단이 활동에 제약을 받는 일은 없었다. 그러나 송경희 당시 청와대 대변인의 '말실수' 때문에 북측 관계자들은 몹시 긴장해 있었다.

"남측 당국은 이라크전쟁을 구실로 우리가 남측을 침략할지 모른다며 '데프콘2' 라는 경계태세를 선포했습니다. 지금은 자주와 협력을 바탕으로 민족이 힘을 합쳐야 할 때가 아닙니까? 우리 당국이 강경한 성명을 발표했습니다."

대표단을 초청한 허혁필 민화협 부회장은 21일 환영만찬에서 "노무현 정권에 대해 실망했다. 여러분을 여기 들이는 것도 우리로서는 어려운 결정이었다"고 말했다. 그 전에 이미 두 번이나 굿네이버스 대표단의 일원으로 방북해 북측 인사의 환영사를 들었던 내게는 가장 강경한 어조의 환영사였다.

안내원들도 '남한정세'에 비상한 관심을 표시했다. 한 안내원은 "이라크전쟁 때문에 인천공항에 동요는 없었느냐"고 물었다. 다른 안내원은 "남측 당국이 순순히 방북을 허용했느냐"고 말했다.

3월 21일 오후 대동강변에 있는 주체사상탑 아래 광장에서는 여성들이 군복을 입고 행진 연습을 하고 있었다. 안내원은 "남측의 민방위 훈련과 같은 적위대 훈련"이라고 설명했다. 대표단 중 일부는 3월 22일 밤 등화관제 훈련을 하는 현장을 목격했다.

이석재 다큐코리아 PD가 저녁 식사를 마치고 숙소인 양각도호텔 29층 18호실에 도착한 것은 오후 8시 40분이었다. 방안 공기가 탁하다는 생각에 대동강 이북 평양 시내가 한눈에 내려다보이는 창문을 여는 순간 사이렌이 울리며 온 도시의 불이 꺼졌다. 강 건너 외국인들이 머무는 고려호텔만 외롭게 불빛을 내고 있었다. 이 PD가 호텔 카운터에 전화를 걸었다.

"방공훈련입니까? 실제 상황은 아니죠?"

"방항공훈련이라고 합니다. 연습이니 안심하십시오."

사이렌은 10분쯤 뒤에 멈췄다. 다른 대표단 일부도 깜깜한 평양 시내를 목격했다. 그러나 전력난 때문에 밤에는 늘 불을 끄는 것이라고 생각한 이들도 있었다.

〈로동신문〉은 22일자부터 이라크전쟁 사실을 주민들에게 보도했다. 그러나 길거리에서 마주친 주민들의 얼굴에서 별다른 동요의 기색은 찾을 수 없었다.

2002년 10월 북한 핵 문제가 시작된 이후 평양 거리에는 여기저기 반미 구호와 그림들이 설치됐다. '미국' 또는 '미제'라는 단어는 모두 검은색으로 씌어졌다. 안내원들은 "우리가 핵을 가지고 있다고 시인했다는 미국측 발표는 사실이 아니다. 미국은 우리가 한 말의 앞뒤를 잘라 날조했다"고 말했다.

감상과 고정관념을 넘어

나는 핵 문제가 불거진 뒤 대학생 200여 명에게 '눈으로 보고 온 북한의 현실'이란 주제로 강연을 할 기회가 있었다. 대학교 동기동창인 이기완 박사의 부탁 때문이었다. 현재 창원대 국제관계학과 교수인 그는 당시 일본 추오대학에서 박사학위를 따고 돌아와 강원대에서 학부 교양과목 강의를 맡고 있었다.

강연을 준비하며 혼란스러웠던 생각을 조용히 정리해 보았다. 경험보다 더 좋은 교재는 없다. 두 번의 방북을 통해 보고 들은 것과 귀환 이후 경험한 현실적, 지적 혼란들. '두 번의 환희와 두 번의 우울함'이라고 이름 붙인 2시간짜리 강의를 통해 나는 복잡다단한 남북관계와 통일의 문제를 종합적인 시각으로 바라볼 것을 학생들에게 권했다.

남측의 인도적 지원단체가 북측에 올라가 화해와 협력을 위한 이야기꽃을 피우고 있던 순간에 다른 한쪽에서는 양측 해군이 서로 함포를 쏘아대며 피를 흘렸다. 한쪽에서는 있는 사람이 없는 사람에게 넓은 마음으로 양보해야 하고, 북한의 경제를 살리며 서서히 통합을 시도하는 것만이 민족이 함께 사는 길이라고 주장한다. 하지만 다른 한쪽에서는 군량미로 쓰일지도 모를 쌀을 어떻게 북한에 주느냐는 주장이 맞서고 있다. 한 국가로서의 북한이 받아들이기 힘든 것들을 선결조건으로 제시하면서, 그런 조건들을 수용해야만 도와줄 수 있다고 주장하는 이들도 있다.

한국전쟁의 참화가 빚어낸 반공이라는 '집단무의식'과 대대로 사회화된 냉전적 고정관념에 근거해 북측이 당장이라도 남측을 핵 볼모로 잡고 국제사회를 위협할 것이라고 주장하는 관점이 있는가 하면, 다른 한편으로는 '북한의 핵은 우리의 핵'이라고 주장하는 감상적인 접근도 있다.

사회경제적 협력과 정치군사적 대립의 병존, 남북문제의 국내성과 국제성, 남한 내 민족주의와 국가주의의 혼재, 반공이라는 강건한 지배 이데올로기와 변화를 원하는 젊은이들의 생각. 이 모든 것들이 오늘날 남북관계의 현실이다. 민족이라는 단어가 주는 감상에 빠져 아직 갈등과 대립이 끝나지 않은 분단 현실을 외면하는 태도도 경계해야 하고, 낡고 편협한 고정관념에 빠져 화해와 협력의 가능성을 애써 차단하려는 태도도 경계해야 한다.

이것이 양비론이라는 지적을 받는다면 나는 단호하게 화해와 협력의 편에 선다. 이 시대 한반도에 사는 모든 사람들이 대립보다는 화해와 협력의 기회를 넓혀가고, 고정관념이나 감상을 버리고 북한의 현실을 있는 그대로 객관적으로 보려 하고, 남북문제는 '우리 민족의 문제'라는 입장에서 고민한다면, 우리의 딸과 아들에게는 더 평화로운 한반도를 물려줄 수 있다.

내가 혼란에서 벗어나 나름대로 이 정도라도 정리를 해낼 수 있었던 데는 무엇보다 경남대 북한대학원에서의 공부가 큰 힘이 됐다. 최완규 부원장님을 비롯한 교수님들의 진지한 강의와 인생 선배들이 대부분인 학우들과의 진솔한 대화는 마약처럼 필자를 사로잡았다.

나는 늘 새로운 북한 여행을 준비하면서 산다. 내가 북측을 다녀오면 꼭 나쁜 일이 생긴다는 동료의 농담이 현실이 될까 두렵기도 하다. 그러나 이제는 철없는 감상과 맹목적인 고정관념 사이에서 우울증에 빠지지 않고 객관적인 연구자가 될 자신이 있다고 늘 다짐한다.

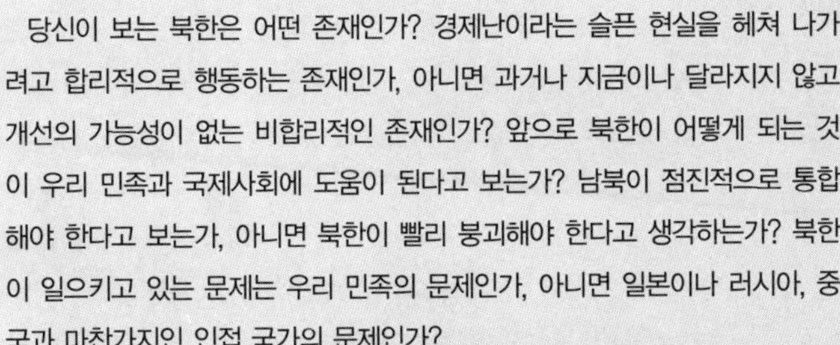

당신이 보는 북한은 어떤 존재인가? 경제난이라는 슬픈 현실을 헤쳐 나가려고 합리적으로 행동하는 존재인가, 아니면 과거나 지금이나 달라지지 않고 개선의 가능성이 없는 비합리적인 존재인가? 앞으로 북한이 어떻게 되는 것이 우리 민족과 국제사회에 도움이 된다고 보는가? 남북이 점진적으로 통합해야 한다고 보는가, 아니면 북한이 빨리 붕괴해야 한다고 생각하는가? 북한이 일으키고 있는 문제는 우리 민족의 문제인가, 아니면 일본이나 러시아, 중국과 마찬가지인 인접 국가의 문제인가?

쉽지 않은 질문이다. 그러나 한반도에 발을 딛고 사는 동안에는 항상 고민할 수밖에 없고, 누구나 나름대로 대답을 갖고 있어야 하는 문제다.

이 문제에 대해 전혀 상반된 주장을 펼치고 있는 두 미국 학자 니콜라스 에버스타트(Nicholas Eberstadt)와 헤이젤 스미스(Hazel Smith)의 견해는 우리의 고민을 지성적으로 성찰하는 데 시사하는 바가 크다.

이른바 '남남갈등'이라는 남측 사회 내부의 깊은 균열은 북한에 대한 인식의 차이, 그리고 김대중 정부의 햇볕정책이 옳은 것인지 아닌지를 놓고 벌어지는 한국 내부의 감정적, 지적 논란을 말한다. 에버스타트와 스미스는 각각 1997년과 2000년에 발표한 논문을 통해, 이런 남측 내부의 양쪽 주장을 지성적으로 논증했다.

북한 인구통계 전문가인 에버스타트는 1997년 〈포린어페어스〉에 기고한 '남북한 통일 앞당기기(Hastening Korean Reunification)'라는 글에서 "남북의 점진적인 통합은 환상"이라고 선언했다. 그는 대신 "가장 빠른 통일이 한국과 주변국들에게 가장 좋다"고 주장했다. 그의 주장은 대담하고 솔직하다.

"북한을 직접적으로 상대해야 하는 한국, 미국, 중국, 일본, 러시아 정부는 갑작스런 남북통일은 각자 자국의 이익에 반한다고 가정한다. 그러나 이는 잘못된 판단이다. 이런 판단에는 북한이 한국과 점진적으로 재통합될 것이라는 가정이 깔려 있지만, 북한은 내부로부터 붕괴될 가능성이 크다. 시간이 흐를수록 북한은 경제적으로 더 가난해지고 군사적으로 더 위험해진다. 그래서 북한을 둘러싼 모든 당사자들에게 통일은 빠를수록 좋다."

점진적 재통합이 어려운 이유는 이렇게 설명한다.

"많은 한국인들이 바라는 점진적인 재통합은 북한이 경제개방 프로그램을 수용할 것이며, 이에 따라 오랜 기간에 걸쳐 변혁을 해나갈 것이라고 가정한다. 그러나 북한의 전향적인 움직임은 포착되지 않고 있다. 북한 정권은 경제적 자유화가 정권에 치명적이라고 생각하고, 그것을 거세게 거부하고 있다."

결국 북한이 문을 걸어 잠근 상태에서 경제적 후퇴가 계속될 것이므로 통일이 늦어질수록 통일에 소요되는 비용은 더 커지게 된다는 논리다. 안보 문제와 관련해 그는 "북한은 핵 문제 그 자체"라고 단정한다. 북한이 사라져야 핵 문제가 해결된다는 논리다. 또 북한은 핵뿐만 아니라 화학무기 등을 개발해 사용하거나 다른 문제국가들에 수출하기 때문에 관련국들의 안보와 국제평화를 위해서는 통일이 되어 북한이 빨리 사라져야 한다고 그는 주장한다.

그는 관련국들이 (북한 붕괴를 통한) 통일을 촉진시켜야 한다고 말하지만, 그 방법을 구체적으로 말하지는 않는다.

반면 북한을 지원하는 비정부기구(NGO) 출신인 스미스는 에버스타트처럼 북한 문제를 바라보는 시각을 '안보쟁점화 패러다임'이라고 개념화하고, 그것을 비판한다. 스미스가 말하는 안보쟁점화 패러다임의 특징은 다음과 같다.

"북한을 한국과 주변국들의 안보 문제와 관련해서만 보려고 한다. 북한은 대내외적 사안에 대해 변화하지 않고 있으며, 북한이 변하려면 지금 정권이 사라져야 한다고 믿는다. 무엇보다도 북한은 '나쁘고(Bad)' '비합리적인(Mad)' 존재이므로 북한에 대해서는 단호한 자세만이 옳다고 가정한다. 이런 관점에 부합하지 않는 사실과 개념은 무시되고, 부합하는 자료들은 확증으로 받아들인다."

스미스는 2000년 〈인터내셔널 어페어스〉에 '나쁘고 비합리적이고 애처로운 행위자인가, 아니면 합리적인 행위자인가. 왜 안보쟁점화 패러다임은 남북한에 대한 정책 분석을 제대로 못하는가(Bad, mad, sad or rational actor?—Why the securitization paradigm makes for poor policy analysis of Korea)' 라는 논문을 기고했다. 여기서 그는 에버스타트류의 북한 바라보기를 반박한다.

그에 따르면 안보쟁점화 패러다임에서는 북한의 경제, 사회, 문화 등 다른 모든 이슈들은 안보 문제와 관련해 논의되거나 안보 문제에 묻혀 무시된다. 동일한 대상에 대해 어느 정도의 합리적 판단을 전제해야 하는 '나쁘다'는 판단과, 비합리성을 전제해야 하는 '미쳤다(비합리적이다)'는 판단을 동시에 하는 것은 그 자체가 논리적 모순이라고 그는 주장한다. 또 북한이 미국을 포함한 이웃 국가들에 대한 전쟁 준비를 하고 비밀리에 무장을 추진한다는 가정, 그리고 외부에서 지원한 식량 등 자원을 기아에 허덕이는 인민들을 위해 사용하기보다 군사 부문으로 전용한다는 가정은 증거가 없다는 것이다.

스미스는 1994년 이후의 인도적 지원활동 등을 통해 외부로 전달된 정보들로 미루어, 이제는 '애처롭고(sad)' '합리적인(rational)' 존재로서 북한을 바라보는 새로운 패러다임이 필요하며, 실제로 그런 패러다임이 형성되는 과정에 있다고 말했다.

"모든 10세 이하 어린이들이 식량 부족으로 고생했고, 상당수가 영양실조 상태다. 새로운 패러다임은 북한이 세계경제에 자신을 통합시키고 현대화를 이루기 위해 외부의 도움을 필요로 하고 있다고 상정한다. 국제사회의 정책목표는 바로 여기에 맞춰져야 한다. … 이 패러다임은 북한은 20세기의 전쟁 경험과 전쟁의 위협 속에서 행동하는 국제정치의 행위자이며, 원칙적으로 이해가 가능한 행위자라고 가정한다. 북한은 세력균형 이론을 아는 합리적인 행위자이며, 그래서 협상이 가능하다고 보는 것이다."

요컨대 '안보쟁점화'라는 과거의 패러다임으로는 변화하는 북한의 현실을 설명하기 힘들고, 따라서 대안의 패러다임이 필요하다는 주장이다.

두 논문이 나온 뒤 많은 사건들이 일어났지만, 2003년 현재도 북한을 바라보는 남측의 시각은 여전히 위의 두 극단으로 갈린 채 서로 거리를 두고 있다. 두 학자는 미국인이지만 남측 사람들은 북측 사람들과 한민족이라는 특수한 관계이고 동족상잔의 전쟁을 치른 원수관계이기도 하기에 남남갈등의 문제는 더욱 복잡하고 미묘하다.

특히 2000년 6.15 남북 정상회담을 전후해 금강산 관광, 북한 경제개혁, 서해교전, 신의주와 개성 특구 개방, 다시 불거진 핵 문제와 현대그룹 대북지원 사건 공방, 일반인의 평양 관광과 남북 시민사회단체들의 대규모 교류, 송두율 교수 간첩혐의 사건 등 냉탕 온탕을 넘나드는 다양한 문제들과 함께 북한 문제는 이제 피하기 힘든 우리 모두의 문제가 됐다.

당신은 어느 패러다임에서 북한을 보고 있는가. 왜 그것이 옳다고 믿는가.

경협으로 통일 다리 만들자

2003년 8월 4일. 오전 7시 30분경 경제부 허승호 차장의 전화를 받고 잠에서 깼다. "신석호씨, 오늘 새벽에 정몽헌 현대아산 이사회 회장이 죽었다. 자살인 것 같은데. 어쨌든 채비하는 대로 현대그룹 계동사옥으로 가서 지시를 받아라."

먼저 든 생각은 왜 또 투신자살이냐 하는 것이었다. 카드 빚에 몰린 주부가 아들딸과 함께 아파트에서 투신하는 등 서민층의 투신자살이 잇따를 때였다. 재벌 2세라면 뭔가 좀 달라야 하지 않는가.

계동 사옥으로 가는 동안 그가 왜 자살을 했는지 생각해 보았다. 일 때문이라면 둘 중 하나였다. 하나는 생각대로 잘 풀리지 않는 남북경협 사업이 준 중압감일 것이다. 그게 아니라면 그룹 비자금 사건에 대한 검찰 수사가 원인을 제공했을 터였다.

정 회장은 선친인 정주영 회장이 물려준 대북경협 사업을 아버지의 기대만큼 잘 키워가야 한다는 책임감을 무겁게 느끼고 있었다. 그래서 선친의 묘 앞에서 자주 울었다.

그러나 정 회장이 몸을 던질 당시 남북경협은 오랜 기간 뿌려놓은 씨앗들이 자라나 제법 줄기를 하늘로 뻗는 단계였다. 고된 밭갈이와 씨뿌리기, 김매기를 다 끝내고 이제는 줄기를 키워 열매를 따는 일만 남은 단계였다.

2003년 6월 14일 동해선과 경의선 철로가 연결됐다. 같은 달 30일에는 개성공업지구 착공식이 열렸다. 금강산 육로관광이 시작됐고, 9월에는 선친의 업적을 기리는 평양시 류경정주영체육관 준공식이 거창하게 열릴 예정이었다. 또 국가 차원에서도 투자보장합의서, 이중과세방지합의서, 청산결제합의서, 상사분쟁절차합의서 등 경협사업을 하는 기업들이 그토록 바라던 4대 경협 합의서 발효가 이틀 뒤로 예정돼 있었다.

검찰이 정 회장의 죽음에 어떤 역할을 했는지에 대해 아까운 지면을 낭비해가며 논하고 싶지 않다. 검찰이 정치권에 대한 정 회장의 뇌물제공 혐의를 심하게 따지고 들었을 가능성만 추측할 따름이다. 물론 검찰은 정 회장 사망 직후 이런 추측을 부인하고 나섰다.

우리 사회의 아집과 독선이 주범일 수도

한때 현대그룹에서 일했던 강창희 PCA투신운용 투자교육연구소장은 정몽헌 회장의 죽음을 애도하며 "무엇인가가 그를 절망하게 만들었을 것"이라고 말했다. 고경봉 연세대 세브란스병원 정신과 교수는 "높은 곳에서 몸을 던지는 것은 세상에 무언가를 항변하려고 할 때 선택하는 자살 방법"이라고 말했다.

무엇이 정 회장을 절망하게 하고, 항변하고 싶도록 만들었을까. 죽은 자는 말이 없는데 다양한 사회세력들에게서 다양한 해설이 나왔다. 그동안 김대중 정부의 햇볕정책을 반대해 온 측에서는 정 회장이 정치권의 협잡과 잘못된 햇볕정책의 희생자라고 말했다. 반대편에서는 민족의 문제를 치유하는 과정에서 어쩔 수 없이 벌어진 일을 실정법의 잣대로 재단하려 한 특검수사와 재판 때문이라고 했다.

정 회장의 죽음을 둘러싼 우리 사회의 논란은, 그가 살아있을 때 햇볕정책을 둘러싸고 벌어진 남남갈등과 논리적, 형식적으로 큰 차이가 없었다. 서로 상대를 위한 공간을 두지 않은 채 양립할 수 없는 주장만 되풀이함으로써 우리 사회에 분열의 원심력을 키웠다.

한 측은 경협도 시장경제 논리를 따라야 한다고 했다. 그들이 말하는 시장경제가 주주와 최고경영자의 단기적인 이익을 중시하는 '팔이 짧은 자본주의'라면, 지금 당장은 아예 아무런 경협활동도 하지 말라는 소리나 다름없다는 것을 그들도 알 것이다.

반대쪽에서는 민족문제 해결을 위해 국가가 더 적극적으로 나서라고 채근했다. 그러나 그들도 전쟁 통에 부모와 자식을 잃어버린 납세자들은 정부의 대북지원에 반대한다는 사실을 알 것이다.

주는 만큼 받아야 한다는 상호주의에 대해서는, 오히려 있는 사람이 없는 사람에게 무릎을 꿇고 줘야 한다는 주장이 맞섰다.

흔히 남남갈등이라고 불리는 우리 사회 내부의 원심력은 어쩌면 당연한 것이다. 그것은 얽히고설킨 남북관계의 다차원성이 낳은 필연적인 결과이기 때문이다.

국가 안보가 최우선 목표인 현실주의 국제정치 관점에서 보면 남측과 북측은 전쟁을 치렀고 아직도 서로의 안보를 위협하는 적대적인 존재다. 직접 전쟁을 치른 세대에게 북한은 여전히 적일 뿐이다. 남북의 대립에 외세가 개입함으로써 한반도 문제는 국제적인 문제가 돼있다는 측면도 무시할 수 없다.

그러나 남과 북은 한 민족으로서 화해와 협력을 통해 분단극복이라는 공통의 과제를 풀어가야 할, 결코 남이 아닌 존재다. 특히 북과 남의 후세들이 평화로운 통일국가를 영위하도록 하기 위해서는 우리 어른들이 화해와 협력을 해야 한다.

나는 이처럼 남북관계를 보는 시각이 사람마다, 사회세력마다 다른 것은 당연한 일이라고 생각한다. 문제는 목소리가 큰 양측의 '골수'들이 서로 상대방의 말을 들으려 하지 않고, 자신의 주장만 되풀이하면서 입맛에 맞는 현상만 보려고 한다는 데 있다.

정 회장을 절망시킨 것은 분단 구조가 낳은 아집과 독선의 사회구조가 아닐는지, 그리고 정 회장은 이제 우리 모두가 서로를 위해 마음에 비어 있는 공간을 열라고 이야기하고 싶었던 것은 아닐는지 생각해 봤다.

역사의 큰 흐름에서 바라보자

나는 현대그룹 대북송금 사건의 주역들이 실정법과 주주가치 극대화라는 미국식 자본주의 원칙을 위반했다는 사실을 부인하지 않는다. 또 대통령의 통치행위라는 이름으로 진실이 가려질 수 있다고도 생각하지 않는다. 그러나 남측의 모든 지성인들이 조금만 더 역사의식을 갖는다면 이른바 대북송금 사건이 그토록 흥분할 일은 아니었다고 생각한다.

현 시대 한반도에 사는 모든 '개체'들이 하루 빨리 자신의 말과 생각과 행동을 규정하는 '구조'의 존재를 깨닫게 되기를 바란다. 개체와 구조는 역사에 있어서 인간의 역할을 논할 때 빠지지 않는 사회과학의 영원한 화두다. 역사가 어떻게 움직이고 발전하는지를 논할 때 개체의 역할을 중요시하는 자유의지론과, 구조의 힘을 중요시하는 구조결정론은 늘 대립해 왔다. 양쪽이 화해하는 접점도 있다. 특정 조건에서는 개체의 자유의지가, 특정 조건에서는 구조의 힘이 역사를 움직인다.

이런 생각을 남북관계에 대입해 보면, 1948년 이후 한반도에는 분단구조가 강력하게 형성됐다. 구조는 행동 원칙을 강요했다. 상대방을 죽이지 않으면 자신이 죽을 수 있다는 강한 대결의식이 남과 북을 지배했다. 그 결과 북한 사회주의는 경직된 1인 지배체제로 굳어갔고 남한에는 군부 권위주의 정권이 들어서 보수적인 시민사회를 낳았다.

분단구조가 고착화되기까지 피와 폭력으로 얼룩진 엄청난 사변들이 있었다. 일제가 나라를 빼앗았다. 우리 민족은 스스로 독립하지 못하고 소련과 미국이라는 외세를 불러들였다. 못난 우리의 어른들은 그것도 모자라 민족의 힘을 합치는 대신 각각 외세를 등에 업고 중도파를 제거한 뒤 분단국가를 구성했다.

구조는 변하는 것이다. 언제까지 분단구조 아래에서 구조가 명하는 냉전시대의 원칙에 따라 살 수는 없다. 또 우리 아이들에게 그렇게 살라고 강요할 수 없다.

분단구조가 형성되는데 엄청난 폭력과 혼란이 수반됐다. 그 구조가 좀더 유연해지고 종국에는 어떤 새롭고 다른 구조로 변해가는 과정에서도 엄청난 혼란과 폭력이 일어날 수 있다. 과거 삼국시대의 분열과 통일의 과정이 이를 증명하지 않는가.

요컨대 나는 햇볕정책을 둘러싼 남남갈등과 현대그룹 대북송금 사건에서의 실정법 위반 논쟁은 분단구조가 다른 구조로 변해가는 와중에 나타나는 파열음이었다고 생각한다. 이 사건으로 감옥에 간 사람들은 갈라진 민족이 화해하고 우리 후세가 평화롭게 살 수만 있다면, 그보다 더한 파열음도 견뎌내야 하지 않겠느냐고 주장했다. 실정법과 주주자본주의라는 허약하고 고결한 체하는 가치로 맞서기에는 분단구조의 해체란 너무도 엄중한 과제라는 것이다.

사회과학자 페리 앤더슨은 개체와 구조에 대해 이렇게 말했다. "역사적 전환기나 구조적 전환기에는 구조의 결정력이 약해진다. 그런 상황에서는 인간의 창조적 행위가 힘을 더 발휘할 수 있다. 인간이 창조적으로 역사를 만들어갈 여지가 커진다는 것이다."

그에 따르면 현 시대 한반도에 존재하는 모든 개체들은 낡고 이제는 사그라져 가는 분단구조에 집착하는 담지자로서 아까운 시간을 낭비하지 말고 새로운 구조와 역사를 만들어 갈 창조적인 과업에 힘을 돌릴 필요가 있다.

남북경협으로 공동이익 찾아야

갈등이 있는 국가들 사이의 화해협력 과정에 대해서는 유럽에서 발전된 기능주의 및 신기능주의 이론이 있다. 국제정치학의 자유주의 패러다임에 속하는 두 이론에서 경제인은 정치인 못지않게 중요한 행위자다. 쉽게 말해 경제협력 등 기능적이고 비정치적인 분야에서의 협력이 결국 정치적 화해를 이끈다는 논리다. 여기서 관료와 정치인, 국가의 역할을 좀더 많이 강조하는 것이 신기능주의라고 할 수 있다.

남과 북의 화해와 협력을 논할 때 무엇보다 먼저 남북 경제협력이 거론돼 온 것도 바로 이런 이론적 관점 안에서 설명할 수 있다. 남북경협의 이상적인 선순환은 '경협 활성화 → 상호의존도 심화 → 화해협력 분위기 조성 및 한반도 균형발전 → 한반도 긴장 완화와 남북한 경제력 향상 → 통일기반 조성'으로 이어진다.

왜 경협인가. 경제 분야는 정치사회 분야보다 이념의 차이가 주는 제약이 작다. 이 때문에 교류협력을 실현할 가능성이 높다. 또 대규모 난민사태 등 한반도 전체의 안보를 위협하는 일을 피하기 위해서도 북한의 경제 회복이 필요하다. 경제협력은 다른 분야의 교류협력을 유발하는 부수적인 효과를 낳는다.

나는 정몽헌 회장이 이런 정도의 이론적 식견은 갖고 있었다고 믿는다. 그렇지 않았더라도, 정 회장 부자는 북한과의 경협 사업이 장기적으로 해볼 만한 투자이고 무엇보다 민족의 앞날에 중요한 일이라는 당위성도 느꼈을 것이다.

역설적이게도 정 회장의 죽음은 현대그룹의 경협사업이 현대그룹만의 돈벌이가 아니라는 점, 그로 인한 평화 진작의 효과는 온 민족이 나눠 가질 수 있는 '공공재'였다는 점을 널리 알리는 계기가 됐다.

실제로 학계는 그동안의 남북경협에 따라 북한은 경제의 유지와 발전이라는 이득을, 한반도는 정치군사적 갈등의 감소라는 과실을, 남한은 국가 위험도 감소와 신인도 상승이라는 이익을 본 것으로 분석하고 있다.

그러나 남북교역의 정체(거래성 교역이 1995년 수준에 머무르고 있는 현상), 경협 구조의 불균형(위탁가공은 늘고 투자와 단순 물자교역은 감소하는 현상), 기업의 수익성 미확보 (남북교역 참여 기업 수가 적고 수익성 저하로 어려움 겪고 있는 현상) 등은 여전히 문제로 남아 있다.

남과 북이 진정으로 화해와 협력을 원한다면 정부 및 민간의 협상을 통해 경협사업의 구조적 문제점들을 하루 빨리 해소해 나가야 한다는 목소리가 높다.

중소기업인들의 목소리

그럼 이제부터 무엇을 해야 할까. 정몽헌 회장이 사망한 뒤 나는 개성공단에 입주하기를 희망하는 중소기업인 4명의 육성을 청취할 기회를 가졌다. 당시에는 중소기업인들의 개성공단 조기입주 문제가 화제였다. 2003년 8월 25일 김운규 현대아산 사장과 김영수 중소기업협동조합 중앙회장이 개성공단 입주를 희망하는 중소기업인 등 250명을 이끌고 개성 현장에 다녀온 뒤 "연내 입주 추진" 의사를 밝혔기 때문이다.

이는 물론 원칙론을 선언한 것에 불과했다. 개성공단 입주 예정일은 2007년. 그 이전에 입주하려면 전력이나 도로 등 기반시설이 완비되지 않은 상태라도 입주를 희망하는 중소기업이 많아야 한다. 또 실제로 입주했을 때 수지를 맞출 수 있다는 판단이 내려져야 가능한 일이다. 어쨌든 중소기업협동조합중앙회는 얼마나 많은 기업인이 조기 입주를 바라는지, 또 어떤 종류의 회사들이 그곳에서 성공할 수 있는지를 파악하기 위한 작업에 들어갔다.

중앙회 이성희 사업상무는 2003년 8월 26일 "북측과 현대가 조기 입주를 바라고 있고, 일부 사정이 급한 중소기업인들도 조기 입주를 희망하고 있다"고 말했다. 나는 누가 그렇게 급한지를 파악하기 위해 개성공단 현장을 둘러보고 온 중소기업인 네 사람을 전화로 인터뷰했다. 또 조기입주를 낙관하는 이 상무와 신중론을 편 중소기업진흥공단의 동명한 남북협력지원팀 부장의 상반된 시각도 들어보았다.

"다른 것은 몰라도 우산산업만큼은 하루 빨리 개성으로 가야 합니다. 전기가 없어도 도로가 없어도 좋습니다. 그저 우리가 보내준 천과 우산살을 조립할 사람 손만 있으면 됩니다."

가장 강력하게 조기 입주를 희망한 사람은 대구에서 30년째 우산만 만들어온 대붕양산의 정연하 사장이었다. 한국양산공업협동조합 이사장을 겸하고 있는 그는 내 전화를 기다렸다는 듯이 애절한 사연을 털어놓았다.

"지금 개성에 못가면 한국의 우산산업은 영영 중국에 자리를 내주고 맙니다. 인건비는 높아지고 일손은 없고, 대구뿐 아니라 한국 우산산업 전체가 고사 위기입니다. 그러나 개성에는 일손이 있습니다. 그들은 싼 임금이라도 일할 준비가 돼있습니다."

정 사장에 따르면 2002년 한 해에 한국에는 중국의 싼 우산 3600만 개, 1000억 원어치가 수입됐다. 그나마 2002년에 시장의 10퍼센트를 잡고 있던 국내 업체들이 2003년에는 시장 전체의 99퍼센트를 중국의 싼 제품에 빼앗겼다.

그는 국내 인건비가 높아 도저히 중국 제품을 이길 수 없기 때문에 부품업체 10여 개와 조립업체 한두 군데만 남았다고 말했다. 이들마저 도산하면 대구와 한국의 우산산업은 영영 재기할 길이 없다는 것이다.

그에게 개성은 아무런 기반시설이 없어도 매력적인 투자처였다. 우산 조립은 공장이 필요 없고, 기계를 들여놓을 필요도 없다. 주민들이 사는 집이건 마을의 공회당이건 사람들이 모일 수 있는 곳에 우산을 구성하는 가봉된 천과 살, 손잡이 등 부속품들을 내려놓고 주민들에게 조립만 의뢰하면 된다. 아침에 부속품을 가져다주고 밤에 완제품을 실어오면 된다. 남북관계가 경색돼 왕래가 상당 기간 안 되더라도 큰 위험은 없다고 한다.

정 사장은 "개성공단의 이점은 가까운 거리, 말이 통하는 값싼 근로자"라며 "남측에서 고급 디자인과 부품을 개발하고 북측에서 싼 값에 조립하면 다시 중국을 이길 수 있다"고 자신했다.

다른 세 명의 중소기업체 사장들도 가까운 거리와 말이 통하는 싼 노동력(월 50달러 수준)은 매력적이라고 입을 모았지만, 정 사장과 다소 다른 생각을 털어 놓았다.

직물공업을 하는 한 사장은 "지금까지의 남북관계를 보면 북측 사람들은 마음의 변덕이 심하던데 나중에 다른 소리를 못 하도록 처음부터 채비를 잘 하고 들어가야 한다"며 "마음에 드는 기술자가 충분히 있을지 걱정"이라고 말했다.

완구공장을 하는 다른 사장은 자신이 생각하는 개성공단 입주의 위험요소들을 조목조목 짚었다.

"전기도 통신도 도로도 없던데 언제 공사가 끝날지 모르겠더군요. 현대나 남측 정부가 많이 도와주어야 할 것 같습니다. 인건비가 싸지만 우리가 원하는 기술을 가르치려면 주민과 자유롭게 접촉할 수 있도록 해 주어야 할 텐데 북측 당국이 그렇게 해주겠습니까. 또 완구는 노동집약적인 사업이어서 우리 기술자들이 많이 오가야 하는데 출입국 절차가 까다로우면 어렵습니다. 북한 관광도 현대를 놔두고 평화그룹이 시작한다는데, 북한 당국이 우리와 계약을 해 놓고 약속을 어기면 돈 없는 우리 중소기업인은 바로 죽습니다."

마지막으로 이부자리를 만드는 한 사장은 "벌판에 묘 자리 보러 간 것도 아니고…"라며 "인건비도 확정되지 않고 기반시설도 제대로 돼있지 않아, 도대체 얼마를 투자해서 얼마가 나온다는 것인지 계산이 잘 서지 않는다"며 불만을 토로했다.

이런 이야기를 들으며 나는 오히려 그들이 과연 기업 경영자들답게 경협사업의 수익성과 투자위험 등을 잘 파악하고 있다는 생각이 들어 든든했다. 또 사업의 종류에 따라 조기 입주의 가능성과 향후 사업 성공의 가능성, 그리고 투자위험 등이 각각 다르다는 사실도 파악할 수 있었다.

전문가들의 생각도 각자 달랐다.

중소기업협동조합중앙회 이성희 상무는 가능한 기업인만이라도 입주를 빨리 해야 한다며, 그것이 가능한 이유를 이렇게 설명했다.

"우선 우리 중소기업들의 상황이 심각합니다. 2003년 8월까지 개성공단에 가겠다고 지원한 980개 중소기업체들은 한국에서는 더 이상 채산이 맞지 않아서 조만간 중국이나 베트남이라도 가야 하는 처지입니다. 임금은 높고 근로자는 없고, 이제는 외국인 근로자도 비싸답니다. 각종 사회복지 비용에 세금도 많이 나옵니다. 그러나 중국처럼 말도 안통하고 현지실정도 모르는 곳보다는 개성이 낫다고 합니다. 북한 노동자들은 같은 민족이어서 말이 통하고, 서울과 한 시간 거리에 있어 중국이나 베트남보다 물류비용도 덜 듭니다.

아직 공단은 허허벌판이지만 건설 기술이 발달해 10만 평 정도만 먼저 조성하면 전기, 상하수도, 도로, 주거시설 등은 쉽게 빨리 갖출 수 있습니다. 비용은 조기 입주하는 기업들이 토지 매입대금에 더해 내면 될 것입니다. 정부의 남북교류협력기금도 지원할 것으로 기대합니다. 비용을 감안해도 충분히 경제성이 있다고 봅니다."

그러나 중소기업진흥공단의 동명한 부장은 가능한 신중하게 결정해야 한다고 말했다.

"개성특구법과 남북경협 4대 합의서 등 제반 협정과 제도가 제대로만 지켜진다면 노동력이 싼 개성공단에서 기업들이 충분히 수입을 올릴 수 있습니다. 그러나 남북관계의 특성상 협정과 제도가 꼭 지켜진다는 보장이 없습니다. 남북은 아직 대치하고 있고 복잡한 국제, 국내 정치와 안보 상황에 따라 관계가 수시로 변합니다.

금강산은 개발주체와 사업주체가 모두 현대그룹이지만 개성은 다릅니다. 개발주체인 현대와 토지공사는 땅만 팔고 나오면 되는 개발주체이지만, 사업주체는 엄연히 입주 기업들입니다. 만일 10만 평이든 100만 평이든 조성하고 시설 설비를 다 해 놓았는데 어떤 이유에서든 길이 막히는 경우 영세한 중소기업들은 다 망할 것입니다. 그럴 경우 심각한 사회문제가 발생할 것이고 남북경협 사업도 후퇴할 것입니다.

개성공단 사업이 민족의 사업이라고 말하는 이들이 있는데, 경제특구에서 가장 중요한 것은 경제논리입니다. 경제논리를 가로막는 정치안보 논리가 존재한다는 것이 바로 남북경협이 안고 있는 근본적인 문제입니다. 판단은 기업들이 하겠지만 위험요인은 알고 해야 합니다. 저는 남북경협이 잘 되기를 바라고, 실제로 경협을 돕는 일을 하고 있습니다. 잘 되려면 신중하게 해야 합니다."

모두 일리 있는 논리였다. 이처럼 책 말미에 기업인과 전문가들의 목소리를 싣는 것은 다양한 남한 기업인들의 목소리를 남과 북의 정부가 신중히 경청해 주기를 기원하는 마음에서이기도 하다.

개성공단의 공식 입주는 2007년으로 예정돼 있지만, 나는 그 이전에 남북경협의 위험요소들이 모두 사라져 남과 북이 손을 잡고 세계시장에서 같이 이기는 좋은 세상이 오기를 두 손 모아 기원한다.

(신석호)

우리 아이들의 미래를 위해

내가 굿네이버스의 이일하 회장을 처음 만난 것은 1997년 7월 필리핀 마닐라에서였다.

당시 〈동아일보〉 사회부 기자였던 나는 '지구촌 인성교육 현장을 가다—우리 아이 사회우등생 만들기' 시리즈를 취재하면서 마닐라에 체류하고 있었다. 현지 교민인 박현모 사장이 내가 먹고 자고 이동하고 취재하는 모든 일정을 함께 하며 수고를 해주었다.

취재를 마치고 서울로 떠나기 전까지 하루가 남았다. 박 사장은 이왕 필리핀에 왔으니 가까운 휴양지라도 구경하고 가라고 제안했다. 마침 자신과 세상에서 제일 친한 친구가 가족과 함께 와있으니 동행하면 좋겠다면서.

박 사장은 이 회장의 대학교 동기동창이다. 이 회장은 미국에서 중고등학교에 다니는 두 딸과 한국에서 교편을 잡고 있는 부인을 마닐라로 불러 오랜만의 가족 휴가를 즐기고 있었다.

나는 박 사장의 제의를 흔쾌히 승낙했다. 이 회장의 가족과 나는 마닐라에서 차로 두 시간 거리에 있는 휴양지에서 카약을 즐기며 하루를 보냈다.

나는 이 회장이 점심식사를 제공한 데 대한 보답으로 수습기자 때 배운 사진촬영 기술을 발휘해 그의 가족사진을 찍는 일을 담당했다. 귀국하면 꼭 전해드리겠다고 약속했다.

이런 약속은 대체로 거짓말이 되기 쉽다. 특히 당시에 법조출입 기자였던 나는 귀국하자마자 이런저런 비리사건들을 쫓아다니느라 마닐라에서의 인연은 이내 잊어버렸다.

이일하 회장과의 재회

5년이 흘렀다. 나는 2001년 10월 사회부를 떠나 금융부로 부서를 옮기면서 조금이나마 일 이외의 사적인 시간을 낼 수 있게 됐다. 그래서 시간에 쫓기며 사는 법조기자라는 핑계를 대면서 인간으로서 도리를 다하지 못한 사람들을 기억해내는 작업을 시작했다.

이 회장과의 약속을 기억해 낸 것은 2002년 5월이었다. 이 회장의 사무실 전화번호를 취재하듯 알아내 전화를 걸었다.

"저어, 신석호 기자입니다. 5년 전에 필리핀 마닐라에서 만났던…."

"어, 신 기자? 그런데 어쩐 일인가요?"

다소 사무적인 그의 목소리에서 지나간 세월을 느낄 수 있었다. 그가 외지에서 만나고 헤어진 사람이 어디 나 하나뿐이었겠는가.

"그동안 연락드리지 못해 죄송합니다. 사실 너무 바쁘게 살았습니다. 그때 찍은 가족사진을 전달하지 못해 늘 마음에 걸렸는데, 너무 늦지 않았는지요?"

이 회장은 그때서야 나를 기억해낸 듯 정식으로 인사를 받았다. 그 주 금요일 정오 무렵 나는 사진을 들고 그의 사무실을 찾았다. 그는 "바쁜 기자가 5년 전에 찍은 사진을 들고 정말로 찾아올 것이라고 기대하지 않았다"면서 나를 반겼다.

우리는 근처 식당으로 갔다. 뒤에야 안 일이지만 나를 만나는 순간부터 이 회장은 마음먹고 나를 탐색하기 시작했다. 그는 식사를 하면서 이것저것 질문을 던졌다.

"최근의 남북관계에 대해 어떻게 생각하나?" "흔히 남남갈등이라고들 하던데 신기자는 어느 편인가?" "무엇이 바람직한 통일이라고 생각하나?"

가벼운 만남을 예상했던 나는 다소 난감했다. 그러나 대학시절 정치학과 국제정치학을 공부하면서 고민했던 남북문제와 민족문제 아닌가. 기자가 된 뒤 각종 공안사건을 취재하면서 경험하고 생각했던 바도 있었다. 나는 차근차근 대답했다.

"6.15 공동선언의 정신에 따라 남북이 화해와 협력의 길로 나아가는 것이 중요합니다. 우선 경제나 사회문화 교류 등을 통해 민족의 동질성을 회복하는 것이 급선무입니다. 어렵다는 북한 경제를 도우며 경협을 활성화하는 것도 구체적인 방안이라고 생각합니다. 경제와 사회 방면에서 통합이 심화되면 자연스럽게 정치적 통합과 군사력 감축 등과 같은 무거운 문제도 해결될 것입니다. 비록 시간이 오래 걸리고 우리의 인내가 필요하겠지만, 북한의 갑작스런 붕괴 등 단기간의 변화는 민족의 장래를 위해 바람직하지 않습니다."

이 회장은 내가 그렇게 생각하는 이유 등에 대해 이런저런 질문을 던졌다. 대답을 하는 나의 얼굴을 유심히 쳐다보기도 했다. 그러다가 식사 중반 무렵 그는 이렇게 제의했다.

"내 생각도 자네 생각과 같네. 자네와 헤어진 뒤 6년 동안 그런 마음으로 북한에 대한 인도적 지원사업을 해왔네. 그렇다면 자네, 북측에 한번 가보고 싶지 않나?"

뜻밖의 제안이었다. 그는 북측의 현실을 직접 보고 남측 국민들에게 있는 그대로를 보도할 수 있는 기자를 찾고 있던 중이었다. 실제로 북측에 데려다 달라고 원하는 기자들도 있었고, 지인들에게서 추천을 받은 기자들도 있었다. 그러나 아직 긴장이 가지지 않은 남북관계의 특성상 그가 진정 믿을 수 있는 사람을 찾기란 쉽지 않았던 것이다.

"나는 자네를 두 번째 만났을 뿐이고 사실 아는 것이 없네. 그러나 기자가 5년 전에 한 개인적인 약속을 지키겠다고 이렇게 사진을 들고 찾아왔으니, 그것 하나만 보고 내가 자네를 믿겠네. 이런 믿음에 잘못이 있더라도 후회가 없을 것 같네."

이 책이 나오기까지

이렇게 해서 나는 굿네이버스의 후원자 자격으로 2002년 6월 29일부터 7월 3일까지 4박 5일 동안 처음으로 북한을 방문했다. 북측에서는 아리랑축전이 한창이었다. 북측 민화협과 아태평화위원회는 이 축전 참석을 명분으로 굿네이버스가 사상 최대 규모인 40명의 대규모 방북단을 데리고 입국하는 것을 허용했다.

이 일을 계기로 나는 고승철 당시 〈동아일보〉 경제부장의 도움을 얻어 같은 해 9월 경남대 북한대학원 북한경제 전공 석사학위 과정에 입학해 늦은 공부를 시작했다. 장차 북한 경제 전문기자가 되겠다는 마음도 먹었다. 그리고 북한의 경제관리 개선 현장을 정식으로 취재하기 위해 2002년 10월 1일부터 5일까지 굿네이버스의 후원자

40여 명과 함께 두 번째 방북을 했다.

두 번의 방북 과정에서 나는 이 회장과 남북관계와 민족문제에 대해 다양한 이야기를 깊이 나눴다. 그는 북한과 남북관계를 체계적으로 공부한 사람은 아니다. 하지만 1997년 이후 북측을 20여 차례 방문하면서 얻은 경험과 고민을 통해 누구보다도 북측을 잘 알고 이해하는 진정한 전문가였다. 귀국한 뒤에도 나는 시간을 쪼개 그의 사무실을 찾아가 남북관계의 현실과 민족이 나아가야 할 방향을 놓고 토론했다.

침례교 목사인 그는 매우 열정적인, 그리고 논리적인 웅변가였다. 그의 웅변을 듣고 있노라면 마치 그가 아닌 하늘 위의 누군가가 그의 입을 빌려 이야기하고 있다는 야릇한 느낌이 들 때가 많았다. 그는 자신이 굳게 닫힌 북측의 문을 열고 들어가 모진 고생과 고민을 하면서도 그 길을 포기할 수 없었던 이유는 바로 하나님 때문이었다고 회고했다.

그런 묘한 감정이 한계점에 이른 2003년 1월 초. 나는 문득 북측에 대한 그의 경험과 생각을 글로 남겨야겠다고 마음먹었다. 현대그룹 대북송금 사건을 두고 북한에 대한 우리 사회의 갈등이 날로 깊어지고 있던 때였다. 남북관계에 대해 냉전적 고정관념과 논리의 허울을 뒤집어쓴 말장난이 난무하고 있었다. 나는 북측에 대한 고정관념과 허상을 놓고 싸울 게 아니라 실제로 9년 동안 그들과 부딪히면서 울고 웃어 온 사람의 눈으로 본 북한을 세상에 알리고 싶었다.

이 회장도 비슷한 생각을 오래 전부터 하고 있었다. 그래서 우리는 함께 책을 쓰기로 했다. 그는 나에게 한 가지 조건을 달았다. 책을 써서 저자로서 얻은 수익금은 전액 북한 어린이 돕기에 사용한다는 것이었다. 나는 기쁜 마음으로 승낙했다.

나는 2003년 1월 18일부터 6개월 이상 거의 매주 토요일 오전에 그의 사무실을 방문했다. 그는 1995년 이후 8년 동안의 경험을 풀어 놓았고, 나는 그의 말을 듣고 메모하고 질문하며 기록했다. 이 책의 제목을 '토요일에는 통일을 이야기합시다'라고 정한 것은 먼저 우리 두 사람이 실제로 그렇게 했기 때문이다.

왜 토요일이냐면

토요일에는 통일을 이야기하자는 이 책의 제목은 세 가지의 은유적이고 현실적인 다른 의미도 갖고 있다. 우선 책 제목의 '토요일'은 국내총소득(GNI)이 북측의 27배일 정도로(실제로는 그 이상으로) 잘 살게 된 남측 사회의 번영과 풍요로움을 상징한다. 풍요로운 남측 사회에서는 최근 주 5일제 근무가 법으로 명시됐다. 이제 우리는 토요일을 먹고 사는 일 이외의 다른 것에 쓸 수 있게 됐다.

풍요로워질수록 나와 남에 대해 관대해지고, 또 나보다 어려운 남에게 베풀고 싶어지는 것이 인지상정이다. 민족의 화해와 협력, 경제사회적 통합과 그 결과로서의 정치적 통일에는 비용이 들게 마련이다. 누군가의 고민과 희생과 헌신도 필요하다. 나는 어려운 북측 사람들보다는 풍요로운 남측 사람들이 더 희생하고 더 헌신해야 한다고 생각한다.

두 번째 의미로 '토요일'은 말 그대로의 시간적 토요일이다. 쉴 수 있게 된 토요일에 사람들은 다양한 여가생활을 즐길 것이다. 가족과 관광을 하기도 하고, 건강을 위해 등산이나 인라인스케이트 등 운동을 하기도 할 것이다. 물론 미래를 위해 공부를 하는 사람도 있을 것이고, '투잡(two-job)족'들은 돈을 더 벌기 위해 토요일에도 일을 할 것이다.

나는 남한 사람들이 토요일의 노는 시간을 조금이라도 할애해 통일을 공부하고 고민하고 준비할 것을 권한다. 왜 그런 비용을 내게 강요하느냐고 묻는 사람이 있다면 나는 이렇게 대답하겠다. "당신과 나, 그리고 우리 아이들이 평화롭고 자주적인 나라에서 살도록 하기 위해."

통일이 되면 개인마다 좋은 점도 있고 나쁜 점도 있을 것이다. 그러나 같은 민족이 무력으로 대치하는 상황이 낳는 비용과 긴장을 없앨 수 있다는 점에서 그 필요성에 의문을 다는 사람은 없으리라 생각한다. 통일이 가져오는 이익은 남측 사람들 모두, 또 민족 전체가 누릴 수 있다. 그러나 그 이익을 위해 비용을 지출하는 데에는 모두 인색하다. 나는 가만히 있다가 남들이 노력해서 좋은 일이 생기면 '무임승차'를 하겠다는 것이다. 모두 다 무임승차를 하려 하면 차가 가지 못한다. 그러나 모두 비용을 내겠다고 하면 한 사람당 비용은 최소로 낮아진다. 통일을 하지 않을 게 아니라면 모두 조금씩 비용을 내자.

게다가 내가 재학 중인 경남대 북한대학원은 토요일에 집중적으로 강의를 한다. 학생들은 매우 다양하다. 주부, 교사, 언론인, 공무원, 회사원 등 다양한 직업인들이 모인다. 학생들의 이념적 스펙트럼도 다양해 북한에 대한 생각과 북한을 공부하는 이유도 저마다 다르다. 그러나 그들은 적어도 통일에 대해 고민하고 대비하는 일에 그들의 소중한 토요일 하루를 쓰고 있다. 서로 북한에 대한 생각이 달라 얼굴을 붉히기도 하지만 북한과 통일을 공부한다는 공통분모가 있어 서로를 존경한다.

제목에 '토요일'을 넣은 마지막 이유는, 이 책이 관심을 끌어 가능한 한 많은 사람들에게 읽히기를 바랐기 때문이다. 나는 이 책이 독자들에게 민족문제와 남북관계를 고민하는 계기가 될 것을 기대하며 책 제목을 고집했다. "통일은 알겠는데 왜 하필 토요일이지?"라는 궁금증을 불러일으켜 독자들의 손을 잡아끌 수 있지 않겠는가 하는 얄팍하다면 얄팍한 계산에서다.

분단이 50년 이상 고착화되면서 민족문제 또는 남북문제에 대해 무관심해지는 현상이 두드러지고 있다. 물론 나 역시 그랬고, 이 회장도 그랬다. 우리 두 사람으로 하여금 이 책을 쓰도록 한 계기들이 발생하기 전까지는.

이 회장은 국내외의 어려운 사람들을 인도적으로 돕는 일에 일생을 바치고 있다. 그가 북한 지원에 나서게 된 계기는 소말리아와 르완다의 비참한 어린이들을 도운 경험이 있고, 북한 어린이들도 같은 차원에서 바라보았던 데 있다.

그러나 그는 1997년에 처음으로 평양을 방문했을 때 인민대학습당에서 만난 한 교수와의 대화를 통해 민족의식에 눈을 떴고 통일에 대해 고민하기 시작했다. 그는 "통일을 이야기합시다"라는 북한 교수의 제의에 아무 준비가 돼 있지 않은 자신을 발견하고 부끄러움을 느꼈다고 회고했다.

민족의식에 눈뜨지 못했던 시절

　　　　　　　　　나 역시 마찬가지였다. 1970년생인 나는 여느 또래들과 같이 반공교육을 받으면서 자랐다. 박정희 대통령이 사망한 초등학교 3학년 때 "북한이 쳐들어올지 모른다"는 선생님의 말씀을 듣고 밤새 전쟁 통에 가족과 헤어지는 악몽을 꾸며 울기도 했다. 모의 간첩을 잡으면 상을 준다고 해서 정말로 뿔을 달고 검은 안경을 쓴 사람을 찾아다니기도 했다. 삐라 줍기를 갈 때는 수업을 하지 않고 들과 산에서 뛰어놀 수 있어 좋았다.

중학교 때는 〈동아일보〉에 난 김일성 주석의 캐리커처에 왜 뿔이 없는지 궁금해 했던 기억이 있다. 그때 나는 그가 가짜 김일성이라고 철석같이 믿었다. 고등학교 1학년 때는 학급 간부로서 평화의 댐을 만드는 데 보낼 벽돌 값을 걷었고, 돈을 안내는 아이들 명단을 적어서 담임선생님에게 보고하는 일을 했다. 당시 분위기에서는 집이 가난해 도시락을 싸오지 못하는 한이 있어도 벽돌 값은 내야 했다.

뒤늦게 찾아온 사춘기의 열병을 앓던 1987년 겨울. 고교 2학년이던 나는 성경과목 시험 시간에 이상한 문제 하나를 받았다. '남북한 통일을 위해 우리는 어떤 자세를 가져야 하는지 쓰시오' 라는 문제였다. 난감했다. 사춘기 반항심의 발로였는지 철이 들어서 그랬던 것인지는 모르겠으나, 그때 나는 내가 북한에 대해 진정으로 아는 것이 아무 것도 없다는 생각을 처음으로 하면서 은근히 화가 났다.

선생님도 부모도 신문도 방송도 그동안 나에게 북한의 현실을 있는 그대로 보여주거나 가르쳐 준 것이 없었다. 아니, 나 스스로도 관심이 없었다. 그들은 어떻게 먹고 살고 있는지, 내 또래 북한 아이들은 통일을 공부하고 있는지, 그들은 어떤 생각을 하고 있는지 등을 나는 알지 못했다. 그래서 나는 답안지에 이렇게 썼다.

"통일을 위해서 남과 북이 서로를 아는 작업이 먼저 이뤄져야 한다. 그렇게 서로를 알고 이해한 뒤에 통일을 어떻게 할지를 논해야 한다."

시험 감독을 하러 들어와 내 답안지를 한참 동안 들여다보던 국어 선생님이 내 어깨를 툭툭 치며 이렇게 물었다.

"너 대학교에 다니는 형이나 누나가 있지? 어디서 이런 이야기를 들었니?”

당시 나는 그 선생님이 무슨 생각으로 그렇게 말했는지 알지 못했다. 하지만 나는 내가 쓴 답이 마음에 들었다.

1989년 대학에 들어간 뒤 나는 시위 현장보다 강의실과 도서관을 즐겨 찾는 이른바 ‘의식이 없는’ 학생이었다. ‘통일문제 연구’ 등의 강의를 들으며 기능주의와 신기능주의 등 통합이론과 ‘이차선 외교(second track diplomacy)’ 등 통일을 위한 방법론을 배웠지만, 민족문제가 지금처럼 절박하고 애절하게 다가오지는 않았다.

이장희, 강정구 그리고 이돈명

1997년과 2001년 나는 검찰 기자로서 두 건의 공안 사건을 통해 극단의 두 사람을 만나면서 비로소 민족문제에 눈뜨기 시작했다.

그 중 한 사건은 《나는야 통일 1세대》라는 책을 쓴 한국외국어대학교 이장희 교수에 대한 구속영장 청구 사건이었다. 나는 어린이들에게 필요한 통일교육 교재를 썼다는 이유로 대학교수가 수갑을 차고 서초경찰서 유치장에 수감되는 장면을 보고 분노했다.

어떻게 문명사회에서 이런 일이 있을 수가 있는가. 통일에 대한 관심이 고조되는 상황에서 자라나는 세대에게 북한의 실정을 제대로 알리려고 한 것이 어떻게 북한을 이롭게 하는 이적행위란 말인가. 그러면서 1987년 성경시간 시험 때 난감했던 나 자신의 모습이 머릿속에 떠올랐다. 이런 책이 당시에 있었더라면 나는 더 나은 답을 쓸 수 있지 않았겠는가.

다행히 서울지법에서 영장을 기각해 이 교수는 풀려났다. 이에 흥분한 공안검사가 얼굴을 붉히며 이 교수와 법원에 대해 퍼부은 저주에 가까운 말들이 내내 잊혀지지 않았다. 이 교수는 2003년 10월 대법원에서 무죄 확정 판결을 받았다.

2000년에는 김대중 당시 대통령과 김정일 국방위원장이 서로 만나 정상회담을 하고 6.15 공동선언을 이끌어내는 모습을 보면서, 나는 50년 동안 굳어진 분단체제라는 딱딱한 구조가 두 개인에 의해 흔들리고 있음을 느꼈다. 그 후 나는 남북 정상회담이라는 역사적 사건의 뒤를 이어 법률 정비가 필요하다는 점에 대해 심층 취재를 하고 보도했다.

그러나 역사는 순항하지 않았다. 그해 가을 이후 남측 사회에서는 이른바 북에 대한 '퍼주기' 논란을 시작으로 남남갈등이 심화됐다. 그리고 2001년 8월 '8.15 민족통일대축전'에 참가한 남측 대표단의 실정법 위반 사건으로 남남갈등은 절정에 달했다.

당시 남측 대표단의 핵심 인사 중 한 사람이었던 동국대 강정구 교수는 재독 사회학자 송두율 교수와 함께 북한에 대한 '내재적 접근법'을 주장하고 발전시켜 온 진보적인 북한 연구자였다. 나는 내재적 접근법이 냉전적인 북한 연구의 잘못을 바로잡고 북한을 보다 객관적으로 연구하는 데 크게 도움이 됐다고 생각하고 있다.

그런데 강 교수는 "만경대 정신 이어받아…"라며 북측을 무비판적으로 찬양하는 듯한 글을 썼다가 문제를 자초했다. 당시 그의 행동은 보수세력의 격렬한 반발을 불러일으켰고, 6.15 공동선언 이후 조심스럽게 화해와 협력의 장을 넓혀온 정부와 진보세력의 입지를 좁히는 결과를 초래했다.

그때 나는 진보든 보수든 남측에는 자신과 다른 생각을 하는 사람들이 함께 살고 있음을 인정해야 한다는 생각을 하게 됐다. 진보는 조심스럽게 민족의 화해와 협력의 장을 열어나가되 보수의 동의를 얻는 일에도 부족함이 없어야 한다. 대신 보수는 진보의 합리적인 주장을 열린 마음으로 받아들이고 조심스럽게 시대의 변화에 적응할 준비를 해야 한다.

퍼주기 논란과 관련해 나는 2001년 6월 인터뷰한 이돈명 변호사에게서 깊은 감명을 받았다. 재야 원로로서 한국의 민주화에 크게 이바지한 그는 "정부가 북한에 너무 퍼주기만 한다는 주장에 어떻게 생각하시느냐"는 손자뻘 기자의 질문에 이렇게 대답했다.

"형제지간이건 부자지간이건 잘사는 쪽이 못사는 쪽에 도움을 줄때 받는 사람은 굉장히 수치스러워요. 형이 주고 내가 받는데도 동생은 편치가 않아. 인간사가 다 그런 거야. 없는 사람들은 도움을 받고 싶지만 비굴해지기 싫은 심리가 있어요. 가진 사람이 없는 사람의 마음을 좀더 이해하고, 준다는 생각을 버리고 그저 참으로 우정어리게 해야 해."

그는 김대중 정부의 대북정책을 옹호했다.

"야당은 정부가 너무 퍼준다고 주장하는데, 나는 좀 퍼주면 어떻겠는가 하는 생각이야. 6.15 공동선언 이전으로 돌아가면 좋겠어요? 양측이 서로를 의심하게 되면 무장을 더 하고 도발에 대비해야 하는데, 거기에 들어가는 돈의 1퍼센트만 퍼줘도 평화가 담보된다고 보는 거야. 이런 공리적인 계산에 따르더라도 우리가 북측에 좀 주는 것은 하나도 나쁠 것이 없어요. 그런 의미에서 대북 지원은 이 정부가 하는 일 가운데 아주 잘하는 것이라고 생각해요."

개체의 의지로 분단구조를 허물자

2002년 5월 이 회장과의 만남, 그리고 세 번에 걸친 북한 방문, 경남대 북한대학원에서의 수학 등은 내가 품게 된 문제의식을 행동으로 옮기는 계기가 됐다. 갈라진 민족의 문제가 남의 문제가 아닌 절박하고 애절한 나의 문제로 인식되기 시작했다. 문제를 피할 수 없다면 그 속으로 뛰어들어야 한다. 그렇게 나는 민족의 문제로 뛰어들었다.

북한을 일주일 동안 방문하고 돌아오면 나는 어김없이 한 달가량 우울증을 앓았다. 휴전선 위와 아래의 사는 형편이 너무도 차이가 나고, 같은 말을 쓰지만 그 의미와 맥락이 너무도 다르다는 것을 확인하기 때문이다. 그런 홍역을 치르면서 나는 양측을 모두 이해하고 오해 없이 의사를 소통시킬 수 있는 통역인이 필요하다는 점을 늘 느낀다. 이런 느낌은 나로 하여금 민족의 문제에 뛰어들게 하는 하나의 현실적인 이유다.

2003년 초부터 이 회장과 내가 토요일마다 그의 사무실 테이블에 마주 앉아 통일을 이야기하는 동안에도 안팎으로 많은 일들이 일어났다. 3월 21일부터 24일까지는 이 회장과 나를 포함해 굿네이버스의 후원자, 북한 전문가 등 100여 명이 서해 직항로 편으로 북한 방문을 했다. 나로서는 세 번째 방북이었다.

2002년 10월에 시작된 북한 핵 문제는 2003년 들어서도 계속됐고, 대화를 통해 이 문제를 해결하려는 노력이 이어졌다. 현대그룹 대북송금 사건에 연루된 김대중 정부의 핵심 당국자들이 실정법 위반의 책임을 지고 감옥에 갔다. 정몽헌 현대아산 이사회 회장은 자살로 한 많은 일생을 마감했다. 10월에는 재독 사회학자인 송두율 교수의 친북행위 사실이 드러나 한바탕 냉전시대와 같은 이념논쟁이 벌어지기도 했다.

나쁜 일만 있었던 것은 아니다. 여러 풍파를 헤치고 남측과 북측의 화해협력 과정도 계속됐다. 사상 처음으로 금강산이 아닌 다른

294

북한 지역에 일반인들이 다녀올 수 있는 상업적 관광사업의 길이 열렸다. 개성공단을 중심으로 경협사업의 필요성이 더욱 커졌다.

정몽헌 회장의 죽음은 역설적으로 현대그룹의 대북 경협사업이 한 기업의 이윤 추구가 아니라 민족의 화해와 협력을 촉진시키는 공공재였음을 많은 사람이 깨닫도록 했다. 류경정주영 체육관 개관식에 참석하기 위해 남측인사 1000여 명이 육로로 평양을 방문하는 등 많은 남측의 민간인들이 각종 회의와 협의를 위해 북한을 다녀왔다. 북측도 유니버시아드 대회에 대표단과 응원단을 파견했다. 북한 내부에서는 7.1 경제관리 개선조치에 이어 본격적인 경제개혁이 진행됐다.

급하게 변해가는 국내외 상황 속에서 이 회장과 나는 우리가 본 북한의 모습과 바람직한 통일의 방향에 관해 일관되게 이야기를 나눴다. 우리는 우리가 북한의 모든 것을 다 보았다거나, 또 우리가 본 것들이 모두 진실이라고 생각하지는 않는다.

그러나 이 회장과 나를 포함해 다양한 사람들이 북한에 대해 갖게 된 경험들이 퍼즐처럼 맞춰질 때 북한의 진실이 보일 수 있을 것이다. 혹은 북한의 진실까지는 아니더라도, 그에 근접하는 무언가는 얻을 수 있다고 생각한다. 북한은 아직 안팎으로 정보가 가로막힌 은둔의 공화국이기 때문이다. 바람직한 통일의 방향에 대한 생각은 제한적이나마 분단의 벽을 넘어 다닌 경험들에서 나올 것이다.

나는 남남갈등을 보면서 특정 개인과 특정 부류의 사람들이 저마다 민족문제와 남북관계의 진리를 독점한 듯 독선적으로 행동하고 있음을 본다. 진리라는 허울을 쓰고 자신의 이익과 이해관계를 쉬지 않고 계산하는 모습도 본다. 민족의 문제에 임하는 모든 개체와 행위자들이 사익을 버리고, 무임승차할 생각을 버리고, 과거가 다시 돌아올 것이라는 생각을 버리고 미래를 위한 더 나은 구조 만들기에 동참할 것을 제안한다.

인간은 주어진 구조 하에서 구조의 원칙에 따라 행동한다. 그러나 헌 구조를 깨고 새 구조를 만드는 힘은 새로운 세상이 와야 하고 또 오고 있다고 생각하는 인간의 의지다. 분단구조는 극복돼야 하고 새 구조를 만들어 가야 할 의무는 한국인 모두의 것이다.

우리 아이들이 미래에 얼마나 더 평화롭게 서로 사랑하며 살아갈지는, 남과 북의 모든 기성세대가 지금 얼마나 고민하고 토론하고 계획하고 준비하고 협력하고 화해하는지에 달려있다. (신석호)